DER SCHARFRICHTER

Das Tagebuch des Charles-Henri Sanson aus der Zeit des Schreckens 1793–1794

Herausgegeben und übersetzt
von Chris E. Paschold und Albert Gier

Insel Verlag

Erste Auflage 1989

Satz: Hümmer, Waldbüttelbrunn
Druck: Nomos Verlagsgesellschaft, Baden-Baden
Printed in Germany

Inhalt

CHARLES-HENRI SANSON

Das Tagebuch aus der Schreckenszeit
(November 1793 bis Juni 1794)
mit den Zusätzen seines Enkels
Henri-Clément Sanson

Für Alfons und Gonzo

26. Brumaire [16. 11. 1793]. Heute wurde der Bürger Cussy aus Caen hingerichtet, der an der Verschwörung der föderalistischen Abgeordneten beteiligt gewesen und deshalb für vogelfrei erklärt worden ist; und mit ihm zusammen Gilbert de Voisin, vormals Präsident des ehemaligen Parlement, der so verrückt war, als Emigrant nach Paris zurückzukommen. Während man ihnen die Haare abschnitt, sagte jemand ganz laut: Wenn man Cussy guillotiniere, der sich so gut auf das Einschmelzen von Gold- und Silbermünzen verstehe, dann sei das ein sicheres Zeichen dafür, daß die Republik nur noch Papiergeld haben wolle. Als letzter kam Houchard, der ehemalige Oberkommandierende der Nordarmee, der, wie es sich für einen Soldaten gehört, keine Miene verzog.

Houchard war angeklagt, vom Herzog von York drei Millionen angenommen zu haben, damit er Dünkirchen übergeben sollte. Seine Verteidigung war ebenso einfach wie schlüssig: »Mein Schicksal war immer mit dem Erfolg der Französischen Revolution verknüpft; welches Interesse hätte ich, der ich vom einfachen Leutnant zum Oberkommandierenden aufgestiegen war, daran haben können, die Nation zu verraten und zum Feind überzulaufen? Man hätte mich massakriert für all den Schaden, den ich ihnen zugefügt habe. Ich mag Fehler begangen haben, welchem General passiert das nicht? Aber ich bin kein Verräter.« (Nach dem Bulletin du Tribunal, Nr. 93.)

27. Brumaire [17. 11. 1793]. Die Assignatenfälscher geben uns immer noch zu tun; ich habe heute wieder zwei zur Place de la Révolution gebracht.* Das Verhängnis

* Es handelte sich um Alexis-Louis Roger, Tuchhändler, und Jean-Baptiste Claveaux, Offizier im 6. Regiment der berittenen Jäger.

kann auch ganz Unschuldige treffen: Die Fälscher sind so geschickt, daß man die nachgemachten Scheine nur schwer von den echten unterscheiden kann; von den Betrogenen können viele der Versuchung nicht widerstehen, ihren Verlust auf andere abzuwälzen.
Heute abend traf ich in der Rue de la Tixeranderie auf einen Trupp Frauen, die zur Commune zogen, sie hatten fast alle rote Mützen auf; eine große Menschenmenge folgte ihnen und applaudierte grölend. Auch ich schloß mich an, denn ich wollte wissen, worum es eigentlich ging. Der Bürger Nicolas Lelièvre, den ich getroffen hatte, nahm mich mit ins Rathaus. Die Frauen waren schon da, aber weder ihr Aufzug noch ihr Betragen fanden Anklang beim Bürger Chaumette; er hielt ihnen eine sehr vernünftige Rede und schickte sie zu ihren Kochtöpfen zurück.
28. Brumaire [18. 11. 1793]. Heute morgen hatten wir in der Conciergerie zu tun; ich stand gerade im Vorraum der Kanzlei, als zwei Bürger auf dem Weg zum Verhör vorbeikamen. Einer von ihnen, angeblich der Bürger Boisguyon, ein Soldat, trat auf mich zu und fragte mich: »Habe ich die Ehre, mit dem Bürger Scharfrichter zu sprechen? Bürger, bei Ihnen ist es doch wie auf dem Tanzboden, sobald man seine Position eingenommen hat, fangen die Geigen, das heißt das Fallbeil, an aufzuspielen, so daß einem keine Zeit bleibt, ein Wort zu sagen?« Ich bestätigte ihm das. Dann wandte er sich an seinen Begleiter und sagte: »Sie sehen, ich hatte recht, Dupré, und Sie haben Ihre Rolle sehr schlecht gespielt. Wir sollten unbedingt Fouquier bitten, daß er dem Bürger erlaubt, bei unseren Proben Regie zu führen!«

Die Gendarmen führten sie ab, aber man konnte sie noch lachen hören. Er spielte auf eine Parodie der Hinrichtung an, die jetzt der liebste Zeitvertreib der Gefangenen ist. Die Fröhlichkeit dieser Leute entsetzt mich.
Heute wurden Nicolas-Remi Lesueur, ein ehemaliger Abgeordneter der Verfassunggebenden Versammlung aus Saint-Ménehould, und ein Kriegsinvalide hingerichtet, der für die Feinde Soldaten angeworben hatte.*
29. Brumaire [19. 11. 1793]. Zwei Verurteilte: ein Offizier, Destar de Bellecour, und Charles Duparc, ein ehemaliger Beamter in den Tuilerien, Komplize der Verschwörung vom 10. August. Nichts Besonderes.
Die Section Unité hat heute, am 30. Brumaire, die Rudimente des Aberglaubens aus der ehemaligen Abtei Saint-Germain-des-Près zur Convention gebracht. Ich habe den Zug vorbeikommen sehen. An der Spitze marschierte eine Rotte Bewaffneter, dahinter in Zweierreihen Männer, die sich Meßgewänder übergezogen hatten. In der Mitte kamen weißgekleidete Frauen und Mädchen mit Gürteln in den Farben der Tricolore und dann auf Tragbahren Kelche, Ziborien, Monstranzen, Kandelaber, Gold- und Silberschalen und der Reliquienschrein, der über und über mit Edelsteinen verziert ist. Zuletzt ein mit schwarzem Tuch bedeckter Katafalk und eine Musikkapelle, die das Lied *Marlborough s'en va-t-en guerre* spielte. Die Beute soll mehr als eine Million wert sein; aber konnte man sie nicht beschlagnahmen, ohne sie durch den Straßenschmutz zu schleppen? Das Tribunal hat uns freigegeben; so schöne Tage werden langsam selten.

* Es handelt sich um François Prix, genannt Saint-Prix.

1. Frimaire [21. 11. 1793]. Wir haben den armen Bürger Boisguyon abgeholt, der sich über die Guillotine so lustig gemacht hatte. Als man ihn uns übergab, sagte er: »Heute ist es ernst, Sie werden sich wundern, wie gut ich meine Rolle beherrsche.«
Girey-Dupré,* ein Mitarbeiter von Brissot in der Redaktion des *Patriote français*, war auch dabei. Er hatte sich noch vor der Verhandlung von dem Friseur im Gefängnis die Haare abschneiden lassen; als er vor dem Tribunal erschien, war er schon fertig für das Schafott. Er präsentierte sich mir von allen Seiten und sagte: »Ich hoffe, es fehlt nichts mehr außer den Stricken, für die Sie allein zuständig sind.«
Dabei hielt er mir die Hände zum Fesseln hin; er wirkte sehr aufgeregt. Mit ihm sollte ein vom Kriminalgericht verurteilter Bauer namens Colombier sterben, der Assignaten gefälscht hatte. Zu dritt stiegen sie auf einen Karren. Der Bauer war sehr niedergeschlagen; er versuchte dem Bürger Boisguyon zu beweisen, daß er unschuldig sei. Der wollte ihn trösten und sagte: »Wenn ich dich dadurch retten könnte, daß ich zweimal stürbe, wäre ich zu diesem Experiment bereit, denn wo ich schon einmal dabei bin, scheint mir das eine Bagatelle; da das aber nicht geht, solltest du dir deine Argumente für den lieben Gott aufheben, vor dem wir in weniger als zwei Stunden stehen werden.«
Als wir durch die Rue Saint-Honoré kamen, schauten

* Riouffe berichtet in seinen Memoiren, daß Girey-Dupré vor dem Tribunal den folgenden schönen Satz sprach: »Mein vertrauter Umgang mit Brissot hat mich davon überzeugt, daß er gelebt hat wie Aristides und gestorben ist wie Sydney, als Märtyrer für die Freiheit!« Daß er so energisch seine Meinung sagte, vereinfachte natürlich die Verhandlung.

zwei Frauen aus einem Fenster im Haus von Duplay, wo der Bürger Robespierre wohnt. Kaum hatte Girey-Dupré, der Boisguyon auf dieses Haus aufmerksam machte, sie gesehen, als er aus Leibeskräften schrie: »Nieder mit Cromwell! Nieder mit dem Diktator, dem Tyrannen!« Der Polizeioffizier Juglet versuchte vergeblich, ihn zum Schweigen zu bringen.
Dann stimmte er mehrmals das Lied an:

Veillons au salut de l'empire,
Veillons au maintien de nos droits;
Si le despotisme conspire,
Conspirons la perte des rois.*

Danach eine Strophe aus einem Lied, das Boisguyon kurz vorher komponiert hatte:

Pour nous quel triomphe éclatant!
Martyrs de la liberté sainte,
L'immortalité nous attend.

Dignes d'un destin si brillant,
A l'échafaud marchons sans crainte,
L'immortalité nous attend.

Mourons pour la patrie,
C'est le sort le plus beau,
Le plus digne d'envie ...**

---

* Wir wollen über das Heil des Reiches wachen / und unsere Rechte behaupten; / Wenn der Despotismus Verschwörungen anzettelt, / wollen wir auf den Untergang der Könige hinarbeiten.
** Welch glanzvoller Triumph für uns! / Uns, die Märtyrer der heiligen Freiheit, / erwartet die Unsterblichkeit.
Würdig eines so rühmlichen Schicksals, / wollen wir furchtlos zum Schafott marschieren, / uns erwartet die Unsterblichkeit.

Colombier wurde als erster hingerichtet, dann Boisguyon; er blieb bis zuletzt ruhig. Girey wollte noch zum Volk sprechen, aber wir hatten Befehl, ihn daran zu hindern; wir mußten ihn festhalten, um ihn ans Brett schnallen zu können. Er rief mehrmals *Vive la République!*

4. Frimaire [24. 11. 1793]. Wir haben Antoine Colnelle de Tontel, einen ehemaligen Oberstleutnant, hingerichtet, außerdem Clément Laverdy, einen ehemaligen Finanzbeamten, der erwiesenermaßen* zur Verschärfung der Hungersnot beigetragen hatte, indem er Getreide in einen Teich werfen ließ. Es war ein widerlicher Tag. Der eine Verurteilte war zweiundsiebzig, der andere siebzig Jahre alt. Wenn sie jung sind, empfinde ich nur Mitleid für sie; aber es entsetzt mich, wenn es alte Leute sind. Beide gingen mutig in den Tod.

6. Frimaire [26. 11. 1793]. Gestern hat das Tribunal die Personen abgeurteilt, die im Prozeß gegen den Bürger Lausanne und die Bürgerin Grandmaison falsche Zeugenaussagen gemacht hatten.** Zwei von ihnen wurden freigesprochen; der dritte, Carteran Désormeaux, ein Seifenfabrikant, wurde zum Tode verurteilt und heute hingerichtet.

Wir wollen für das Vaterland sterben, das ist das schönste, / beneidenswerte Los...

* Herr de Laverdy war des Verbrechens, das man ihm vorwarf, keineswegs überführt. Vgl. die von ihm selbst gehaltene Verteidigungsrede bei Campardon, *Histoire du Tribunal révolutionnaire*, Band I.

** Das Revolutionstribunal hatte Anfälle von Gerechtigkeitssinn, die man ihm hoch anrechnen muß. Neidische Konkurrenten hatten den Bürger Lausanne und die Bürgerin Millin Grandmaison, beide Seifenfabrikanten in der Rue des Jardins in Paris, beschuldigt, durch Reden auf die Wiederherstellung des Königtums hingewirkt zu haben. Sie wurden wegen erwiesener Unschuld freigesprochen, und der öffentliche Ankläger stellte den Antrag, die Denunzianten auf der Stelle zu verhaften.

7. Frimaire [27. 11. 1793]. Es gibt kaum noch Brot in der Stadt. Man muß vor den Bäckerläden Schlange stehen. Die Frauen sichern sich schon abends ihren Platz und warten manchmal die ganze Nacht, aber gewöhnlich löst man sich ab. Eigentlich geben so viele Menschen, die nicht wissen, wie sie am nächsten Tag ihre Familie satt bekommen sollen, ein jämmerliches Schauspiel ab; aber unsere Mitbürger verstehen es, sich aus allem einen Spaß zu machen. Vor dem Bäckerladen in unserer Straße standen heute nacht mehr als fünfhundert Personen an; sie sangen Lieder, obwohl es kalt war, man hörte schallendes Gelächter, und es wurde gerufen: »Noch Plätze frei!«, wie vor einer Theateraufführung. Leider geht dieser Übermut nicht ohne gewisse Unregelmäßigkeiten ab, und manche Ehemänner beklagen sich darüber. – Heute hat das Tribunal drei Todesurteile verhängt: gegen Jacques-Etienne Marchand, Leutnant der Gendarmerie; gegen den General Nicolas Pollier-Lamarlière und gegen Etienne-Alexis-Jacques Anisson, den ehemaligen Direktor der Staatsdruckerei.

9. Frimaire [29. 11. 1793]. Heute rollten fünf Köpfe, darunter zwei von berühmten Männern: Der eine war Barnave, ein ehemaliger Abgeordneter, den ich am Tag der Rückkehr des Königs in dessen Wagen neben Marie Antoinette gesehen hatte, der andere Duport du Tertre, der ehemalige Justizminister. Es hieß, der Bürger Danton habe versucht, Barnave zu retten; aber nach dem neuen Gesetz genügt schon die Anzeige eines Kindes, um einen Mann ans Messer zu liefern, und nicht einmal der Erste in der Republik wäre in der Lage, ihn zu retten. Gestern sah ich den Bürger Fouquier aus der Kantine kommen und

zum Sitzungssaal zurückgehen. Die Hinrichtung sollte noch im Laufe des Tages stattfinden, aber die Verhandlung zog sich lange hin, und wegen des schlechten Wetters mußte man bis zum nächsten Morgen warten. Die Verurteilten hatten es dem Glatteis zu verdanken, daß sie einen Tag länger lebten. Um elf Uhr brachte man sie zum Haareabschneiden, Barnave, Duport, den Bürger Benoît Grandel, der verurteilt worden war, weil er *Vive le roi* auf eine Assignate geschrieben hatte, den Bürger Anselme Vervitch und seine Schwester, zwei Verschwörer. Barnave und du Tertre waren sehr mutig und gelassen; der erste kam hastig auf mich zu und zeigte mir seine Hände mit den Worten: »Binde die Hände, die als erste die Menschenrechtserklärung unterschrieben haben!«
Als er fertig war, sprach er mit dem Bürger Duport und schien sich dabei sehr zu ereifern, während die laut jammernde Bürgerin Vervitch vorbereitet wurde. Es standen zwei Karren bereit. Die ehemaligen Abgeordneten stiegen mit mir in den ersten, die drei anderen mit Henry in den zweiten. Während der Fahrt setzten die beiden Verurteilten ihre Unterhaltung fort; sie sprachen über die Republik und meinten, ihr bevorstehender Untergang müsse auch das Ende der Freiheit bedeuten. Aus dem Publikum kamen viele Zurufe; mehrmals ging es dabei um Varennes. Einer rief spöttisch: »So jung, so beredt, so mutig, es ist wirklich schade!« Barnave antwortete sehr stolz: »Sie sagen es.«
Frau oder Fräulein Vervitch wurde als erste hingerichtet; man schleppte sie halbtot vor Angst aufs Schafott. Nach ihr wurde ihr Bruder, der Pfarrer, guillotiniert, dann der weinende de Benoît Grandel, Duport du Tertre und zu-

letzt Barnave. Er betrachtete die Guillotine sehr aufmerksam und sagte: »Das also ist der Lohn für die Dienste, die ich der Freiheit geleistet habe!«

10. Frimaire [20. 11. 1793]. Heute morgen bin ich mit zwei Karren von der Conciergerie zur Place de la Révolution gefahren. Ich hatte nicht so große Bürger wie gestern dabei, die für sich allein einen Wagen in Anspruch nehmen; aber die Zahl der Verurteilten entschädigte die Neugierigen, denn im einen Karren waren fünf und im anderen vier, insgesamt neun.* Darunter waren auch Mutter und Sohn; man mußte sie gewaltsam trennen, um ihnen die Hände zu binden, so eng hielten sie sich umschlungen. Als die Frau das Haar ihres Sohnes fallen sah, stieß sie so schmerzerfüllte Laute aus, daß es schien, als wollte sie sich die Seele aus dem Leib schreien. Wir waren bestürzt, um so mehr, als sie sich an uns wandte und erklärte, die Republik hätte mit ihrem Kopf genug und wir sollten den jungen Mann begnadigen. Es war so schlimm, daß ich darauf verzichtete, sie zu begleiten. Henry stieg mit den beiden in den ersten Karren, und ich folgte im zweiten; aber unterwegs hörte man sie trotz des Pferdegetrappels und des Lärms, den die Räder auf dem Pflaster machten, verzweifelt klagen. Die Verurteilten in meinem Wagen wandten sich ab, um sie nicht ansehen zu müssen. Die Zuschauer blieben ziemlich ruhig; die

* Es handelt sich um die ehemaligen Adligen Louis-Aubert de Fligny und Augustin-Philibert de Chassey; um den Schreiber Jean-Antoine Rebourg; um Augustin Lieuttot, Pfarrer von Saint-Remi de la Vanne; Jean-Baptiste-Charles Cagnies, Pfarrer von Saint-Marc; Jean-Pierre Lebas, Pfarrer von Coulommiers; um den ehemaligen Adligen Gédéon-Alexandre Quatresous de Marolles; seine Frau Louise-Madeleine Barentin und um Charles-Nicolas Quatresous de Marolles, Offizier der Nationalgarde.

Frauen, selbst die schlimmsten Megären, weinten, und viele hatten keine Hemmungen, ihr Schicksal zu beklagen. Auf dem Richtplatz machte sie wieder eine Szene, obwohl sie schon sehr erschöpft war. Der Sohn beteuerte ihr unablässig, er sei glücklich, mit ihr zu sterben, aber sie antwortete voller Zorn, sie wolle nicht, daß er umkäme. Sie wurde als erste hingerichtet, und auf dem Schafott fragte sie mich: »Die Begnadigung für ihn kommt doch, oder?«

Sie hatte sich wohl eingeredet, ihr Sohn wäre nur dorthin gebracht worden, um sie in Verzweiflung zu stürzen, aber man würde ihn nicht wirklich hinrichten. Ich hatte nicht den Mut, ihr zu widersprechen. In der Tat waren die Opfer vom vorigen Tag sehr alt gewesen, aber dieser war dafür noch ganz jung: erst dreiundzwanzig Jahre!

11. Frimaire [1. 12. 1793]. Heute wurden hingerichtet: Jean Vincenot, Gastwirt, gebürtig aus Gondrecourt, der am Aufstand in Lyon beteiligt gewesen war; Pierre-Nicolas Aubry, Schulmeister, weil er Reden geführt hatte, die auf die Wiedereinführung des Königtums abzielten, und Sébastien Maudit, Schankwirt und Restaurateur am Boulevard Poissonnière, der durch seine Reden den Gehorsam der Soldaten erschüttert und die Rebellion von Dumouriez gebilligt hatte.

Die hübschesten Frauen von Paris möchten gern unsere neue Gottheit, die Vernunft, verkörpern; man hat die Qual der Wahl. Gestern stand in einer Zeitung, daß diese Göttin bei den jetzigen Zuständen Gefahr läuft, einem General ohne Soldaten zu gleichen.

12. Frimaire [2. 12. 1793]. Heute morgen hatten wir zwei Verurteilte, beide wegen Unregelmäßigkeiten bei

Lieferungen für die Truppen: die Schuster Barthélémy Soudre und Guillaume-Jean Flamant. Sie wurden lautstark verhöhnt und ausgelacht. Wenn man aber bedenkt, was die tapferen Patrioten in der Armee alles entbehren, vermag man die, die sie bestehlen, nicht zu bedauern. Gestern nannte Vouland, ein Mitglied der Convention und der Ausschüsse, in der Kantine des Tribunals das Guillotinieren »die rote Messe«. Ich habe es von dem Geschworenen Prieur, aber heute ist der Ausspruch schon in aller Munde.
Der neue Gott hat schon seinen Pilatus, und zwar keinen geringeren als den Bürger Robespierre; er hat in der Nationalversammlung eine Rede gegen die Erfindung von Clootz und Chaumette gehalten, und seine Ausführungen finden beim Publikum noch mehr Anklang als bei den Abgeordneten. Die Frauen, die die Göttin nicht allzusehr schätzten, nutzen die Gelegenheit, um ihr gehässige Litaneien zu singen. Über die sogenannte Scheinheiligkeit des Bürgers Robespierre sind alle möglichen Wortspiele in Umlauf, aber er ist nichtsdestoweniger sehr populär.
13. Frimaire [3. 12. 1793]. Hingerichtet wurden: der Arzt Antoine-Pierre-Léon Dufresne, weil er Briefe geschrieben hat, um einen Bürgerkrieg heraufzubeschwören und die Einheit der Republik zu zerstören; und Etienne-Pierre Garneau, Beamter im Innenministerium, weil er auf die Auflösung der Nationalversammlung und die Wiedereinführung des Königtums hingearbeitet hatte.
Heute wurde eine Verfügung der Commune veröffentlicht, die festlegt, was man getan haben muß und nicht getan haben darf, um eine Bescheinigung über Bürger-

treue zu erhalten; das ist in der Tat schwieriger, als ins ehemalige Paradies zu gelangen, und der heilige Petrus war weniger anspruchsvoll als der Bürger Chaumette. Man muß 1. den Auszug aus dem Register der Nationalgarde von Beginn des Jahres 1790 an vorlegen, sofern man zu dieser Zeit Aktivbürger war; 2. Quittungen über die Abgaben für das Vaterland und die Steuern für die Jahre 1791 und 1792 vorlegen; 3. man darf nach dem 10. August nur noch ein Amt innegehabt und ein Gehalt bezogen haben; 4. man darf nichts gegen die Freiheit geschrieben haben; 5. man darf in keinem Club Mitglied gewesen sein, den die öffentliche Meinung geächtet hat, wie die Pariser Clubs der Monarchiens, Feuillants, der Sainte-Chapelle, von Massiau und Montaigu; 6. man darf aus keiner Société populaire ausgeschlossen worden sein, in Paris zum Beispiel nicht aus den Gesellschaften der Jakobiner oder der Cordeliers, im Zuge der Säuberungen; 7. man darf keine der offiziell verurteilten Petitionen unterzeichnet haben, in Paris zum Beispiel die der Achttausend und der Zwanzigtausend gegen die Überführung der Asche Voltaires ins Panthéon und gegen die Priesterehe, selbst wenn man seine Unterschrift sofort wieder zurückgezogen hätte. Wenn dieses Dekret genau befolgt würde, wären drei Viertel der Pariser Bevölkerung verdächtig.

15. Frimaire [5. 12. 1793]. Heute ist wieder ein Volksvertreter guillotiniert worden: Kersaint, ein ehemaliger Marineoffizier. Er starb ebenso tapfer, wie er gelebt hatte; auf dem Weg zum Schafott hat er viel gebetet. Mit ihm wurde Jean Baptiste Guérin hingerichtet, ein Priester, der den Eid verweigert hatte.

Armand-Guy-Simon de Kersaint stand den Girondisten nahe und hatte mit unbeugsamem Mut dem Schafott getrotzt. Am Tag vor der Verurteilung von Louis XVI hatte er dem Präsidenten der Convention geschrieben, wenn er schon genötigt gewesen sei, der Kollege der Lobredner und Drahtzieher der Septembermorde zu werden, wolle er doch wengistens sein Andenken vor dem Tadel schützen, ihr Komplize gewesen zu sein; ihm bleibe nur noch ein Augenblick, um das zu tun, *am folgenden Tag* wäre es unmöglich, und er lege deshalb sein Mandat nieder. Die Convention war nicht bereit, seine Entscheidung hinzunehmen; als man ihn herbeizitierte, weigerte er sich, seinen Platz wieder einzunehmen, und wollte nicht einmal den angebotenen Vorsitz für diesen Tag akzeptieren. Er zog sich nach Ville-d'Avray zurück, wurde dort aufgespürt und vor das Revolutionstribunal gestellt, das ihn schuldig sprach: Er hätte wissentlich und in böser Absicht versucht, die Vertretung der Nation zu erniedrigen, und zur Wiedereinführung des Königtums aufgerufen. Er wurde zum Tode verurteilt.

16. Frimaire [6. 12. 1793]. Heute ließ mir der Bürger Ankläger sagen, ich hätte noch zu warten, als ich zur Conciergerie zurückkam, wo wir Jacques-Auguste Rassay, einen ehemaligen General, abholen sollten, weiterhin Louis-Marguerite-Bernard d'Escourt, den ehemaligen Adjutanten von Brissac, der erwiesenermaßen mit den Feinden des Staates in Verbindung stand; und Charlotte-Félicité Lappé, verehelichte Charry, eine ehemalige Adlige, die Maitresse des Abgeordneten Osselin. Der diensthabende Schließer Rivière verriet mir, man habe gerade den Bürger Rabaut-Saint-Etienne und seinen Bruder Rabaut-Pommier hergebracht, und Fouquier habe den ersten, der für vogelfrei erklärt worden war, sofort zwecks

Feststellung seiner Identität zum Tribunal hinaufbringen lassen. Die beiden Rabaut hatten sich in der Rue Poissonnière bei einem Beamten des Wohlfahrtsausschusses versteckt. Dieser Bürger hatte in seinem Schlafzimmer eine Bretterwand einziehen lassen, die den Raum, wo sie sich aufhielten, so vollständig verbarg, daß man sie unmöglich entdecken konnte. Er war aber dumm genug gewesen, den gleichen Schreiner auch bei Arbeiten in den Räumen des Ausschusses zu beschäftigen. Der hatte es mit der Angst zu tun bekommen, als er Billaud, Amar und Vouland wettern hörte, die nur von Tod und Gemetzel sprachen; er sah sich schon auf der Guillotine, weil er mitgeholfen hatte, einen Geächteten zu verstecken, und verriet Amar das Geheimnis; dieser ließ die beiden auf der Stelle verhaften. Nach einer halben Stunde kamen die Gendarmen mit Rabaut-Saint-Etienne zurück, und Tirasse händigte mir den Hinrichtungsbefehl aus. Rabaut bat darum, seinen Bruder ein letztes Mal umarmen zu dürfen; der Bürger Richard antwortete, dazu sei eine Genehmigung notwendig, und erklärte sich bereit, jemanden zum Bürger Ankläger zu schicken. Daraufhin sagte Rabaut: »Nein, das würde zu lange dauern und meinem Bruder unnötigen Kummer machen; gehen wir.« Wir brachen auf, und er starb sehr mutig.

17. Frimaire [7. 12. 1793]. Madame Dubarry wurde gestern abend verurteilt und heute morgen hingerichtet. Wie befohlen, waren wir um neun Uhr im Justizpalast, aber wir mußten warten, weil sich der Richter Denizot und Royer, der Vertreter des Anklägers, mit der Verurteilten zurückgezogen hatten; sie nahmen ihre Aussagen auf. Um zehn Uhr brachte man die drei Bürger Vandenyver, den Vater und zwei Söhne, Komplizen von Madame Dubarry, und die Bürger Bonnardot und Joseph Bruniot, Assignatenfälscher, die vom Kriminalgericht verurteilt worden waren. Während man sie für die Hinrichtung vorbereitete, kam Madame Dubarry in den Vorraum der Kanzlei. Sie hielt sich beim Gehen an der Wand fest, denn ihre Beine versagten ihr den Dienst. Ich hatte sie seit zwanzig Jahren nicht mehr gesehen, und ich hätte sie nicht wiedererkannt; sie war durch ihre Korpulenz und den Ausdruck von Qual und Angst auf ihrem Gesicht verändert. Als sie mich hinter den schon gefesselten Verurteilten stehen sah, stieß sie einen Schrei aus, hielt sich das Taschentuch vor die Augen, fiel auf die Knie und rief: »Ich will nicht, ich will nicht!«

Sie stand aber gleich wieder auf und fragte: »Wo sind die Richter, ich habe noch nicht alles ausgesagt, nicht alles gestanden.«

Die Bürger Denizot und Royer waren mit zwei oder drei Abgeordneten, die die arme Frau hatten sehen wollen, bei Richard; sie kamen sofort, waren aber nicht bereit, noch einmal mit ihr in die Kanzlei zu gehen, und forderten sie auf, ihre Aussage dort zu machen, wo sie war. Daraufhin gab sie zu Protokoll, daß sie einige Wertsachen in ihrem Haus in Lucienne versteckt oder verschiedenen Personen anvertraut hatte, verfiel aber andauernd ins Jammern und faselte mehrmals herum wie im Fieberwahn. Der Bürger Royer, der ihre Aussage aufnahm, fragte daraufhin: »Ist das alles?« und versuchte, sie dazu zu bringen, daß sie das Protokoll unterschrieb; aber sie schob das Papier weg und beteuerte, sie hätte noch etwas hinzuzufügen. Man konnte sehen, wie sie in ihrem Gedächtnis

kramte. Vielleicht glaubte sie, man würde sie wegen der gewaltigen Summen* begnadigen, die sie der Konfiszierung preisgab, und sie hatte sich in der Zeit ihrer Erfolge Reichtümer niemals so glühend gewünscht, wie sie jetzt auf sie verzichtete, um dem Tod noch ein paar Minuten abzugewinnen. Endlich standen die Bürger Denizot und Royer auf und sagten barsch, sie müsse sich dem Urteilsspruch unterwerfen und solle die Schändlichkeit ihres früheren Lebens durch Mut vergessen machen. Sie blieb wie vernichtet auf ihrem Stuhl sitzen; ein Gehilfe trat auf sie zu und wollte den Augenblick nutzen, um ihr das Haar abzuschneiden, aber als sie das merkte, sprang sie sofort auf und stieß ihn zurück. Zwei andere mußten ihm helfen, sie zu binden. Dann ließ sie alles mit sich machen, aber sie weinte, wie ich noch nie jemanden habe weinen sehen. Auf dem Quai standen genausoviele Zuschauer wie bei der Hinrichtung der Königin oder der Girondisten. Die Menge machte viel Lärm, aber das Geschrei des Opfers übertönte das Volk noch. Wir waren noch keine hundert Schritte weit weg, da hörte man die Leute überhaupt nicht mehr. Sie rief: »Ihr guten Bürger, befreit mich, ich bin unschuldig! Ich bin eine Frau aus dem Volk wie ihr, gute Bürger, laßt mich nicht sterben!«
Keiner rührte sich, aber Bürger und Bürgerinnen senkten den Kopf und beschimpften sie nicht mehr. Ich hatte das Volk noch nie so passiv gesehen. Jacot schnitt seine Grimassen umsonst. Ich erkannte die Zuschauer bei der Guillotine nicht wieder, und es waren doch dieselben

* Die gewaltigen Summen, von denen mein Großvater spricht, waren in Wirklichkeit unbedeutend. Campardon gibt im ersten Band der *Histoire du Tribunal révolutionnaire* die Aussagen von Madame Dubarry wörtlich wieder.

Leute, die sich gegenüber dem Bürger Bailly trotz seines Mutes so mitleidlos gezeigt hatten. Die Verurteilte hielt nur für Augenblicke inne; dann wurde ihr dunkelrotes Gesicht kreidebleich. Sie ließ sich wie eine Tote vom Geholper des Karrens auf dem Pflaster durchschütteln und wurde von einer Seite auf die andere geschleudert. Zehnmal wäre sie herausgefallen, wenn mein Sohn sie nicht festgehalten hätte. Ein paarmal sagte sie zu mir: »Sie werden mich doch nicht sterben lassen, nicht wahr?«
Ihre Zähne klapperten, und die Worte kamen rauh und stoßweise über ihre Lippen. Ich war so gerührt, daß ich weinte wie die anderen, und sogar noch bitterer, denn der Anblick dieser unglücklichen Frau erinnerte mich an unsere Jugend, als nichts auf ein solches Schicksal hindeutete, und an ihren ehrbaren Vater, dessen Fürsorge sie weder vor ihrem verhängnisvollen Aufstieg noch vor ihrem schrecklichen Sturz hatte bewahren können. Trotz all meiner Anstrengung, der Rührung Herr zu werden, ist mir der Weg noch nie so lang vorgekommen. Einmal riet ich ihr zu beten, das würde sie sicher stärken. Sie konnte sich aber an kein Gebet erinnern, sondern murmelte nur: »Mein Gott, mein Gott, mein Gott!«, etwas anderes fiel ihr nicht ein.
Dann wandte sie sich wieder mit flehentlichen Bitten an die Bürger. Laut Befehl sollte sie als letzte hingerichtet werden, aber als ich vom Karren stieg, sagte mir der Bürger Gerichtsdiener, ich könne die Reihenfolge selbst bestimmen. Da sie beim Anblick der Guillotine ohnmächtig geworden war, ließ ich sie gleich hinaufbringen; aber sobald sie die Hände der Gehilfen spürte, kam sie wieder zu sich und stieß sie zurück, obwohl sie gefesselt war; dabei

rief sie: »Nicht sofort, bitte noch einen Augenblick, meine Herren Henker, noch einen Augenblick!«
Man schleppte sie hinauf, aber sie wehrte sich und versuchte zu beißen. Sie war stark und kräftig, denn obwohl sie zu viert waren, brauchten sie mehr als drei Minuten, bis sie sie oben hatten. Wenn sie sie nicht durch ihr Umsichschlagen provoziert hätte, wären sie vielleicht nicht mit ihr fertig geworden, denn sie waren völlig verblüfft. Dem Volk ging es nicht anders; keiner sprach ein Wort, und viele machten sich wie in Panik nach allen Seiten davon. Auf dem Schafott ging es wieder los, sie brüllte. Ihr Geschrei war sicher noch am anderen Ufer der Seine zu hören, und sie sah schrecklich aus. Endlich schafften sie es, sie festzuschnallen, und das war das Ende. Danach wurden die anderen hingerichtet.
18. Frimaire [8. 12. 1793]. Heute haben wir Jean-Baptiste Noël guillotiniert, den geächteten Abgeordneten des Départements Vosges. Unterwegs fragte er mich, ob es wahr sei, daß Madame Dubarry so große Angst gehabt hätte. Später wollte er noch wissen, ob man das Fallbeil gründlich abgewischt habe, denn es sei unpassend, daß sich das Blut eines Republikaners mit dem einer Prostituierten mische. Mit ihm starb ein Mann, der vom Kriminalgericht als Assignatenfälscher verurteilt worden war.*
Heute hat sich Chavière, ein ehemaliger Minister, in der Conciergerie erdolcht.
20. Frimaire [10. 12. 1793]. Sechs Verurteilte wurden hingerichtet: Jacques Dessalles, Juwelier und Lieferant von Uniformen für die Truppen der Republik; Philippe

* Es handelte sich um Bernard Chenneau, einen Kolporteur aus Fraise im Département Ardennes.

Rigault, ehemals verantwortlich für die Uniformbeschaffung der Armee; und die Uniformschneider André Bourillon, Antoine Poujole, Michel-Joseph Bouchet und Charles-Antoine Pinard. Alle waren überführt, Veruntreuungen begangen zu haben oder an solchen beteiligt gewesen zu sein.

21. Frimaire [11. 12. 1793]. In Zukunft wird es nicht einfach sein, sich Schuhe zu beschaffen. Die Convention hat beschlossen, daß die Schuhmacher nur noch für die Verteidiger des Vaterlandes arbeiten dürfen, bei Strafe der Beschlagnahmung aller Schuhe, die sie für jemand anders anfertigen, und einer Buße von zehn Livres, die der Denunziant erhalten soll. Deswegen sind alle möglichen Witze über die Barfußgeher in Umlauf; aber man spottet nur noch leise, denn selbst die Frechsten getrauen sich nicht mehr. Heute gab es zwei Hinrichtungen.*

22. Frimaire [12. 12. 1793]. Der Bürger Chaumette verfolgt die Dirnen übereifrig; vielleicht sollte er seine Aufmerksamkeit lieber auf das Elend richten, das verhindert, daß Tugend entstehen oder gedeihen kann. Dann hätte man sicher das Recht, von den Dirnen den Verzicht auf ihr schäbiges Gewerbe zu fordern, das sie jetzt gerade noch am Leben erhält. Heute hatten wir zwei Dirnen, die ein Beschluß der Commune gewissermaßen durch die Hintertür auf die Guillotine brachte. Sie hießen Claire Sévin, verwitwete Loriot, und Catherine Halbourg. Sie waren weder jung noch schön, aber die zweite hielt sich

* Es handelte sich um Jean-Baptiste Weispech, einen Schneider, der unkorrekt geliefert hatte, und um Louis-Marguerite-Bernard d'Escourre, Hauptmann der Kavallerie, einen Verschwörer und Agenten Brissacs.

wie ein Dragoner. Als sie mit zwei anderen Frauen, die ich auch mitnehmen sollte,* in den Vorraum der Kanzlei kamen, vergoß die Witwe Loriot bittere Tränen; da meinte Catherine Halbourg zu ihr: »Sag ihnen, was mit dir los ist; ich dagegen, wenn ich schon verrecken muß, dann bitte sofort.« Die Witwe Loriot erklärte, sie sei schwanger. Monet führte sie ins Büro und ging zum Bürger Ankläger, um einen Aufschub zu beantragen. Als sie weg war, sagte die Halbourg zu mir: »Schade, wenn du mit vier Frauen losgezogen wärest, hättest du rufen können: ›Vierzehn Punkte für die Damen!‹«

Der Aufschub für die Witwe Loriot wurde bewilligt; die andere machte bis zuletzt Witze und gab jedem, der sie unterwegs beschimpfte, die passende Antwort.

23. Frimaire [13. 12. 1793]. Gestern eine Prostituierte, heute morgen ein ehemaliger großer Herr, der ehemalige Duc du Châtelet. Er hat, wie viele andere, der Monarchie, der er diente, mehr Schaden zugefügt als ihre erbittertsten Feinde. Der König gab ihm das Kommando über das Regiment der Gardes françaises, das er Biron weggenommen hatte; die Soldaten, die sehr an Biron hingen, waren deswegen unzufrieden. Der ehemalige Duc du Châtelet versetzte sie durch die strengen Strafen, die er verhängte, vollends in Empörung und erleichterte den Aufwieglern die Arbeit; es lag sicher an ihm, daß das Regiment so begeistert Partei für das Volk ergriff. Man mußte ihn in den Vorraum der Kanzlei tragen, weil er in der Nacht

* Es handelte sich um Geneviève Vernin d'Aigrepont, verwitwete Ternin, und ihre Schwester Madeleine Vernin d'Aigrepont, die zum Tode verurteilt worden waren, weil sie mit Feinden der Republik, besonders mit dem Emigranten Frémont, korrespondiert hatten.

einen Selbstmordversuch unternommen hatte, um dem Schafott zu entgehen; da er weder ein Messer noch einen Dolch hatte, wollte er sich eine Glasscherbe in die Brust stoßen, aber sie zerbrach, ohne tief einzudringen. In dem Glauben, ein großer Blutverlust könne ihn töten, bearbeitete er daraufhin seine Brust kreuz und quer mit dem übriggebliebenen Stück; aber dadurch hatte er sich lediglich so geschwächt, daß er sich kaum noch auf den Beinen halten konnte. Sein Herz war aber immer noch sehr stark. Als ich im Karren sah, wie er blaß wurde, bot ich ihm an, die Blutung mit meinem Taschentuch einzudämmen, aber er sagte: »Laß nur, das erleichtert dir die Arbeit!« Auf dem Platz kam er wieder einigermaßen zu Kräften, legte sich selbst aufs Brett und rief: *Vive le roi!*

25. Frimaire [15. 12. 1793]. Zwei Verurteilte, François-Xavier Bruniau, ehemaliger Prokurator der ehemaligen Vogtei von Maubeuge, der die weiße Kokarde in der Öffentlichkeit getragen hatte, und Pierre-Jacques-Charles Porcher, ein Emigrant.

26. Frimaire [16. 12. 1793]. Heute wurden die ehemaligen Bedienten des Emigranten Montmorency, mehrere Heereslieferanten und zwei Assignatenfälscher guillotiniert. Unter diesem Regime kommt es nicht selten vor, daß die Diener ihrer Treue wegen das Schicksal ihrer Herren teilen müssen; das ist wahre Gleichheit.

Es handelte sich um Jacques Sespaud, Jacques-Husson Chancourt, Joseph Blouet, Intendanten und Hausbesorger des ehemaligen Duc de Montmorency, Drahtzieher und Komplizen bei Machenschaften gegen die Freiheit und Sicherheit des französischen Volkes, die vor allem überführt waren, mit dem Emigranten Montmorency korrespondiert und ihm Geld geschickt zu haben; weiterhin um Antoine Demachi, Kolonialwarenhändler, Jean-Louis Tonnelier, Kurzwarenhändler, Bernard-Marie Lemeunier, Kommissar für die Uniformbeschaffung der Armee, und Jean-Baptiste Giblin, Schneider, die beide der Veruntreuung bei Lieferungen überführt waren. Alle waren vom Revolutionstribunal zum Tode verurteilt worden. Über den Friseur Giraud Bergues und den Kurzwarenhändler Jean-Baptiste Fermarel hatte das Kriminalgericht die Todesstrafe verhängt, weil sie falsche Assignaten in Umlauf gebracht hatten.

28. Frimaire [18. 12. 1793]. Heute wurden Vincent, Sekretär im Kriegsministerium, der Kommandant der Revolutionsarmee, Ronsin, und Maillard, der Hauptmann der Kompanie der Tape-dur, festgenommen. Die drei glaubten, sie könnten sich alles erlauben; sie waren ebenso unverschämt wie ehemals die Aristokraten und vertrieben sich die Zeit damit, friedliche Bürger zu quälen. Leider bleibt noch viel zu tun, bis das heutige Paris von solchem Ungeziefer gesäubert ist. Um vier Uhr nachmittags wurden hingerichtet: Jean-Baptiste Peyre, der Pfarrer von Noisy, Louis-Henry Varlet, ehemaliger Schreiber in einer Anwaltskanzlei, Jean-Marie Lecomte, Priester, und Toussaint-Jean Duplessis, genannt Grenedan, Schiffskapitän, die alle vom Revolutionstribunal zum Tode verurteilt worden waren.

30. Frimaire [20. 12. 1793]. Heute haben wir Anne-Claude Tarragon abgeholt, einen ehemaligen Marquis, Hauptmann im sechsten Infanterieregiment, der erwiesenermaßen mit den Brüdern des letzten Tyrannen und den niederträchtigen Verrätern Bouillé und La Fayette in Verbindung stand; weiterhin Louis-Gille-Camille Fayel, einen ehemaligen Prokurator beim ehemaligen Parlement von Paris, der der Verschwörung für schuldig befunden wurde, und Ignace-Toussaint Convey, Ankläger beim Kriminalgericht in Cambrai; sie alle waren mit den Feinden der Republik im Bunde und wurden zum Tode verurteilt.

Der Jakobinerclub ist dabei, die eigenen Reihen zu säubern. In den letzten Tagen wurden die Adligen und die Financiers ausgeschlossen; das bringt die Geschworenen Antonnelle und Dix-Août,* Royer, den Stellvertreter des Anklägers, Dubois-Crancé, Barrère, Montaut und manche anderen in große Verlegenheit; die Mitgliedskarte bei den Jakobinern ist heute noch ein bißchen wertvoller als die alten Dokumente, auf die man bis vor zwei Jahren so stolz war, denn ihretwegen muß manch einer sterben, während die Karte das Leben sichert. Als ich heute am Café Chrétien** vorbeiging, bemerkte mich der Bürger Guffroy, Journalist und Abgeordneter der Convention. Ich glaube, er war sehr betrunken, denn er lief auf die Straße, zeigte mit dem Finger auf mich und rief den anderen Bürgern zu: »Das ist der eigentliche Draufschläger! Wenn der die Aristokraten rasiert hat, besteht keine Gefahr, daß ihnen der Bart wieder wächst! Da seht ihr

* Der Bürger Dix-Août, Geschworener beim Revolutionstribunal, hieß eigentlich Leroy de Montflabert und war Marquis gewesen. Da sein Titel für republikanische Ohren einen schlechten Klang hatte, hatte er ihn abgelegt und das Datum des großen Sieges zu seinem Namen gemacht.

** Chrétien, ein Geschworener beim Revolutionstribunal, der im Prozeß gegen Bailly eine leidenschaftliche Aussage gemacht hatte, führte in der Rue Feydeau ein Café, in dem sich die fanatischsten Revolutionäre versammelten.

den gründlichsten Arbeiter der Republik; solange der zu tun hat, geht's voran!«

Er wollte mich einladen, etwas mit ihm zu trinken, aber ich schämte mich seinetwegen und machte mich aus dem Staub.

1. Nivôse [21. 12. 1793]. Ich habe den Monat damit begonnen, daß ich drei Verurteilte zur Guillotine gebracht habe, einen Priester und zwei Frauen. Es handelte sich um den Jesuitenpater Julien d'Herville, die ehemalige Nonne Marie-Anne Poulain und deren Bediente Marguerite Bernard. Sie hatten zusammen ein Haus in einem Vorort von Orléans; der Priester trug Frauenkleider und gab sich als Schwester der Bürgerin Poulain aus. Er las dort regelmäßig die Messe vor drei oder vier frommen Frauen aus der Nachbarschaft, die in das Geheimnis eingeweiht waren. Das örtliche Revolutionskomitee schöpfte Verdacht und schickte eines Abends eine seiner Agentinnen zur Bürgerin Poulain; sie sagte, sie wisse, daß diese einen Priester im Hause habe, und bat sie eindringlich, ihn zu ihrem Mann zu schicken, der krank wäre und nicht sterben wollte, ohne die Sakramente empfangen zu haben. Frau Poulain leugnete standhaft. Als der Spitzel wieder weg war, erklärte sie dem Priester, er dürfe dort nicht hingehen, denn der Mann jener Frau sei ihr als großer Patriot bekannt, der sich in der Kathedrale der Gotteslästerung schuldig gemacht habe. Der Priester antwortete, gerade weil der Mann Gott beleidigt habe, brauche er Beistand; er machte sich in Frauenkleidern auf den Weg und wurde im Haus der Frau verhaftet, die sich zu dieser schändlichen Komödie hergegeben hatte.

2. Nivôse [22. 12. 1793]. Heute gab es nur eine Hinrichtung.*

3. Nivôse [23. 12. 1793]. Anscheinend hat Collot d'Herbois als Kommissar in Lyon die Guillotine abgeschafft, weil sie den Nachteil hat, nur einen auf einmal töten zu können, und läßt die Verurteilten mit Artillerie zusammenschießen. Eine Abordnung von Bürgern aus Lyon hat vor der Convention darüber Klage geführt; aber ihre Beschwerde erschien ziemlich anmaßend für eine Stadt, die noch vor kurzem rebelliert hatte, und erregte großen Unwillen; sie haben damit der Petition geschadet, die Mütter, Frauen und Töchter der in Paris inhaftierten Bürger vorgestern der Versammlung übergeben haben. Vouland, der den Vorsitz hatte, hat sie sehr unfreundlich empfangen. Robespierre hat zur Sache gesprochen; zuerst hat er gegen die Aristokratie gewettert, die seiner Auffassung nach Einfluß auf die Petition genommen hat, aber dann hat er doch den Antrag gestellt, daß die Ausschüsse Kommissare benennen sollten, um die Voraussetzungen für die Freilassung der inhaftierten Patrioten zu schaffen. Das ist immerhin ein Hoffnungsschimmer, die Leute sind ihm dafür dankbar wie für eine Wohltat; heute zählen alle auf ihn, die meinen, daß schon zuviel Blut vergossen worden ist.

4. Nivôse [24. 12. 1793]. Die Enthüllungen von Madame Dubarry konnten sie nicht retten, haben aber zwei andere den Kopf gekostet. Ich habe heute morgen den ehemaligen Marinekommissar Jacques-Etienne Labon-

* Es handelte sich um Jean-Baptiste Hartier, genannt Bourguignon, einen Schuhmacher aus La Chapelle, dem man Unregelmäßigkeiten bei Heereslieferungen nachgewiesen hatte.

die und Denis Morin, den Kammerdiener der Dubarry, hingerichtet; der erste wurde zum Tode verurteilt, weil er als ihr Agent mit den Feinden der Republik in Verbindung stand, der zweite, weil er kostbaren Schmuck und Geld, das der Nation gehörte, beiseite geschafft hatte. Mit ihnen starben Madeleine-Caroline-Gasparine Adam, Witwe von Louis-François Gravaud, die mit dem Feind korrespondiert hatte, und der Kurzwarenhändler Jacques-Jérôme Lafosse-Delatouche wegen Unregelmäßigkeiten bei Heereslieferungen.

5. Nivôse [25. 12. 1793]. Heute waren es fünf Verurteilte: der Geschäftsmann Etienne Teyssier, der in Briefwechsel mit den Feinden stand; die Weber Michel Kurts, Pierre Vetzel, Michel Bourg und der Dachdecker Bernard Hourts, die überführt waren, gegen die Freiheit und Sicherheit des französischen Volkes konspiriert zu haben. Alle vier stammen aus dem Elsaß. Sie waren sehr niedergeschlagen, bis auf Bourg, der den anderen Mut zusprach. Es ist merkwürdig, daß es denen, deren Leben nur aus Mühe und Strapazen besteht, oft schwerer fällt zu sterben als anderen, die soviel zu verlieren haben.

6. Nivôse [26. 12. 1793]. Heute wurde ein unredlicher Bäcker namens Nicolas Gornot hingerichtet, aus der Rue Saint-Jacques, Mont-Marat. Alle Bürger seiner Sektion waren gekommen und haben ihn mit Schmähungen überhäuft. Mit ihm starben der Schiffskapitän Charles-Augustin Prévost-Lacroix, der in der Öffentlichkeit die weiße Kokarde getragen und die Farben der Nation mit Füßen getreten hatte, und Jean-Marie Allard, der Pfarrer von Bagneux im Département Mayenne, ein Komplize der Rebellen.

7. Nivôse [27. 12. 1793]. Heute morgen haben wir sieben Personen guillotiniert, die gestern abend vom Revolutionstribunal verurteilt worden waren, und zwar: Daniel-Félix Barrois, Sekretär bei der Behörde für Uniformbeschaffung, und den Uhrmacher Augustin-Amable Clément, beide Komplizen von La Fayette und Bailly bei den Ereignissen vom 17. Juli 1791; den Rentier Alexandre Laroque mit seinem Bruder Victor und den ehemaligen Adligen Trémaria, Schiffskapitän, die Verbindungen mit den Feinden der Republik unterhalten hatten; Louis Dancourt-Desmarets, verantwortlich für Troß und Nachschub bei der Alpenarmee, der überführt war, öffentliche Gelder veruntreut zu haben, und den ehemaligen Außenminister Pierre-Mary-Henry Tondu-Lebrun, der als Komplize der föderalistischen Verschwörung für vogelfrei erklärt worden war.

8. Nivôse [29. 12. 1793]. Diétricht, der ehemalige Bürgermeister von Straßburg, hat heute den Tod erlitten. Als ich ihm die Hände band, sagte er: »Du hast schon viele gute Republikaner guillotiniert, aber keinen, der dem Vaterland treuer ergeben gewesen wäre als ich.«

Er zeigte viel Mut und wiederholte mehrmals, sein letzter Wunsch sei, das Elsaß möge nie mehr für Frankreich verlorengehen. Auf dem Schafott rief er: *Vive la République!* Während wir auf die Verurteilten warteten, gab mir Rivière ein Gedicht zu lesen, das in der Conciergerie in Umlauf ist. Der Autor soll angeblich der ehemalige Duc du Châtelet oder Girey-Dupré sein. Ich glaube, es ist von keinem von beiden, und der Verfasser mag zwar krank sein, ist aber noch am Leben. Der Titel lautet: Das *Testament der Republik*.

Je lègue à Fouquier mon génie;
La planche aux assignats à tous mes créanciers;
Au bourreau ma philanthropie,
Mes exploits aux aventuriers;
Aux Français l'horreur de mes crimes;
Mon régime à tous les brigands;
La France à ses rois légitimes,
Et le remords à mes enfants.*

Hier ist es wirklich angebracht zu sagen, daß noch kein Testament den Erblasser umgebracht hat, denn bedauerlicherweise ging es der Republik noch nie besser; gestern traf die Nachricht von der Eroberung Toulons ein, und heute heißt es, die Royalisten aus der Vendée seien bei Savenay vollständig aufgerieben worden.

10. Nivôse [30. 12. 1793]. Letzten Monat wurde mir auf Ersuchen des Prokurators der Commune befohlen, das Blut zu beseitigen, das zwischen den Bohlen des Schafotts hindurch auf den Boden sickert und das die Hunde am hellichten Tag auflecken. Es wurde eine Grube ausgehoben und ein Eisengitter darüber gelegt, das dann jeden Tag sorgfältig gesäubert wurde. Aber das Blut gerann zu schnell, als daß es von der Erde hätte aufgenommen werden können; es ging in Fäulnis über und verpestete die Luft auf dem Platz. Letzte Nacht habe ich mit sechs Erdarbeitern das Loch tiefer gemacht und fünf kleine Senk-

* Ich vermache Fouquier meine Begabung; / allen meinen Gläubigern die Druckstöcke für die Assignaten; / dem Henker meine Philanthropie; / meine Heldentaten den Abenteurern; / den Franzosen den Abscheu vor meinen Verbrechen; / meine Regierungsform allen Banditen; / Frankreich seinen rechtmäßigen Königen, / und meinen Kindern das schlechte Gewissen.

gruben ausheben lassen, die jeweils in eine Rinne münden.
Es heißt, Chabot, ein Abgeordneter der Convention, der wegen Veruntreuung öffentlicher Gelder festgenommen worden war, habe sich im Luxembourg, wo er inhaftiert war, vergiftet, aber die Schmerzen seien so stark gewesen, daß er sie nicht aushalten konnte; er habe um Hilfe gerufen, sei gerettet worden, und jetzt hat er noch ein paar Tage zu leben.
11. Nivôse [31. 12. 1793]. Wieder ist ein General unserer Armee auf der Guillotine gestorben. Biron wurde gestern verurteilt, und heute morgen haben wir ihn in der Conciergerie abgeholt. Er war im Zimmer von Richard und aß mit großem Appetit Austern; als er mich sah, rief er: »Aha!« Dann sagte er: »Du erlaubst mir hoffentlich, daß ich erst noch mein letztes Dutzend Austern esse.«
Ich antwortete, ich stünde zu seiner Verfügung; darüber mußte er lachen und fügte hinzu: »Nein, zum Teufel! Bedauerlicherweise stehe ich zu deiner Verfügung.«
Er aß erstaunlich ruhig zu Ende und machte Scherze darüber, daß er im Jenseits rechtzeitig genug ankommen würde, um seinen Bekannten ein gutes neues Jahr zu wünschen. Diese Kaltblütigkeit bewahrte er sich bis zum Ende. Unterwegs rief ihm ein Soldat zu: »Adieu, General!« Biron antwortete: »Adieu, Kamerad!«
Die Menge hat diesen Soldaten weder angegriffen noch beschimpft. Seit der Hinrichtung von Madame Dubarry legen die Bürger weniger Haß gegen die Verurteilten an den Tag. Wenn alle so schrien und um sich schlügen wie diese Frau, würde die Guillotine nicht mehr lange stehen.

Man hatte Biron, der Oberbefehlshaber der Italienarmee gewesen war, auf eine Denunziation von Carrier hin in die Vendée geschickt. Auf dem neuen Posten legte er seine bekannte Tapferkeit an den Tag, aber seine Nachsicht gegenüber den Gefangenen machte ihn verdächtig. Westermann beschuldigte ihn, er hätte ihn im Kampf gegen die Aufständischen nicht ausreichend unterstützt; daraufhin wurde Anklage gegen ihn erhoben, obwohl die Berichte von Jean-Bon Saint-André ihn entlasteten. Er wurde am 10. Nivôse dem Revolutionstribunal vorgeführt, das ihn wegen Verschwörung gegen die Einheit und Unteilbarkeit der Republik zum Tode verurteilte. Biron kam festen Schritts von der Verhandlung zurück und sagte lächelnd zu den Gefangenen, denen er im Hof der Conciergerie begegnete: »Messieurs, mit mir ist es aus, ich muß mich auf die große Reise machen.« Biron soll auf dem Schafott gesagt haben: »Ich bin meinem Gott, meinem König und meinem Auftrag untreu geworden, aber ich sterbe erfüllt von Glauben und Reue.« Das stimmt nicht. Biron blieb seinen republikanischen Überzeugungen bis zuletzt treu; das weiß ich von meinem Vater, der bei ihm im Karren mitfuhr. Während der ganzen Fahrt sprach er nur von Dingen, die ihn nicht persönlich betrafen; nur einmal rief er aus: »Ich hätte damit rechnen müssen, aber ich bereue nichts, und wenn ich es noch einmal zu tun hätte, würde ich mich nicht anders verhalten.«

12. Nivôse [1. Januar alten Stils] und 13. Nivôse [2. 1. 1794]. Es wurden hingerichtet: Charles-Marie Barré, Steuereinnehmer im Distrikt Lascy, einer der Komplizen bei der Verschwörung gegen die Unteilbarkeit der Republik; Pierre-François de Foller, ein ehemaliger Adliger, wegen Machenschaften, die die Rebellen in der Vendée begünstigen sollten; Charles-Louis Faverolle, ein ehemaliger Adliger, Drahtzieher oder Komplize bei der Lyoner Verschwörung gegen die Sicherheit und Unteilbarkeit der Republik; Agathe Jolivet, die geschiedene Frau des Bürgers Zacharie Barreau, aus dem gleichen Grund; und Pierre-Joachim Van-Clemput, ehemaliger Vikar von Saint-Nicolas-des-Champs, wegen Machenschaften, die den Fanatismus schüren sollten.

14. Nivôse [3. 1. 1794]. Heute starben auf dem Schafott Charles-Antoine Bonnefoi, Kriegskommissar, und François-Jean-Louis Dutremblay, Beamter bei der Steuerbehörde, die sich nachgewiesenermaßen beide Veruntreuungen, Unregelmäßigkeiten und Unterschlagungen bei der Transportsteuer hatten zuschulden kommen lassen; Antoine-Louis de Champagne, ein ehemaliger Adliger, Kanoniker und Vorsänger an der Kathedrale von Troyes, wegen seiner Teilnahme an einem Anschlag auf die Volkssouveränität, um das Königtum wiederherzustellen; Marie-Madelaine Chrétien, verehelichte Harrer, seine Komplizin, die wissentlich einen Verschwörer bei sich versteckt hatte; und Rosalie Dalbert als Drahtzieherin oder Komplizin einer Verschwörung gegen die innere und äußere Sicherheit der Republik; sie stand mit den gegen Frankreich verbündeten Despoten in Verbindung.

15. Nivôse [4. 1. 1794]. Ich habe für 30 Sous eine Nummer des *Vieux Cordelier*, der Zeitung des Bürgers Desmoulins, gekauft. Es ist schon die fünfte. Die Kolporteure des Bürgers Desenne kommen mit dem Verteilen nicht nach. Der Buhmann Hébert hat seinen Meister gefunden, jeder will an der Revanche teilhaben und lacht über die

Tracht Prügel, die er von Camille bekommen hat.* Seit ein über jeden Zweifel erhabener Patriot wie er es gewagt hat, von Milde zu sprechen, wirken die Gesichter der Leute weniger lang und finster. Alle sind davon überzeugt, daß Camilles Freund Danton hinter ihm steht und daß die beiden sich gegen diejenigen durchsetzen werden, nach deren Auffassung die Republik allmorgendlich unter der Guillotine getauft werden muß. Man muß jedoch abwarten, ob Robespierre ihnen den Vorteil einer so großen Popularität gönnt. Unterdessen gehen die Hinrichtungen weiter; heute haben wir den Sohn von Custine** zum Schafott geführt. Gestern hieß es im Justizpalast, er würde freigesprochen werden, die Geschworenen wären auf seiner Seite; das Urteil löste allgemein Überraschung aus. Er starb sehr viel tapferer als sein Vater, der General Custine.*** Mit ihm zusammen wurde der Bürger Ladevèze hingerichtet, ein ehemaliger Ritter vom Orden des heiligen Ludwig, der Verbindungen zu den Feinden der Republik unterhielt.

---

* Camille Desmoulins greift Hébert in dieser Ausgabe mit atemberaubendem Temperament an; er schreibt: »Der Père Duchesne behauptet, seine Pfeife wäre die Trompete von Jericho, und wenn er drei Rauchwolken auf den guten Ruf einer Person geblasen hätte, müßte dieser in sich zusammenfallen.« Etwas weiter unten attackiert er ihn direkt: »Wagst ausgerechnet du es, von meinem Vermögen zu reden, wo dich doch ganz Paris noch vor zwei Jahren als Kartenabreißer am Eingang des Théâtre des Variétés sehen konnte, wo du aus Gründen, die du unmöglich vergessen haben kannst, hinausgeworfen wurdest? … Du hast dich nur dadurch hervorgetan, daß du wie Thersites auf die Sieger hingewiesen hast, als du den größten Beuteanteil wegschlepptest, und dadurch, daß du deinen Herd und deine Öfen mit Verleumdungen heizest, dank der 120 000 Francs und der ›Kohle‹ von Bouchotte.«

** Amant-Louis-Philippe-François de Custine, 25 Jahre alt, ehemaliger Geschäftsträger in Preußen und Generaladjutant bei der Rheinarmee, der der Verschwörung gegen die Freiheit überführt wurde.

*** Vor seinem Tod schrieb Custine zwei rührende Briefe an seine junge Frau (vgl. die *Mémoires d'un détenu* von Riouffe).

Heute hat das Revolutionstribunal den ehemaligen Oberkommandierenden der Nord- und der Rheinarmee, Luckner, verurteilt, aber einen anderen General, Hédouville, freigesprochen.

16. Nivôse [5. 1. 1794]. Heute haben wir den gestern verurteilten General Luckner hingerichtet; er war zweiundsiebzig, gebrochen und vom Alter gebeugt; aber im Angesicht des Todes hat er nicht mit der Wimper gezuckt. Er bestieg das Schafott als vierter.*

17. Nivôse [6. 1. 1794]. Heute haben wir drei Personen gleichen Namens zur Guillotine geführt, die nicht miteinander verwandt waren. War das nun Zufall, oder wollten sich die Sekretäre des Anklägers einen Spaß machen? Manche von ihnen sind noch so jung, daß sie auch über Dinge lachen, die nicht komisch sind. Im Justizpalast hielt man die zweite Erklärung für wahrscheinlicher. Die Verurteilten hießen: Camille Sapi-Suschi Bologne, ehemaliger Marquis und Hauptmann bei den Schützen; Jean-Baptiste Bologne, ehemaliger Unteroffizier bei den Gardes-françaises, und Nicolas-Vincent Bologne-Duplan, ehemaliger Vikar in der Anstalt von Bicêtre; der ehemalige Marquis war 78 Jahre alt. Mit ihnen starb Marie-Louise De Camp, die Frau von Gilbert Grassin, eine ehemalige Adlige.

19. Nivôse [8. 1. 1794]. Hingerichtet wurden Jean Mandrillon, ein ehemaliger Kommissar der Exekutive, der

* Die anderen waren Claude-Louis Canet Duguay-Marangé, ehemals stellvertretender Staatsanwalt am Finanzgerichtshof, der Verbindungen zu den Feinden des Staates unterhielt; Baptiste Jean Hérard, Seifenfabrikant aus Rethel, der die Feinde der Republik erwiesenermaßen mit Waffen beliefert hatte; Anne Mongin, verehelichte Belton, die Falschgeld in Umlauf gebracht hatte und deswegen vom Kriminalgericht verurteilt wurde.

mit dem Herzog von Braunschweig in Briefwechsel stand und ein Komplize von Dumouriez war; Claude-Augustin Imbert, gewählter Ersatzmann für die Convention, wegen Paßfälschung, und Catherine Bethringer, verehelichte Laviolette, die in Verbindung mit den Feinden der Republik stand.

20. Nivôse [9. 1. 1794]. Marie-Aimée Leroi, die Frau von Joseph Faucher, die bei den Abonnenten des Bezugsgeld für die von Durozoi herausgegebene *Gazette de Paris* kassierte, und Joseph Girouard, der Drucker dieser Zeitung, beide Drahtzieher oder Komplizen einer Verschwörung gegen den Frieden in der Republik.

21. Nivôse [10. 1. 1794]. Etienne Manoël, ehemaliger Oberst und Gouverneur der Insel Santa Lucia, als einer der Urheber der Verschwörung in den Kolonien.

23. Nivôse [12. 1. 1794]. Adrien Lamourette, der verfassungstreue Bischof von Lyon, ist hingerichtet worden. Im Gefängnis hatte er gesagt: »Muß man sich darüber wundern zu sterben? Ist der Tod denn etwas anderes als ein Vorkommnis in unserem Dasein; dank der Guillotine ist er nur noch ein Klaps auf den Nacken!«

Im übrigen hat er deutlich gezeigt, daß er keine Angst hatte, und hat dem Tod kaltblütig ins Auge gesehen. Unterwegs wurde er sehr beschimpft, aber er segnete die Leute, ohne daß auf seinem Gesicht Verbitterung zu lesen war. In Anspielung auf seine Rede vom Juli 1792 rief man ihm zu: »Küß Charlot, Lamourette, los, küß ihn!« Ohne die Fassung zu verlieren, sagte er zu mir: »Ja, ich werde in dir die ganze Menschheit umarmen, die doch immer die Menschheit bleibt, wie irr und rasend sie auch sein mag.«

Als man ihn festschnallen wollte, umarmte er mich wirklich. Mit ihm starb Jean-Joseph Durand, der ehemalige Vorsitzende des Revolutionskomitees von Montpellier.
25. Nivôse [14. 1. 1794]. Es wurden hingerichtet: Jean de Courchamp, Offizier der Pariser Artillerie, der an den Komplotten des letzten Tyrannen beteiligt gewesen war; Antoine Davanne, Beamter in der Proviantbeschaffungsstelle der Armee, ein Verschwörer; Bernard-Augustin d'Abzac, ein ehemaliger Schiffskapitän, der in Verbindung mit dem Feind stand; Venance Dougados, ein ehemaliger Kapuziner, der mit den Gegnern der Unteilbarkeit der Republik gemeinsame Sache machte und die Flucht des vogelfreien Birroteau begünstigte.
27. Nivôse [16. 1. 1794]. Heute morgen sind als Föderalisten hingerichtet worden: Jean-Pierre Theillard, Geschäftsmann; Claude Hollier, Vikar des verfassungstreuen Bischofs von Bordeaux, und Pierre Ducourneau, Jurist. Auf dem Karren sangen die drei Verurteilten ein Lied, das sie im Gefängnis verfaßt hatten.* Ihr Gesang reizte die Leute so sehr, daß sie sie zweimal mit Dreck bewarfen. Mutige Entschlossenheit beeindruckt die Bürger überhaupt nicht, sondern irritiert sie so wie ein rotes Tuch den Stier. Manche Verurteilten antworten auf Beschimpfungen im gleichen Ton, und das macht es noch schlimmer; ich habe schon Szenen wie beim Karneval erlebt, die sehr beschämend und traurig waren. Tirasse hat mit Renaudin darüber gesprochen, damit Fouquier-Tinville neue Order erteilen und damit man uns wenigstens Jacot vom Leibe halten sollte, der das Volk provo-

* Campardon gibt in seiner *Histoire du Tribunal révolutionnaire* einige Strophen dieses Liedes wieder.

ziert. Fouquier erklärte Renaudin, er habe keine Zeit, sich mit solchen Dummheiten abzugeben. Renaudin hat versprochen, die Sache Robespierre vorzutragen.

28. Nivôse [17. 1. 1794]. Heute wurden folgende Personen in zwei Karren zur Place de la Révolution gebracht und hingerichtet: Jean-Jacques Debaune, Geschäftsmann, Komplize der föderalistischen Verschwörung; Catherine Urgou, verehelichte Fourmis, Hausfrau; Jean-Baptiste Basset, Perückenmacher, Guillaume Lemille, ebenfalls Perückenmacher, und Elisabeth-Françoise Lavigne, die Frau von Lemille, alle beteiligt an einer Verschwörung mit dem Ziel, den kleinen Capet zum König auszurufen; Toussaint-Jean Duplessis, ehemaliger Adliger und Kapitän des Schiffs *La République*, der erwiesenermaßen die Rebellen der Vendée zum Kampf gegen die Republik geführt hatte; Antoine-Henri-Louis de Verneuil, Leiter der Marineverwaltung, und Joseph-Marie de Coëtnempren, ehemaliger Kapitän des Schiffes *Le Jean-Bart*, beide wegen Verbindung zu den Rebellen in der Vendée, und Jacques-Louis Bonneuil, Sergeant beim dritten Bataillon der Section Halle au blé.

29. Nivôse [18. 1. 1794]. Heute wurde der Neffe eines Mannes hingerichtet, der allen Grund hatte, sich über das Ancien Régime zu beklagen, nämlich Jean Vissec, ehemals Baron de Latude und Major der Kavallerie; mit ihm starb Jean Babaud la Ferdie, Richter in Confolens, ein Verschwörer.

2. Pluviôse [21. 1. 1794]. Wir haben auf den Tag genau vor einem Jahr den König zum Schafott geführt. Heute morgen wachte die Bürgerin Sanson vor mir auf und sah so blaß und mitgenommen aus, daß ich erriet, was für

Träume sie gequält hatten; auch ich habe den König im Traum gesehen. Sie stand auf und kniete zum Gebet nieder, sobald sie angezogen war. Weil ich im Zimmer unruhig auf und ab ging, drängte sie mich, ebenfalls zu beten. Selbst unsere stärksten Gefühle haben so wenig Macht über uns, daß bloße Gewohnheit bewirken kann, daß sie absterben; ich werde niemals den Glauben der Bürgerin Maillard und ihrer Kollegen im neuen Paradies von Chaumette teilen, und dennoch habe ich mich in den letzten zwei Jahren ganz allmählich von dem freigemacht, was ich immer für meine erste Pflicht gehalten hatte. Deswegen war ich ganz erstaunt und fragte wie ein Dummkopf: Beten, für wen denn? Meine Frau brach in Tränen aus; da faßte ich mich und sagte: Gott ist gerecht, er hat ihn mit dem Himmel für sein Königreich entschädigt, wozu braucht er noch unsere Gebete? Beten wir lieber für uns, an deren Händen sein Blut klebt. Dann kniete ich nieder und betete mit ihr.

Wir hatten heute vier Personen zum Schafott zu führen, und zwar: Jean-Charles Thibaut, einen Bauern, verurteilt wegen unpatriotischer Reden; Marc-Etienne Quatremère, einen Tuchhändler, dem Unregelmäßigkeiten bei der Heereslieferung nachgewiesen worden waren; Jean-Marie de l'Ecluse, Leutnant der Marine, einer der Komplizen des Verrats von Toulon, und Bernard Sablès, Seidenwarenhändler, der als Assignatenfälscher vom Kriminalgericht verurteilt worden war. In der Stadt wurde gefeiert; auf allen Straßen konnte man Bürger patriotische Lieder singen hören, und die übliche Musik begleitete auch unseren kläglichen Zug. Als wir den Platz erreicht hatten, erhob sich ein großes Geschrei, während der Bürger l'Ecluse gerade das Schafott bestieg. Die Bürger Mitglieder der Convention kamen durch den Garten der Tuilerien. Unaufgefordert machten die Zuschauer sofort Platz und standen Spalier von der Terrasse bis hin zu uns; aber die Abgeordneten blieben wie angewurzelt stehen. Eine Abordnung der Jakobiner hatte die Convention aufgefordert, eine Deputation zu benennen, die sich zusammen mit der Commune zur Feier dieses denkwürdigen Tages zum Freiheitsbaum zu begeben hätte. Der Antrag war mit Begeisterung aufgenommen worden, und die ganze Versammlung hatte sich aufgemacht, um sich dem Zug anzuschließen. Sie ahnten wohl nicht, welche Überraschung der Bürger Fouquier, vielleicht mit Absicht, für sie vorbereitet hatte. Als sie den Karren bemerkten, wichen viele Abgeordnete zurück und versuchten sich davonzumachen; aber das Volk, das sie umringte, rückte näher und ließ sie nicht durch, mit der Begründung, die Gleichheit lasse nicht zu, daß sie empfindlicher seien als einfache Bürger. Das Schauspiel der gerechten Bestrafung von Konterrevolutionären, die die Republik mit Feuer und Schwert angegriffen hätten, solle die Repräsentanten freier Menschen von Herzen erfreuen. Wohl oder übel mußten sie gehorchen. Der Tumult war so groß, daß der Verurteilte l'Ecluse auf den Stufen stehengeblieben war und sich umgedreht hatte; auch die Gehilfen hatten unschlüssig abgewartetet, und ich selbst konnte mich nicht entschließen, die Würde der Abgeordneten der Nation durch ein derartiges Schauspiel zu verletzen. Rufe: »Köpft sie!«, die aus allen Richtungen zu hören waren, erinnerten uns an unsere Pflicht. Der Kopf des Marineoffiziers fiel; die drei anderen wurden ebenfalls hingerichtet, und jedesmal, wenn das Beil hinabsauste, wurde mit ohrenbetäubender Lautstärke applaudiert. Die Abgeordneten der Convention machten gesenkten Hauptes kehrt; das Volk tanzte die Carmagnole um den Freiheitsbaum und um die Guillotine, ohne auf die Leichen zu achten, die wir wegschafften. Angeblich wurde früher einem Verurteilten, der auf dem Weg zur Hinrichtung dem Herrscher begegnete, das Leben geschenkt. Das war eine sehr schöne Sitte; mir scheint, von allen Rechten, die unsere neuen Souveräne geerbt haben, ist dies das wertvollste, und es wäre großherzig gewesen, diesen Brauch wieder aufleben zu lassen. Abends war die Stadt illuminiert, und die Theater spielten umsonst. Auch wenn ich andere politische Überzeugungen hätte, hätte ich an diesem Vergnügen nicht teilnehmen wollen. Ich glaube, daß der Richter, der ein Todesurteil gefällt, und der Diener der Gerechtigkeit, der es vollstreckt hat, ein Sakrileg begehen, wenn sie den Tod eines Schuldigen wie ein Fest feiern. Wir blieben zu Hause.

3. Pluviôse [22. 1. 1794]. Hingerichtet wurden Gilles Blanchard, ehemaliger Kanonier auf dem Kriegsschiff *L'Orient*; Etienne Fichet, Marineleutnant; Antoine Gardinet, zweiter Artilleriekommandant des Kriegsschiffes *L'Orient*; Michel Jacquelin, Bootsmann desselben Schiffes; und Ignace Vauzon, Schiffskanonier, alle Komplizen bei der Erhebung in Toulon.

4. Pluviôse [23. 1. 1794]. Claude-Antoine Bernard, Holzhändler, wegen Verschwörung gegen die Einheit und Unteilbarkeit der Republik; Thomas-Louis Lefèvre, Schulmeister, Verschwörer, und Joseph Bourgeois, Geschäftsmann; dieser letzte war vom Kriminalgericht verurteilt worden, weil er falsche Assignaten in Umlauf gebracht hatte.

5. Pluviôse [24. 1. 1794]. Heute wurden hingerichtet: Victor-Melchior Rimbaud, genannt Toulon Rimbaud, Kommissar der Exekutive in Toulon, als Komplize des Aufstands in dieser Stadt; Laurent Migot, ein ehemaliger Adliger, Oberst im vierten Dragonerregiment, wegen Verbindungen zum Feind, und Nicolas Rouard, genannt Bernard, Magistratsbeamter aus Montargis, ein Verschwörer.*

13. Pluviôse [1. 2. 1794]. Ich bin gestern aus Brie zurückgekommen, wo wir ein Haus haben; die drei Tage, die ich dort war, haben mir gereicht. Das Wort »Brüderlichkeit« steht in großer, leuchtend schwarzer Schrift an der Fassade des Rathauses, aber die Leute tragen es nicht im Herzen, und das Wort »Patriotismus« genausowenig. Während hier sogar die Ärmsten ohne Zögern ihr letztes Hemd hergeben, während man selbst bei eingefleischten Egoisten echte Großzügigkeit finden kann, sind die Bürger auf dem Land nur darauf bedacht, sich zu bereichern. Der Verkauf der Nationalgüter hat ihnen nicht genügt, er hat sie nur noch habgieriger gemacht. Das Ge-

* Vom 5. bis zum 12. Pluviôse wurden hingerichtet: Sébastien Mondot, ein Priester, wegen Verbindungen zu den Rebellen; Camille Rossy, ein ehemaliger Adliger, Brigadegeneral, wegen Verbindungen zum Feind; Etienne-Augustin Benoist, Geschäftsmann und Konterrevolutionär; Jean-Joseph de Saint-Laurent, ein ehemaliger Soldat der königlichen Garde, wegen Verbindungen zu Condé; Pierre Durand, Schulleiter, wegen Unterschlagungen. Louis Henry-François Marcé, ehemaliger Adliger, General der Westarmee, der die Rebellen begünstigte und dadurch das Vaterland verriet. Catherine-Jeanne Destaque-Bellecourt, verehelichte Gothereau, wegen Verschwörung. J.-B.-Emmanuel de Roettiers, ehemaliger Adliger, Verschwörer, und Anne Jeanne de Roettiers, verehelichte Charras, seine Komplizin.

setz sieht die Todesstrafe für Kornwucher vor; demnach müßte in jedem Dorf eine Guillotine stehen, denn selbst der kleinste Pächter versteckt sein Getreide, aus Angst, man könnte ihn zwingen, es auf den Markt zu bringen und gegen Assignaten zu verkaufen, die sie nur mit äußerstem Widerwillen akzeptieren. In den größeren Dörfern gibt es zwar Revolutionskomitees, aber die Bauern stecken alle unter einer Decke, es ist nicht zu befürchten, daß sie sich gegenseitig anzeigen. Sie sind eine stumme Gemeinschaft, die die Dekrete der Convention ignoriert, und das ist der eigentliche Grund für die unzureichende Versorgung. Die patriotische Überwachung durch die Komitees geht nur auf Kosten derer, die wegen ihres Wohlstands allgemein beneidet werden, der Bürger nämlich, denen jetzt der Haß gilt, den die Leute früher gegen die Adligen hegten. Ihnen macht man soviel Scherereien, wie man nur kann. So sind Bewohner von Coulommiers, von denen ich zwei persönlich kannte und die sich die Feindschaft einiger übler Burschen zugezogen hatten, gefesselt nach Paris geschafft, in die Conciergerie gesperrt, abgeurteilt und heute hingerichtet worden, unter dem Vorwand einer Verschwörung, die niemals existiert hat. Sie heißen: Pierre Merlin, Advokat und Magistratsbeamter, François Prévost, Müller und Magistratsbeamter; Guillaume Martin, Arzt und Magistratsbeamter; Etienne-François Maulnoir, Friedensrichter; Charles-Jean-Jacques Higonnet, Trödelhändler; Etienne-Thomas Ogier de Baulny, ehemaliger Adliger; Charlotte Noiret, verehelichte Blancheton, und Marguerite Froisarmet, verehelichte Etecombe.

Der Bürger Baulny, der seinen Sohn zur Emigration veranlaßt hatte, war der einzige, gegen den ernstlich etwas vorlag. Mit ihnen zusammen starb Jean-Baptiste Lambert, Rechtsanwalt und Notar aus Autun, ein föderalistischer Verschwörer.

14. Pluviôse [2. 2. 1794]. Jacques Babin, ein ehemaliger Adliger, der an einer Verschwörung gegen das französische Volk beteiligt war, und der Buchdrucker François Baudevin, der konterrevolutionäre Reden geführt hatte, sind heute hingerichtet worden.

15. Pluviôse [3. 2. 1794]. Heute haben wir um drei Uhr nachmittags gemäß den Urteilen des Revolutionstribunals folgende Personen zur Guillotine geführt: Edmé-Alexis Gillet, Arzt; Jean-Baptiste Millard, ehemaliger Prokurator; Nicolas Parent, ehemals Advokat am ehemaligen Bezirksgericht in Troyes, und Nicolas Paillot, ehemals Generalleutnant desselben ehemaligen Bezirksgerichts, alle der Verschwörung gegen die Freiheit, Sicherheit und Souveränität des Volkes überführt; Charles-Nicolas Dufresnoy, ehemaliger Notar, der in Korrespondenz mit dem Feind stand und den Emigranten und ihren Komplizen Geld verschaffte; Claude Ogier, ehemaliger Rechnungsrat, der auf die Wiedereinführung des Königtums hingearbeitet hatte, und außerdem den Assignatenfälscher Nicolas Breuillot.

16. Pluviôse [4. 2. 1794]. Die Bürger Geschworenen halten sich mit denen, die sie verurteilen, nicht lange auf, und diese ihrerseits verkaufen ihr Leben billig. Noch nie hat man ein Menschenleben so gering geachtet. Wenn ich früher in einem Gefängnis auftauchte, machte ich sogar dem Unerschrockensten Angst; heute denkt offenbar keiner von den Gefangenen, die mir auf dem Flur oder im

Büro der Conciergerie begegnen, ich könnte morgen vielleicht seinetwegen kommen; einige lächeln mir sogar zu, was mich seltsam berührt. Ich habe mich daran gewöhnen können, daß wir die Leute in Schrecken versetzen, aber es ist viel schwerer, Menschen zur Guillotine zu führen, die sich anscheinend noch dafür bedanken wollen. Meine Hand hätte mir schon lange ihren Dienst verweigert, wenn sie noch unmittelbar an der Vollstrekkung beteiligt wäre. Wenn man die Richter, Geschworenen und Verurteilten sieht, könnte man wirklich glauben, sie wären alle von einer Krankheit befallen, die man den Todeswahn nennen könnte. Wohin soll das noch führen? Ein Gefangener fragte kürzlich Toustin: Was muß ich tun, um sofort guillotiniert zu werden? Die Ungeduldigen dieses Schlages sind vielleicht nicht die Mutigsten; andere halten ruhig und kaltblütig an ihren Gewohnheiten fest, als hätten sie von heute bis morgen noch hundert Jahre zu leben; das sind die wirklich Tapferen. Zu ihnen gehörte Montjourdain, der Kommandant des Bataillons Saint-Lazare, verurteilt als Komplize der Vorkommnisse vom 10. August. In den sechs Wochen, die er in der Conciergerie zubrachte, konnte man bei ihm kein Anzeichen von Angst oder auch nur Traurigkeit erkennen. Als er erfahren hatte, daß er dem Tribunal vorgeführt werden sollte, fing er an, ein Lied zu dichten; er schrieb fünf Strophen, die letzten vier verfaßte er nach seiner Verurteilung. Richard hat mich eine Abschrift davon machen lassen, die ich als Kuriosität aufbewahre. Er wurde zusammen mit Courtonnet zum Schafott geführt, und unterwegs lachten und scherzten sie ununterbrochen.

17. Pluviôse [5. 2. 1794]. Heute haben wir einst vornehme Damen hingerichtet, die kaum weniger gelassen wirkten als der Bürger Montjourdain, und zwar: Marie-Gabrielle Lechapt, Witwe des ehemaligen Marquis de Rastignac, die ihrem emigrierten Sohn Geld geschickt hatte; die ehemalige Marquise de Marbœuf (Henriette-Françoise Michel), die Lebensmittel verschoben hatte, und ihren Pächter und Komplizen Jean-Joseph Payen sowie zwei Assignatenfälscher: Nicolas Armand und Jean Renaud. Unterwegs ermahnte die Bürgerin Marbœuf Payen, dem Tod mutig ins Auge zu sehen; sie sagte: »Alles in allem ist es egal, ob man heute oder in zwanzig Jahren stirbt, mein armer Junge.«
Er war aber längst nicht so mutig wie sie und antwortete: »Wenn es egal ist, Madame, wäre es mir in zwanzig Jahren lieber.«
19. Pluviôse [7. 2. 1794]. Heute wurden hingerichtet: Elisabeth-Pauline Gand, die getrennt lebende Ehefrau des ehemaligen Comte de Lauraguais; Pierre-Louis Pierre, ihr Verwalter, und Pierre-Joseph Petit, der verfassungstreue Pfarrer von Ménil, die alle drei mit den Feinden korrespondiert und Komplotte angezettelt hatten, um durch einen Bürgerkrieg im Staat Unruhe zu stiften; außerdem Nicolas Pasquin, vormals Kammerdiener von Elisabeth, der Schwester des Exkönigs, und Komplize der Verschwörung vom 10. August.
20. Pluviôse [8. 2. 1794]. Hingerichtet wurden: die Verschwörer Jean-Jacques de Troussebois, Brigadegeneral; Jean-César-Martial de Cherville, ein ehemaliger Adliger, Kommandant einer Schwadron des ehemaligen Regiments Languedoc, und die ehemalige Adlige Louise-

Madeleine Descombeaux; sowie Claude-François Courcot, verfassungstreuer Pfarrer von Champvant, der einem Priester davon abgeraten hatte, zu heiraten, obwohl das Gesetz es erlaubt.

22. Pluviôse [10. 2. 1794]. Couthon hatte in Lyon den Mund ziemlich voll genommen, aber kaum etwas zustande gebracht; er stieß laute Drohungen aus, aber damit tötete er niemanden; allenfalls ließ er einige Häuser demolieren. Als er von den Bürgern Collot und Fouché abgelöst wurde, wurde alles anders: Die Zeitungen waren voll von den Namen derer, die in der befreiten Stadt verurteilt wurden. Collot hatte die Guillotine abgeschafft, die für seinen Geschmack nicht effektiv genug war; er setzte Kanonen für die Hinrichtungen ein und brachte so mehr als zweihundert Personen pro Tag um. Er soll sogar gesagt haben: Das macht mehr Lärm als euer Pfeifen. Robespierre und Couthon waren empört über das Gemetzel, aber ihre Entrüstung zeitigt keine Folgen. Die Convention regiert die Republik; sie selbst wird von einem Dutzend blutrünstiger Führer regiert, die ihrerseits den Cordeliers gehorchen, auf die sie sich stützen. So kann also Hébert, der im Club der Cordeliers das große Wort führt, mit Recht von sich sagen, daß er der wahre Souverän des souveränen Volkes ist. Das ist traurig genug. Das Tribunal hat gestern verurteilt, und wir haben heute hingerichtet: Fiacre Rouyer, fünfunddreißig Jahre alt, Gouverneur des Département Côte-d'Or, als Komplizen der föderalistischen Verschwörung; Marie-Adélaïde Foulbert, eine ehemalige Nonne, wegen Verschwörung; Anne Denon und Victoire Crevel, zwei ehemalige Karmeliterinnen; Thérèse-Hélène-Julienne

Chenet, eine ehemalige Visitandinerin; Marie-Elisabeth Carvoisin, eine ehemalige Karmeliterin; Marie-Louise-Philippine Lasnier, eine ehemalige Franziskanerin, alles fanatische Verschwörerinnen. Da der Bürger Rouyer als einziger Mann mit sechs Frauen im Karren saß, über deren Stand das Volk durch die Morgenzeitungen informiert worden war, konnte man auf den Straßen und Plätzen zahlreiche Zurufe hören. Die Zuschauer bei der Guillotine äußerten alle möglichen Anzüglichkeiten, die selbst unter anderen Umständen unpassend gewesen wären. Er schien sie nicht zu hören; die Frauen beteten, und er blickte zum Himmel, als suche er dort etwas.

23. Pluviôse [11. 2. 1794]. Hingerichtet wurden Anne-Henriette Boucherain, ehemalige Baronin de Vaxence, die mit einem Emigranten korrespondiert hatte, und François-Amable Chapuy, Oberstleutnant beim fünften Bataillon Saône-et-Loire, der als Komplize von Dumouriez eine Denkschrift überbracht hatte, die die freiheitsfeindlichen Pläne dieses Verräters unterstützen sollte.

24. Pluviôse [12. 2. 1794]. Heute wurden vom Revolutionstribunal verurteilt und hingerichtet: Jacques-Alexis Maisonneuve, Sekretär des Magistrats im Département Ardèche, wegen Verschwörung; Claude-Valentin Millin-Labrosse, ehemaliger Hauptmann im Regiment Bourbon, der konterrevolutionäre Reden geführt hatte; Jacques-Philippe-Isaac Revesseaux, genannt Gueau, Landwirt, der die Aushebung von Soldaten zu behindern suchte.

26. Pluviôse [14. 2. 1794]. Gestern vormittag mußten sich fünf Personen vor dem Gericht verantworten. Als sich die Verhandlung in die Länge zog, sagte der Geschworene Villate zum Gerichtspräsidenten Dumas: »Die Angeklagten sind zweimal schuldig, denn jetzt ist Essenszeit, und in diesem Augenblick konspirieren sie gegen meinen Magen.« Dumas selbst hat diese Bemerkung in der Kantine weitererzählt. Einige lachten darüber, aber andere, vor allem zwei Kollegen von Villate, Naulin und Sellier, sprachen unumwunden aus, was sie von dieser Gemeinheit hielten. Die besagten Angeklagten wurden noch am gleichen Tag verurteilt und hingerichtet.

27. Pluviôse [15. 2. 1794]. Heute wurden im selben Karren Vater und Sohn zum Schafott gefahren; es waren Antoine-François Dorse, ein ehemaliger Prokurator am ehemaligen Rechnungshof von Dijon, und Jean-Baptiste Dorse, Schreiber ebendort. Der Abschied war wieder herzzerreißend; aber so, wie die Augen der Schmiede sich allmählich an die blendende Helligkeit des Feuers gewöhnen, werden wir durch die Gewohnheit abgehärtet; das heutige Schauspiel hat mich kaum noch erschüttert, was ich mir selbst zum Vorwurf machte. Mit ihnen starb Jacques-Henri Viedenseld, ein Bankier, der den Emigranten Goldstücke, versteckt in Seifen- und Pomadentöpfen, hatte zukommen lassen. Ihm riefen die Leute unterwegs zu: »Seif dir die Schnauze ein, Viedenseld, damit dich Charlot beim Rasieren nicht schneidet!«

29. Pluviôse [17. 2. 1794]. Heute haben wir Gabriel Planchet de Lacassaigne abgeholt, einen ehemaligen Adligen, den Sohn des letzten Stadtrats von Toulouse, der sich für die Wiedereinführung des Königtums ausgesprochen hatte; außerdem Antoine-Auguste des Herbiers de Letanduaire, einen ehemaligen Adligen, Brigadegeneral in der Alpenarmee, der mit den Feinden der Republik in Verbindung stand. Mit ihnen wurde der Notar Vincent-Jean-Baptiste Chaudot hingerichtet, ein Komplize von Brichard, dem ein weiterer Strafaufschub verweigert worden war.

1. Ventôse [19. 2. 1794]. Ronsin, General der Revolutionsarmee, und Vincent wurden letzten Monat aus dem Gefängnis entlassen. Nur Grammont, Pereyra und Despieux sind noch inhaftiert. Das ist ein Widerspruch, für den es keine Erklärung gibt; Danton, Camilles Freund, hat die Ausschüsse zu ihren Gunsten beeinflußt. Ronsin hat seine schrecklichen Allüren wieder angenommen; er rasselt Tag und Nacht mit seinem Säbel über das Pflaster. Seine Anwesenheit hat alle Gerüchte über ein Gnadenkomitee verstummen lassen; im Gegenteil, man spricht ganz leise von einer neuen, nie dagewesenen Regierung, die uns ins Haus stehen soll. Diese Regierung soll angeblich die Revolutionsgerichtsbarkeit beschleunigen, die den Fanatikern nicht schnell genug arbeitet, und die Republik rasch und gründlich säubern. Ronsin soll ihr Oberhaupt werden; er wird wohl ein Militärgericht einführen, das effektiv arbeitet, mit einem Vorsitzenden, einem Zensor, der die Schuldigen anklagt und verfolgt, mit vier Richtern, deren Stellvertretern und einem Protokollanten. Ein Rat, der Rat der Alten heißen soll, wird angeblich die Convention ersetzen. Als Amtskollegen Ronsins werden gehandelt: Pache als Oberrichter, Danton oder Collot als Zensor, Hébert als Protokollant und Billaud als Präsident des Rates der Alten. Es versteht sich von selbst, daß die vernünftigen Leute kein Wort von diesem Unsinn glauben. Unter den Montagnards gibt es

Bürger, die Ronsin nicht so einfach kaltstellen kann. Trotzdem hat allein dieses Gerücht, wie unwahrscheinlich es auch sein mag, die allgemeine Furcht vermehrt. Heute wurden hingerichtet: François Girbaut, Geschäftsmann, verurteilt als Assignatenfälscher, und ein desertierter Husar namens Gossenet, der zur Guillotine marschierte, wie andere zu ihrer Hochzeit gehen.

Riouffe gibt interessante Details über Gossenet, aus denen die extreme Unbekümmertheit ersichtlich wird, zu der das Terrorregime manche Menschen verleitete: »Als man ihm die Anklageschrift brachte, nahm er sie ungerührt, rollte sie zusammen, hielt sie an eine Kerze und zündete sich damit die Pfeife an. Seine Kameraden machten ihn jedoch darauf aufmerksam, daß es in seinem Alter Wahnsinn sei, in den Tod zu gehen, wenn man so stichhaltige Argumente zu seiner Verteidigung habe wie er. Es schien so, als hätten sie ihn damit überzeugt, aber insgeheim wollte er sterben.
Ehe er vor das Tribunal trat, aß er Austern und trank Weißwein, rauchte in aller Ruhe und unterhielt sich mit seinen Kameraden über den Tod. ›Das ist noch nicht alles‹, sagte er zu ihnen, ›nachdem wir jetzt gut zu Mittag gegessen haben, müssen wir ans Abendessen denken, und ihr solltet mir die Adresse des Restaurants im Jenseits geben, damit ich ein gutes Essen für euch bestellen kann.‹
Als ihm vor Gericht die Anklageschrift vorgelesen wurde, erklärte er, alle gegen ihn erhobenen Beschuldigungen seien völlig richtig, und als sein Verteidiger einwenden wollte, daß er nicht bei Verstand sei, erwiderte er: ›Pflichtverteidiger, ich verbiete dir, für mich zu sprechen. Führt mich zur Guillotine!‹«

3. Ventôse [21. 2. 1794]. Heute wurden hingerichtet: der Pferdehändler Pierre-Etienne Choiseau, wegen Unterschlagungen bei Heereslieferungen; André-Joseph Prisset, Divisionskommandant beim Troß der Artillerie, und Félix-Jean-Baptiste Lunyt, ehemaliger Kriegskommissar, beide Komplizen des besagten Choiseau; sowie René-François Foucault de Parvault, der in Verbindung mit den Feinden der Republik stand. Der Verurteilte Choiseau versuchte, sich während der Verhandlung das Leben zu nehmen, aber den Gendarmen, die jede seiner Bewegungen verfolgten, gelang es, ihm zuvorzukommen und ihm das Messer zu entreißen.

4. Ventôse [22. 2. 1794]. Heute wurden folgende Personen zur Place de la Révolution gebracht und hingerichtet: der Landwirt Gilles Tiphaine und seine beiden Söhne Jean-Baptiste und Louis-Germain Tiphaine, alle drei Drahtzieher oder Komplizen einer Verschwörung, die die Aushebung von Soldaten in der Gemeinde Presle behindern sollte. Der Vater Tiphaine bat wiederholt um Gnade für seine beiden Söhne, und seine Tränen rührten das Volk ein wenig. Mit ihm wurde Claude Morlet guillotiniert, ehemals verantwortlich für den Troß von Condé, der Verbindungen zu den Feinden und den Emigranten unterhalten hatte.

5. Ventôse [23. 2. 1794]. Guillotiniert wurden: der ehemalige Dragonerhauptmann Jean Feuillide und Louis-Dominique-Augustin Prédicant, Notar in Paris, die beide versucht hatten, einen Sekretär des Sicherheitsausschusses zu bestechen, im Zusammenhang mit dem Prozeß der ehemaligen Marquise de Marbœuf, die am 17. Pluviôse hingerichtet wurde; außerdem der Kutschenvermieter Nicolas Mangin und sein Neffe Clément Mangin, die überführt waren, mit Münzgeld spekuliert zu haben, um den Kurs der Assignaten zu drücken; des weiteren Nicolas Martin, ein ehemaliger Kanoniker an der Stiftskirche von Verdun, der mit den Feinden der Republik in Verbindung stand.

6. Ventôse [24. 2. 1794]. Heute wurden hingerichtet: Jean-Jacques Dortoman, ehemaliger Brigadegeneral der Italienarmee, wegen Verbindungen zum Feind; Etienne-Thomas de Maussion, ehemaliger Adliger und Intendant in Rouen, beteiligt an einer Verschwörung gegen die Republik; der Perückenmacher Joseph Canel, der sich für die Wiedereinführung des Königtums ausgesprochen hatte, und Barbe Smith, verwitwete Galhan, wegen Teilnahme an einer Verschwörung.

8. Ventôse [26. 2. 1794]. Das Brennholz, das im Nivôse für 400 Livres verkauft wurde, kostet immer noch 200 bis 250 Livres pro Klafter. Seit zwei Tagen ist es wieder kalt; das Wetter macht mit den Menschen gemeinsame Sache, um die Nation zu vernichten. Die ehemaligen frommen Frauen haben allen Anlaß zu sagen, daß der liebe Gott uns straft. Im Pluviôse wurden trotz Bewachung Bretter von der Guillotine gestohlen; als wir heute morgen auf dem Weg zur Conciergerie waren, lag ein Mann auf dem Pflaster. Er hatte Wasser aus dem Fluß holen wollen, denn die Wasserträger nehmen jetzt den dreifachen Preis; auf dem Quai war er gestürzt und hatte nicht die Kraft gehabt aufzustehen; er sagte uns, er habe seit zwei Tagen nichts gegessen. Wir hatten heute drei Karren Verurteilte beiderlei Geschlechts, jeden Alters und Standes; Männer, Frauen, Alte, Tagelöhner, Adlige, Priester und Kaufleute, insgesamt fünfzehn. Unterwegs hörte man Bravorufe, und manche schrien:

»Recht so!« Wenn der menschliche Wahnsinn einmal zum Ausbruch gekommen ist, kennt er keine Grenzen mehr. Manche Leute sind so unvernünftig, ihren Ehrgeiz daranzusetzen, daß Paris in diesem Punkt die Départements übertrifft. Sie sagen: In Lyon und Nantes wurden sie zu Hunderten hingerichtet, wir müssen sie zu Tausenden guillotinieren. Nur wenige denken so, aber sie erregen Aufsehen und machen sich bemerkbar, die anständigen Leute dagegen verstecken sich und bleiben stumm.

Hingerichtet wurden: Jacques-Casimir Henry, ehemals verfassungstreuer Pfarrer von Ebervillers (Département Moselle), als Verschwörer; Elisabeth und Marie-Jeanne Barberon, Lehrerinnen aus Orléans, weil sie Priester versteckt hatten, die den Eid verweigerten; Jacques Sébastien Hautz, Friedensrichter aus Sarre-Libre (Département Moselle), Verschwörer und Konterrevolutionär; Jean Hamburger, Eisenwarenhändler aus Sarre-Libre, der Verbindungen zum Feind unterhielt; Charles Gerl, Geschäftsmann aus Forbach, Verschwörer; Marie-Hélène Fonty, geschiedene Ehefrau des ehemaligen de Dreyres, eines Emigranten, wegen Verbindungen zum Feind; André Dusable, Geschäftsmann aus Sarre-Libre, Verschwörer; Jacques-Martial Ploquin, Priester am Seminar von Saint-Sulpice, Verschwörer; Jean-Pierre Sharff, Geschäftsmann aus Sarre-Libre, der mit Emigranten in Briefwechsel stand; Etienne-Claude de Marivetz, ehemaliger Adliger und Stallmeister des Exkönigs, Komplize der Verschwörung vom 10. August; Joseph-Mathieu Nélis, Sekretär des Friedensrichters im Bezirk Wisten (Département Moselle), der an konterrevolutionären Machenschaften beteiligt war; Guillaume Schmith, Gerber aus Sarre-Libre, Verschwörer. Dieser letzte war achtzig Jahre alt.

10. Ventôse [28. 2. 1794]. Robespierre und Couthon sind krank, und die Cordeliers tanzen auf den Tischen; gestern haben sie erklärt, die Bürger Camille, Fabre und andere sollten aus der Bergpartei ausgeschlossen werden. Gleichzeitig ziehen sie ihren Nutzen aus der großen Not des Volkes; sie machen die Convention dafür verantwortlich und sprechen von einem neuen zweiten Juni. Was soll aus uns werden, wenn sie sich durchsetzen? Seit die Guillotine an der Tagesordnung ist, zerbrechen sich die Erfinder den Kopf, um sie zu verbessern. Mehr als zwanzig Vorschläge sind dem Ausschuß unterbreitet worden, aber sie waren so unsinnig, daß man nur einen davon praktisch erproben ließ. Er sah vor, daß sich links vom Kippbrett eine Klappe öffnen sollte, und der Körper des Hingerichteten sollte in einen Korb unter der Guillotine gleiten, damit die Leichen nicht den Platz auf der Plattform wegnähmen. Der Bürger Abgeordnete Vouland und zwei Beamte der Ausschüsse wollten bei dem Versuch dabeisein. Der Mechanismus hat nicht richtig funktioniert, und die Sandsäcke, die man auf das Kippbrett gelegt hatte, blieben zweimal in der Klappe stecken. Daraufhin fragte mich der Bürger Vouland nach meiner Meinung. Ich machte ihn darauf aufmerksam, daß diese Veränderung sehr gefährlich sei; wenn die Klappe ständig so unzuverlässig funktioniere, könnten die Scharfrichter oder die Verurteilten zusammen mit den Leichen hinunterfallen, und das wäre ein trauriger Anblick. Er erwiderte: »Da hast du recht; außerdem würde man nicht einen Kopf mehr in der Stunde schaffen als jetzt, wir müssen aber nach einem Weg suchen, damit es schneller geht.«

Ich wußte nicht, was ich darauf antworten sollte, und er ging weg. Heute haben wir fünf Verurteilte guillotiniert: Claude Moreau, Nachschublieferant für die Truppe, dem Unterschlagungen bei der Beschaffung von Pferden nachgewiesen wurden; Emmanuel-Nicolas-François Laruelle wegen Machenschaften, die die Moral der Soldaten untergraben sollten; Julienne Gremoux, verehelichte Pernon, eine konterrevolutionäre Fanatikerin; Nicolas Flobert, Tierarzt aus Nogent-sur-Marne, wegen unpatriotischer und konterrevolutionärer Reden, und Pierre-Elie Ferrand, Brigadekommandant in der Nordarmee, der versucht hatte, die Treue seiner Soldaten zur Nation zu erschüttern.

11. Ventôse [1. 3. 1794]. Hingerichtet wurden der Jurist Noël Deschamps, den das Revolutionstribunal als Komplizen der förderalistischen Verschwörung verurteilt hatte, und der ehemalige Prokurator Laurent Veyrent, genannt Seyssel, wegen unpatriotischer Reden.

13. Ventôse [3. 3. 1794]. Das Revolutionstribunal rechnet mit den Bürgern auf dem Lande ab; Chrétien hat das nach einer Sitzung in der Kantine erzählt. Heute wurden zwei Karren zur Guillotine geschickt; fast alle Verurteilten waren Bauern. Dabei passierte ein bedauerlicher Unfall. Als nur noch ein Verurteilter hinzurichten war, rief mich mein Sohn Henry, der bei den Körben stand, und ich trat zu ihm. Larivière, der das Fallbeil bediente, hatte vergessen, das Messer wieder hochzuziehen; als man den Verurteilten Laroque unter die Guillotine schieben wollte, berührte sein Gesicht das blutige Eisen. Er stieß einen fürchterlichen Schrei aus; ich lief hin, ließ ihn wieder auf die Füße stellen und das Messer in die Höhe ziehen. Der festgeschnallte Verurteilte zitterte ganz schrecklich. Das Volk pfiff uns aus und warf mit Steinen. Heute abend ließ mich der Bürger Fouquier rufen und erteilte mir einen scharfen Verweis; ich hatte ihn durchaus verdient, denn in einer Funktion wie der meinen und in einem solchen Augenblick darf man nicht eine Sekunde unaufmerksam sein. Der Bürger Fouquier sah, daß ich wegen meines Fehlers ganz zerknirscht war, und verabschiedete mich freundlicher, als ich es erhofft hatte. Dreizehn Hinrichtungen.

Es waren Joseph Lecourt, ein Geschäftsmann aus Lyon, der an dem Aufstand dort beteiligt gewesen war; Jean-Baptiste Poupart-Beaubourg, Beamter im Marineministerium, als einer der Agenten von La Fayette, Pitt und Brissot. Pierre Montagne, ehemaliger Pfarrer von Tocquin; Pierre Michenon, Bauer; Louis Billard, Holzschuhmacher; Pierre Mazuzé, Weber aus Jouy-sous-Morin; Pierre-Louis Profit, Bauer; Louis Prunelle, Schulmeister aus La Meilleraye; Jean-Etienne Raby, staatlicher Waldhüter, als Anstifter oder Komplizen des Aufstands in den Gemeinden Maupertuis, La Ferté-Gaucher, Rosay und anderen. Nicolas-Antoine Remy, ehemaliger Pfarrer von Maupertuis, als Verschwörer. Pierre-Jean Sourdille, ehemaliger Advokat aus Château-Gonthier, der an den Komplotten der Föderalisten beteiligt gewesen war. Joseph Laval, Jagdhüter, als einer der Komplizen der Verschwörung von Coulommiers. Jean-Louis de Laroque, ehemaliger Vicomte, Brigadegeneral, verurteilt, weil er bei der Verschwörung von Dumouriez mitgemacht hatte.

14. Ventôse [4. 3. 1794]. Heute wurden folgende Personen hingerichtet: François-Etienne-Joseph Champfleury, ehemaliger Chevalier, Hauptmann im 10. Kavallerieregiment, weil er mit einem Emigranten in Briefwechsel stand; Jean-Nestor Chancel, Brigadegeneral der Nordarmee, Vaterlandsverräter; René-Pierre Enjubaut, ehemaliger Jurist, Dragoner im 2. Regiment, Verschwörer und Föderalist, und zwei Verlagsbuchhändler namens Jacques-François Froullé und Thomas Levigneur. Die beiden hatten im April 1793 ein Buch mit dem Titel *Vergleichende Liste der fünf namentlichen Aufrufe* drucken lassen, in dem der Tod des früheren Königs geschildert wurde. Das Buch wurde vor ihren Augen auf dem Schafott verbrannt.
15. Ventôse [5. 3. 1794]. Im Club der Cordeliers wurde gestern abend zum Aufstand aufgerufen. Als ich zur Conciergerie ging, durchquerte ich die Kolonnaden, von irgendeiner Unruhe war nichts zu merken; es standen nicht mehr Leute als sonst in Gruppen zusammen, und sie sprachen auch nicht besonders laut. Wenn es den ganzen Tag so weitergeht, könnte der Père Duchesne vielleicht seinerseits erfahren, ob das Rasiermesser der Nation scharf ist, wie er sich auszudrücken pflegte. Dagegen waren die Leute an der Guillotine, die auch zu den Cordeliers gehören, ganz aufgeregt von den Reden, die sie gehört hatten. Noch nie wurden die Verurteilten so aggressiv bedrängt; auf dem Quai wurde gerufen: »Werft die Aristokraten ins Wasser!«, was noch nie vorgekommen war, und gleichzeitig suchte man die Gendarmen zu überwältigen. Dieser Stimmungsumschwung geht auf das Konto von Carriers Rückkehr. Rivière sagte mir, in

den Gefängnissen herrsche allgemein Bestürzung, aber in der Conciergerie merkt man davon weniger, denn die armen Unglücklichen dort haben nicht mehr viel zu verlieren. Wir haben heute wieder einen Vater und seine beiden Söhne hingerichtet: Guillemant Saint-Souplet, einen ehemaligen Kavalleriehauptmann, Anne-Michel und Anne-Claude Guillemant Saint-Souplet; der erste war früher Vikar in Montpellier, der zweite ehemaliger Stallmeister des Königs. Im Karren spendete der Priester Saint-Souplet seinem Bruder und seinem Vater geistlichen Zuspruch. Sie starben alle drei sehr mutig. Mit ihnen wurden guillotiniert: ihr Bedienter Laurent Bruxelle; Antoine-Mathieu Dufresnoy, Hauptmann beim 29. Regiment der Nordarmee, als Komplize der Verschwörung von Dumouriez, und Pacôme Saint-Lambert, Beamter im Kriegsministerium, weil er an den Anschlägen des 10. August beteiligt war.

16. Ventôse [6. 3. 1794]. Gestern hatte das Tribunal Louis Robin zum Tode verurteilt, der an der Mauer der Kirche Saint-Jean in Troyes ein Plakat mit der Aufschrift angebracht hatte: »In der letzten Dekade hat man den Tod von Louis, dem sogenannten letzten Tyrannen, gefeiert, in der nächsten Dekade wird man die Geburt von hunderttausend Tyrannen festlich begehen. Es lebe die Republik! Nieder mit den Clubs! Sie sind an unserem Unglück schuld. Volk, weiche niemals von den Geboten Gottes ab!« Er war 75 Jahre alt; trotzdem war er sehr aufgeregt. Als wir das Gefängnis verließen, fing er sofort an, dem Volk Reden zu halten, er sagte, sie hätten durch ihre Verbrechen ihr Unglück selbst verschuldet, sie müßten sich vor Gott erniedrigen, um seiner Barmherzigkeit würdig zu werden. Er wurde gleich durch Pfiffe und Geschrei übertönt, und als er weiterreden wollte, bewarf man ihn mit Unrat. Dann beglückwünschte er seine drei Weggefährten* zu ihrem Schicksal und sprach von dem Ruhm, der denen bestimmt sei, welche durch die Hand der Bösen sterben; zuletzt wandte er sich an mich und sagte, ich hätte Louis XVI guillotiniert, Gott wolle, daß ich auch noch die falschen Könige guillotiniere, die den Platz des wahren Königs eingenommen hätten; dann erst würde es mich treffen, und ich würde für die ruchlose Tat bestraft werden. Er sprach mit solcher Heftigkeit und Überzeugung, daß ich etwas in Verwirrung geriet und ihn nur aufforderte, sich zu beruhigen. Er blieb seiner Rolle bis zum Ende treu und rief dreimal *Vive le roi!*, bevor er festgebunden wurde. Vielleicht war er wahnsinnig?

17. Ventôse [7. 3. 1794]. Heute um drei Uhr nachmittags wurden guillotiniert: Claude Comparet, Generalinspekteur der Pferdepost von Paris, weil er Verbindungen zu den Feinden unterhielt; Jacques-Marie Duchemin, der Sekretär des ehemaligen Prince de Condé, wegen Korrespondenz mit einem Emigranten, und der ehemalige Adlige Gilbert de Grassin, ein Konterrevolutionär.

18. Ventôse [8. 3. 1794]. Heute sprach ein Mann, der seinem Akzent nach ein Engländer sein mußte, bei mir

* Es handelte sich um Jean-Baptiste Davesne, Divisionsgeneral der Nordarmee und Vaterlandsverräter, der sich geweigert hatte, mit achtzehntausend Mann auf Ostende zu marschieren, wo ihn nur zwölf- bis fünfzehnhundert Feinde erwarteten; dann um Jacques O'Moran, Divisionsgeneral und Vaterlandsverräter, der als Flügelkommandant die Anweisungen des Oberbefehlshabers nicht befolgt hatte; und um Nicolas Reverdot, Schreiber, der konterrevolutionäre Schriften kopiert hatte.

zu Hause vor und bot mir ohne Umschweife zehn Pfund Sterling an, wenn ich ihn für einen Tag unter meine Gehilfen aufnehmen wollte. Ich hatte allen Grund, über diesen Vorschlag erstaunt zu sein, und fragte ihn, ob dieser ungewöhnliche Wunsch mit dem Haß zu tun habe, den er als guter Engländer gegen die Franzosen hege. Er gab mir zur Antwort, er könne weder Frankreich noch die Franzosen leiden, aber seine Abneigung sei nicht der Grund für seinen Wunsch; bloße Neugierde habe ihn nach Paris gebracht, er wolle die Revolution, mit der sich die ganze Welt auseinandersetze, aus der Nähe erleben; um aber seinen Ausflug abzurunden, müsse er wenigstens einmal hautnah bei einer Hinrichtung dabeisein. Ich gab ihm daraufhin zu bedenken, seine Neugierde könne ihn teuer zu stehen kommen, wir führten Krieg gegen sein Land, und wenn er erkannt würde, was ich wegen seiner unvollkommenen Verkleidung für sehr wahrscheinlich hielte, würde er sicher als Spion betrachtet und entsprechend behandelt werden; kurz und gut, ich lehnte seinen Wunsch rundweg ab. Er hatte mir völlig ungerührt zugehört, dann antwortete er, er sei fest entschlossen und würde gegen meinen Willen mit aufs Schafott kommen.

Ich konnte nicht umhin, ihm nachzurufen: »Sehen Sie sich vor, daß Sie nicht gegen Ihren eigenen Willen hinaufsteigen müssen.« Beim Weggehen rief er: »Auf Wiedersehen.«

Heute hatten wir zwei Hinrichtungen: Louis Desacres de Laigle, ehemaliger Comte und Brigadegeneral, und Anne-Alexandrine-Rosalie de Larochefoucauld, beide verurteilt als Verschwörer.

20. Ventôse [10. 3. 1794]. Die Partei von Ronsin und Hébert hat versucht, die Commune aufzuwiegeln. Sie verlangten, die Tafel mit der Erklärung der Menschenrechte solle so lange verhüllt werden, bis das Volk seine Feinde ausgerottet hätte. Man hörte ihnen zu, weiter nichts; niemand rührte sich, nicht einmal Chaumette, obwohl er zu ihnen gehört. Es heißt, Ronsin habe nach der Sitzung dem Prokurator der Commune eine Szene gemacht und ihn tätlich angegriffen. Die Convention brauchte sie gar nicht zu stoßen, sie fallen schon von selbst auf den Bauch; aber ein Rückzug kann sie nicht retten, diesmal sind sie dran. Schon heute morgen hieß es, sie wären verhaftet, aber das ist falsch; Vincent kam heute in die Kantine des Tribunals. Wir haben heute nur einen Verurteilten zur Place de la Révolution gebracht;* leider kommt das nur noch selten vor.

22. Ventôse [12. 3. 1794]. Heute wurden hingerichtet: Joséphine Adelaïde Leclerc de Glatigny, eine ehemalige Visitandinerin aus Saint-Denis, die bei sich einen eidverweigernden Priester versteckt hatte;** Martin Blanchet, Weinhändler und Artilleriehauptmann seiner Sektion, wegen unpatriotischen Verhaltens, da er am 10. August nicht bereit war, mit seinen Kanonen auf die Tuilerien zu

---

* Es handelte sich um Charles-Etienne Vaurray, einen Juristen und Friedensrichter, neunundfünfzig Jahre alt, der zum Tode verurteilt worden war, weil er gesagt hatte, die Mitglieder der Convention seien Lumpen, die nur auf ihren persönlichen Vorteil bedacht seien, und Dummköpfe, die schlechte Gesetze machten; die Freiwilligen täten besser daran zu arbeiten, als für eine schlechte Sache zu kämpfen, und die Assignaten würden bald so sehr an Wert verlieren, daß man sie wie Dreck auf den Straßen zusammenkehren könnte.

** Schwester de Glatigny hatte vor dem Tribunal unumwunden ausgesagt, sie würde dem Ancien Régime bis zu ihrem letzten Atemzug nachtrauern. Herman fügte in der Urteilsbegründung hinzu: »weil es mehr abwarf«.

marschieren; und Alexandre-Pierre Cochois, Architekt, Komplize von Brissot und Roland.

24. Ventôse [14. 3. 1794]. Letzte Nacht sind Ronsin, Vincent, Hébert, Momoro, Laumur, Ducroquet und Ancard verhaftet worden. Die Einzelheiten ihrer Verschwörung machen einen schaudern; es heißt, sie hätten vorgehabt, einen neuen September zu provozieren und die Münze und den Staatsschatz zu plündern. Die Freude über die Festnahme der Fanatiker wurde aber durch die Rede des Bürgers Saint-Just und noch mehr durch das Dekret der Convention getrübt, wonach jeder, der bei sich oder anderswo geächtete Verurteilte versteckt, als Komplize bestraft werden soll. Das Tribunal hatte gestern Pierre Verrier, einen Pächter aus dem Département Aube, wegen konterrevolutionärer Reden verurteilt sowie heute den ehemaligen Rat Gilbert Souchon als konterrevolutionären Verschwörer. Der arme Bauer empfand auf dem Weg zum Schafott einen wahnwitzigen Zorn; er wiederholte alle Aussagen, die zu seiner Verurteilung geführt hatten, und erklärte, die Nation würde von Lumpen regiert, sie würde noch alle Grundbesitzer und Pächter zugrunde richten; solange Frankreich keinen König habe, würde es auch kein Brot geben, in der Convention säßen nur Habenichtse, usw. Das Volk amüsierte sich damit, ihn zu provozieren, wie man bissige Hunde reizt. Schließlich erklärte er, er sterbe in Frieden und die Guillotine mache ihm keine Angst; die Nation solle ruhig sein Blut trinken, aber sie würde sein Geld nicht bekommen, das hätte er vor seiner Verhaftung in den Fluß geworfen, damit die Diebe sich nicht daran bereichern könnten. Er schrie so laut, daß ihm zuletzt die Stimme versagte; dann weinte er, aber so, als sei er wütend, nicht weitersprechen zu können.

26. Ventôse [16. 3. 1794]. Heute hatten wir einen furchtbaren Tag; in der gestrigen Sitzung hatte das Tribunal sechzehn Verurteilungen ausgesprochen. Ich hielt mich gestern um zwei Uhr bereit, aber der Bürger Fabricius sagte mir, wegen des starken Regens wäre es besser, bis zum nächsten Morgen zu warten; die Gerechtigkeit des Volkes müsse vor Zeugen vollzogen werden, damit alle sehen könnten, was für ein schreckliches Verbrechen die Beleidigung der Nation sei; für mich sei es so angenehmer, und die Patrioten könnten sich auch nicht beklagen. So fuhr ich heute morgen mit vier Karren zur Conciergerie; nur drei wurden gebraucht. Es wurden hingerichtet: Léger-Nicolas Faulquier, ehemaliger Prokurator aus Clamecy (Département Nièvre); Claude Tengueur, staatlicher Waldhüter in Armes (Nièvre), Barthélémy du Verne, ehemaliger Adliger und Brigadegeneral, wohnhaft in Nevers; Jean-Antoine Daubin, Pfarrer von Chancourt im Département Yonne; Marie-Françoise Hyacinthe Fournier, ehemalige Marquise de Chabannes, wohnhaft in Nevers (Nièvre); Basile Chevan de Mangerie, ehemaliger Adliger, wohnhaft in Clamecy; Jacques-Félix Boucheron, Inspekteur für die Schiffahrt auf der Yonne in Clamecy; Henri Labussière, ehemaliger Adliger, wohnhaft in Billy (Nièvre); Jean-Baptiste-Alexis de Lardenelle, Oberstleutnant im 10. Regiment der berittenen Jäger, wohnhaft in Clamecy; Etienne-Julien Touyon, ehemaliger Pfarrer von Saint-Cyr-des-Autrans (Nièvre); Jean-Baptiste Tenaille de Lesnaux, ehemaliger Gardist des ehemaligen Königs, wohnhaft in Clamecy; Jacques

Portepain, ehemaliger Pfarrer von Onague (Nièvre); alle, weil sie als Anstifter oder Komplizen an den Unruhen beteiligt waren, deren Schauplatz das Département Nièvre gewesen war. Charles-Régnault de Bellecise, ehemaliger Adliger und Offizier im Regiment Larochefoucauld; Anselme Beaudevent, Priester aus Paris, der Herrn Régnault de Bellecise, den zum Tod verurteilten Verschwörer, bei sich aufgenommen hatte; Jacques-Nicolas Sanglé-Dumontos, genannt Longchamp, vormals Kammerdiener der ehemaligen Königin, Holzhändler in Paris, Komplize der Verschwörung vom 10. August. Der Bürger Fabricius hatte sich nicht getäuscht, das von ihm so genannte Volk schien sehr zufrieden; mir ist aber andererseits aufgefallen, daß niemand mehr am Fenster steht, wenn wir vorbeikommen. Die Hinrichtungen haben zweiunddreißig Minuten in Anspruch genommen.

27. Ventôse [17. 3. 1794]. Jeden Morgen gehe ich schon früh in die Conciergerie; die Gefangenen sind immer gespannt, etwas über diejenigen zu erfahren, die am Tag vorher weggebracht worden sind; es ist so, wie wenn einer ungeduldig darauf wartet zu hören, ob sein Bruder gut am Ziel seiner Reise angelangt ist. Ich erzähle also Richard, Rivière oder Toustin, was unterwegs oder am Schafott vorgefallen ist, was sie gesagt haben und wie sie gestorben sind, und einer von ihnen sagt es den Gefangenen weiter. Dann hole ich oben meine Befehle.

Heute haben wir zur Hinrichtung geführt: Pierre-Jacques Godail, den ehemaligen Marquis de Cieurac, Mitglied der ehemaligen Verwaltung der ehemaligen Provinz von Montauban, als Komplizen einer Verschwörung im Département Hérault; Charles Carrier, Waffenhändler

aus Saint-Etienne, der die Rebellen in Lyon beliefert hatte; Pierre Musquinet, den Bürgermeister der Gemeinde Ingouville, als Komplizen konterrevolutionärer Machenschaften in dieser Gemeinde; mit ihnen starb Pierre Quétineau, der ehemalige Oberbefehlshaber der Westarmee. Er hatte zur Zeit des Aufstands das Kommando in der Vendée; als er in der fast völlig zerstörten Stadt Bressuire von einer Übermacht angegriffen wurde, zog er sich nach Thouars zurück; die Rebellen eroberten die Stadt und nahmen ihn gefangen. Umsonst erinnerten sie ihn an die Generäle, deren Mißerfolge als Verbrechen gewertet worden waren, um ihm zu beweisen, daß die Convention ihm seine Niederlage nicht verzeihen würde; umsonst versuchten sie, ihn zurückzuhalten; als Quétineau freigelassen wurde, wollte er zu seiner Truppe zurückkehren, und das Vertrauen, das er in die Revolutionsjustiz setzte, kostete ihn den Kopf.
Gegen Hérault de Séchelles, der oft den Vorsitz in der Convention führte und die Verfassung redigierte, hat der Ausschuß einen Haftbefehl erlassen. Am 25. dieses Monats entdeckte man bei ihm zu Hause den Emigranten Catus, dem er Zuflucht gewährt hatte. Als dieser Catus verhaftet worden war, forderte Hérault-Séchelles unvorsichtigerweise im Wachlokal seine Entlassung, und der Wohlfahrtsausschuß reagierte sofort auf die Denunziation des Revolutionskomitees der Section Lepelletier.
28. Ventôse [18. 3. 1794]. Heute wurden guillotiniert: Georges-Félix Barbier, Landwirt, wohnhaft in Saint-Cyr im Département Seine-et-Marne, der sich für die Wiedereinführung des Königtums ausgesprochen hatte, und sein Sohn und Komplize Louis-Gustave-Auguste Bar-

bier; Jean-Baptiste Boissar, Stabsarzt im 2. Bataillon von Angoulême, Konterrevolutionär; Jean-Baptiste Valois genannt Tempête, Hauptmann im 2. Bataillon des Département Meurthe, der versucht hatte, den Patriotismus der Soldaten zu erschüttern; Pierre-Paul Saint-Paul, ehemaliger Adliger und Kriegskommissar, Komplize der Verschwörung vom 10. August; Pierre Delaine, Tagelöhner, der konterrevolutionäre Reden geführt hatte; und Camille Souve, ehemaliger Adliger, Schwadronskommandeur beim 7. Kavallerieregiment, konterrevolutionärer Verschwörer.

29. Ventôse [19. 3. 1794]. Gestern und heute wurden folgende Personen in den Sitzungen des Revolutionstribunals zum Tode verurteilt und auf der Place de la Révolution hingerichtet: Jeanne-Elisabeth Berteaux, Hebamme, die Robespierre einen gefälschten Brief von Fouquier-Tinville überbracht hatte, in dem er als Verschwörer angeklagt wurde; Louise-Sylvie de Chamboran-Villevort, Frau von Blamont, einem ehemaligen Adligen und Leibgardisten, weil sie konterrevolutionäre Reden geführt hatte; François Leblond, ehemaliger Pfarrer von Ivry, Fanatiker und Verschwörer; Nicolas Dieudonné, Priester, der sich für die Wiedereinführung des Königtums ausgesprochen hatte; Joseph Duruey, Beamter des Schatzamtes, Verschwörer; Jean-Baptiste Goursault de Merly, ehemaliger Schatzmeister der Steuerbehörde von Poitiers, der bei Komplotten gegen die Freiheit mitgemacht hatte; Marcelle-Aimée Sasmer, eine ehemalige Nonne des Ordens von Fontevrault; Françoise de Périgord, eine ehemalige Adlige, die ihren beiden Söhnen zur Emigration verholfen hatte; Grégoire Latelise,

Schütze im 4. Jägerbataillon, der die Treue der Soldaten zur Republik zu untergraben suchte. Mit ihnen starb Claude-Louis Mazuyer, Abgeordneter des Département Côte-d'Or, der nach den Ereignissen des 31. Mai und 2. Juni für vogelfrei erklärt worden war.

1. Germinal [21. 3. 1794]. Heute morgen begann der Prozeß gegen Vincent, Hébert und andere Mitglieder des Clubs der Cordeliers.* Es heißt, daß er mehrere Verhandlungstage in Anspruch nehmen wird; vielleicht wird das Tribunal vor jeder Sitzung noch ein oder zwei andere Fälle erledigen, wie es auch während des Prozesses gegen die Abgeordneten vorgekommen ist; aber auch wenn wir weiterhin jeden Tag unsere traurige Fahrt machen müssen, werden die Köpfe zumindest nicht mehr zu Dutzenden rollen. Heute hatten wir zwei Verurteilte, alle beide Assignatenfälscher: Louis-Gabriel-Jacques Philipponeau, Getreidehändler, und Dominique-Benoît Nait, Likörfabrikant. Als ich von der Place de la Révolution zurückkam, befahl mir der Bürger Fouquier, während des ganzen Prozesses in Bereitschaft zu bleiben; ich ging daraufhin in den Sitzungssaal. Zwanzig Personen saßen auf der Anklagebank. Hébert war blaß und ganz verwirrt, er stotterte beim Sprechen; Ronsin und Momoro sahen so aus, als wollten sie die Richter provozieren; der Schlingel Vincent führte sich auf wie ein Teufel. Pache, der als Oberrichter vorgesehen gewesen war, ist nicht mitangeklagt; das kommt einer offiziellen Feststellung

* Dumas hatte den Vorsitz. Die Richter waren Foucault, Braver, Masson, Subleyras; als Geschworene fungierten die Bürger Dix-Août, Gravier, Ganney, Benoît Frey, Renaudin, Topino-Lebrun, Laporte, Fauvetty, Didier, Lumière und Trinchard.

seiner Unzurechnungsfähigkeit gleich, aber dafür bleibt er am Leben. Die Frau von Quétineau, der kürzlich hingerichtet wurde, ist mitangeklagt, keiner weiß wieso. Rivière hat mir erzählt, sie hätten sich in den ersten Tagen ihrer Haft untereinander gestritten und sich gegenseitig die Schuld an ihrem Untergang zugeschoben. Anacharsis Clootz hat ihnen erklärt, daß sie durch solche Vorwürfe alles nur noch schlimmer machten. Als Hébert eingeliefert wurde, haben ihn die Gefangenen verhöhnt, Ronsin verteidigte ihn, es gab eine Schlägerei mit einem gewissen Collignon. Beide wurden in Arrestzellen gesteckt, und seitdem halten sich Hébert und seine Freunde für sich. Der Bankier Cock, bei dem sie ihre vielen Gelage veranstaltet haben, wird ihnen Gesellschaft leisten; er möchte seine Rolle noch in der Conciergerie weiterspielen und hat erklärt, wenn sie verurteilt würden, gäbe er am Abend vor der Hinrichtung ein Essen für seine Freunde. Sie wollen offensichtlich die Abgeordneten der Gironde nachäffen; aber dazu braucht man ein tapferes Herz, nicht bloß einen Bauch, und das haben sie nicht. So möchte ich wetten, daß ihr Essen, wenn es stattfindet, eine traurige Angelegenheit wird.

3. Germinal [23. 3. 1794]. Henry hat den Dienst heute allein versehen;* ich blieb die ganze Zeit in Bereitschaft, der Bürger Fouquier will die Verurteilten jedenfalls nicht lange leiden lassen, wenn sie denn verurteilt werden, und das ist ziemlich sicher. – Der Père Duchesne ist für die anständigen Bürger schon erledigt; eine Bürgerin hat

* An diesem Tag wurde Louis Moulin, genannt Le Roy, hingerichtet, ein leitender Beamter bei der Briefpost, der für die Druckschriften, die die Regierung an die Beamten verschickt, Geld kassiert hatte.

ausgesagt, Hébert, der in seiner Notlage bei einem mitleidigen Menschen Unterstützung fand, habe ihm Handtücher, Hemden und sogar Matratzen gestohlen, wohl um sich besser an die erfahrene Gastfreundschaft erinnern zu können. Das ist noch schlimmer als die Gaunereien, von denen Camille gesprochen hat. Der kleine Vincent spielt sich längst nicht mehr so auf wie früher; es scheint, auch er war allenfalls zur Hälfte ehrlich. Ein Bürger hat ihn beschuldigt, Silberbestecke gestohlen zu haben. Er hat sich über die angebliche Verleumdung schrecklich aufgeregt, aber das ist ein alter Trick, der nur wirkt, wenn man nicht nur Krawall schlägt, sondern auch Beweise vorzubringen hat, und er hat viel mehr Lärm als Aussagen zur Sache gemacht. Ronsin ist immer noch nicht zu erschüttern; er verteidigt sich nicht, weil es sich, wie er sagt, um einen politischen Prozeß handelt und in einem solchen Fall das Verbrechen der Angeklagten in ihrer bloßen Existenz besteht. Clootz war traurig, aber sehr ruhig und würdevoll; er hatte eine Schrift mit dem Titel *La République universelle* verfaßt, in der er sich als persönlicher Feind des lieben Gottes zu erkennen gab und behauptete, man müsse ihn durch die souveräne Weltbevölkerung ersetzen; der Erdkreis würde sich mit dem französischen Volk, welches göttlich sei, vereinigen, um seine große Republik zu bilden. Man hat ihm einen schweren Vorwurf daraus gemacht, daß er das geschrieben hat, und Renaudin hat behauptet, er habe es nur getan, um den Koalitionen der gekrönten Häupter einen Vorwand für ihre Angriffe gegen Frankreich zu liefern. Clootz antwortete ihm: »Niemand kann mich verdächtigen, ein Parteigänger der Könige zu sein; es wäre schon

seltsam, einen Mann in Paris zu guillotinieren, der in Rom mit dem Scheiterhaufen, in London mit dem Galgen und in Wien mit dem Rad zu rechnen hätte!«
Clootz ist ein Narr, aber er meint es ehrlich und hat eine kalte Dusche verdient, aber keinesfalls die Guillotine. Seine Messen der Vernunft mögen skandalös gewesen sein, aber er war wenigstens nicht blutrünstig wie die anderen und hat niemandem ein Leid zugefügt. Und außerdem muß man zugeben, daß das Verfahren des Tribunals so seltsam ist, daß es für jeden Angeklagten ohne Ansehen der Person Sympathie weckt. Ich hörte, wie man Clootz vorwarf, er sei gebürtiger Preuße und obendrein reich; das ist ebenso ungerecht, wie es dumm ist. Der Prozeß geht morgen weiter.
4. Germinal [24. 3. 1794]. Heute fand die Hinrichtung statt. – Die Verhandlung wurde um zehn Uhr morgens fortgesetzt, der Vorsitzende Dumas hielt eine flammende Rede, und die Geschworenen zogen sich zur Beratung zurück: gegen halb eins verkündeten sie ihr Urteil. Für neunzehn Angeklagte lautete es auf schuldig, als einziger wurde der Bürger Laboureau, ein Medizinstudent, freigesprochen. Die Bürgerin Jeanne Latreille, die Witwe des Generals Quétineau, erklärte, sie sei schwanger, und erlangte dadurch einen Aufschub. Nicolas muß das Urteil schon im voraus gedruckt haben, denn schon nach einer halben Stunde riefen es die Kolporteure vor dem Justizpalast aus. Wir hatten Befehl, die Verurteilten sofort wegzubringen; Fouquier sagte: »Jede Stunde, die sie noch länger leben, ist eine Beleidigung für die Majestät des Volkes.«
Ich schickte jemand zur Place de la Révolution; Henry

eilte in die Rue François-Miron, wo die Karren seit dem letzten Abend fertig angespannt in einer Remise bereitstanden; er kam in scharfem Trab angefahren, und um halb zwei führte man die Verurteilten in den Vorraum der Kanzlei. Es waren achtzehn: Jacques René Hébert, vor der Revolution schriftstellerisch tätig und Kartenabreißer im Théâtre des Variétés, heute Stellvertreter des Prokurators der Commune und Journalist; Charles-Philippe Ronsin, ehemals schriftstellerisch tätig, heute Generaladjutant der Revolutionsarmee; Antoine-François Momoro, Verlagsbuchhändler, Mitglied der Départementsverwaltung von Paris und Kommissar der Exekutive; Nicolas Vincent, ehemaliger Anwaltsschreiber, heute Generalsekretär im Kriegsministerium; Michel Laumur, Brigadegeneral; Jean-Baptiste Clootz, genannt Anacharsis, schriftstellerisch tätig und Abgeordneter der Convention; Pierre-Jean Proly, Redakteur bei der Zeitung *Le Cosmopolite*; Conrad Kock, holländischer Bankier; Jacob Pereira, Vizepräsident der Sektion Bon-Conseil; Armand-Hubert Leclerc, Divisionschef im Kriegsministerium; François Desfieux, Weinhändler; Jean-Antoine Florent Armand, Medizinstudent; Jean-Baptiste Ancard, Hauptverwalter des Pulver- und Waffenmagazins; Frédéric-Pierre Ducroquet, Proviantkommissar; Antoine Descombes, Nachschubkommissar; Jean-Charles Bourgeois, Mitglied des Untersuchungsausschusses für die Armee; Pierre Ulric Dubuisson, ehemaliger Kommissar der Exekutive, und Albert Mazuel, ehemaliger Festungskommandant. Ich war beim Bürger Richard, als man mir sagte, die Karren seien angekommen. Ich ging nachsehen, ob alles in Ordnung war, und als ich die Wagen inspizierte, bemerkte ich unter einer tief in die Stirn gezogenen Mütze einen blonden Bart, den ich nicht kannte. Der Mann wollte sich davonmachen, aber ich hatte schon den Engländer wiedererkannt, der mich einige Tage vorher aufgesucht hatte. Er fand die Gelegenheit günstig, hatte die Gehilfen bestochen und bei ihnen das erreicht, was ich ihm abgeschlagen hatte, weil er dachte, ich würde ihn schon nicht verraten, wenn wir einmal unterwegs wären. Aber ich war fest entschlossen, genauso stur zu sein wie er. Es standen fünf Karren bereit; ich tat so, als fiele ich auf seine Verkleidung herein, und befahl ihm, mit einem der Fuhrleute einen Wagen zurückzubringen. Er zögerte und hatte offensichtlich große Lust zu widersprechen; aber ich schaute zu den Gendarmen hin, und er rang sich dazu durch zu gehorchen, schnitt aber eine Grimasse, die bedeuten sollte: Auf Wiedersehen! Ronsin kam als erster; seine Haltung war ungezwungen und stolz, als hätte er noch seine Halunken hinter sich. Clootz bewahrte ebenfalls seine Kaltblütigkeit; er spielte weiter den Apostel und predigte seinen Kameraden, wobei er sich bald an den einen, bald an den anderen, oft auch an sie alle wandte und sie ermahnte, ihre Prinzipien nicht zu verleugnen; er versicherte, daß auf der Guillotine alles gut für sie enden würde, daß es kein Jenseits gäbe, und er beschwor sie, der Welt den Anblick eines republikanischen Sterbens zu bieten. Die längste Zeit wurde seine Stimme vom Lärm übertönt, denn seine Genossen gaben sich weiterhin gegenseitig die Schuld an ihrem Tod. Als Descombes sich einen Augenblick gesammelt hatte und seine Lippen sich krampfhaft bewegten, glaubte Clootz, er bete, und warf ihm in heftigen Worten seine Feigheit vor. Der kleine Vincent war längst nicht so gefaßt wie Ronsin. Gestützt auf zwei Schließer kam Hébert herein; er hatte nicht einmal mehr die Kraft, ein paar Schritte zu machen, seine Füße schleiften über den Boden. Er war wie immer elegant gekleidet und trug in jeder seiner beiden Westentaschen eine Uhr, aber seine Kleidung war unordentlich; sein Gesicht war so bleich, als ob das Fallbeil seinen Hals schon durchschnitten hätte; er weinte, und der Schweiß rann in großen Tropfen von seiner Stirn. Soviel Feigheit hätte Mitleid erregen müssen, aber Ronsin machte sie zornig, er vermied es, seinen ehemaligen Freund anzuschauen, wandte sich an Momoro, der auch ein wenig niedergeschlagen war, und sagte: »Wir haben unsere Köpfe aufs Spiel gesetzt, jetzt ist die Partie verloren, und wir müssen wie mutige Männer bezahlen.« Wir begannen, ihnen die Haare zu schneiden; da ich sechs Gehilfen dabei hatte, dauert das nur ein paar Minuten, und das Signal zum Aufbruch wurde gegeben. Draußen hatten sich so viele Leute versammelt, daß man innen im Gefängnis trotz der Dicke der Mauern dumpfen Lärm hören konnte, wie das Summen aufgescheuchter Bienen. Wir verließen den Justizpalast über den Hof; als das Volk die achtzehn sah, waren laute Schreie zu vernehmen, die nicht enden wollten, so daß wir unser eigenes Wort nicht mehr verstanden. Diesmal waren die Fenster in allen Straßen, durch die wir fuhren, offen, und an jedem standen Neugierige. Auffällig war, daß die Taugenichtse beiderlei Geschlechts, die gewöhnlich unsere Eskorte bilden und denen die Pläne der Clique Héberts eigentlich hätten gefallen müssen, besonders wütend auf ihn waren. Sie schrien ihm zu: »Rauch deine Pfeife, Père Duchesne; wenn du sie auf deinem Ofen liegengelassen hast, leih dir eine von Sanson, aber paß nur auf, daß du sie nicht kaputt machst!«*

»He, Père Duchesne, du wirst den Kopf durch die Luke stecken, morgen kannst du uns in deinem Blatt erzählen, was du gesehen hast!«

»Du hast zwölf Sous pro Aderlaß verlangt, Père Duchesne, Charlot ist großzügiger als du, er läßt dich umsonst zur Ader.«

Ebensogut hätte man einen Leichnam beschimpfen können; Hébert hörte offensichtlich nichts mehr, seine Augen waren gebrochen wie bei einem Toten. Als wir am Haus von Duplay vorbeikamen, erhob sich lauter Beifall und hielt minutenlang an. Man hätte meinen können, das Volk wolle Robespierre dafür danken, daß er Frankreich von diesen Verbrechern befreit hatte. Als man Hébert vom Karren holte, war er so am Ende, daß man ihn auf den Boden setzen mußte; denn er sollte als letzter hingerichtet werden. Fouquier hatte, vielleicht aus Mitleid, befohlen, daß Clootz als erster gehen sollte; aber der weigerte sich: Er wollte, wie er sagte, die Köpfe seiner Gefährten rollen sehen, dadurch seinen Unglauben an ein Leben nach dem Tode festigen und seine Kameraden bis zur letzten Minute ermahnen, es so zu machen wie er. Er fügte hinzu, auf das Privileg, als erster sterben zu dürfen, könne man jederzeit verzichten. Darüber gab es eine Diskussion zwischen ihm und mir. Aber der Bürger Gerichtsdiener gab mir einen Wink, nachzugeben. Als erster

* Nicht nachzuahmendes Wortspiel: fr. *casser sa pipe* »seine Pfeife zerbrechen«, umgangssprachlich auch für »sterben« (Anm. der Übers.).

wurde Descombes guillotiniert, dann Mazuel, Bourgeois, Amard, Leclerc, Dubuisson, Ducroquet, Kock, Ancard, Pereira, Desfieux, Laumur, Proly, Vincent, Momoro und Ronsin, der sich bis zuletzt mutig zeigte. Als nur noch Clootz und Hébert übrig waren, befahl ich meinen Gehilfen unten, zuerst Hébert heraufzubringen; trotz seiner Geistesabwesenheit verstand er doch, daß der Tod nahe war, er fand die Sprache wieder und stammelte: »Noch nicht!« Clootz hörte ihn, stürzte zur Treppe und rief mehrmals: »Es lebe die Brüderlichkeit unter den Völkern! Es lebe die Weltrepublik!« Dann führte man Hébert hinauf und schnallte ihn fest, er war nahezu besinnungslos. Ich gab Larivière, der das Fallbeil bediente, das Zeichen, aber entweder sah er es nicht, oder er wollte dem Volk in seinem blutrünstigen Haß gegen den Père Duchesne ein längeres Schauspiel bieten, jedenfalls gehorchte er nicht. Ich stürzte zu ihm hin und löste selbst das Seil, das das Fallbeil hochgezogen hielt. Die Leute schrien voller Begeisterung: *Vive la République!*

Die Zusammenfassung von Dumas steht den Beweiswürdigungen Hermans an Heftigkeit in nichts nach; sie mag Zeugnis ablegen für die ›Unparteilichkeit‹, die die Vorsitzenden des Revolutionstribunals in diesem sensiblen Bereich ihres Wirkens an den Tag legten. Die Zeitungen gaben sie folgendermaßen wieder:

»Es hat also keine Verschwörung stattgefunden? Habt ihr nicht den barbarischen Plan gefaßt, das Volk auszuhungern, und künstlich Lebensmittelknappheit erzeugt; habt ihr nicht in eurem Fanatismus die Rückkehr des Überflusses gefürchtet? Habt ihr nicht in euren Schriften, Reden und Handlungen die Volksvertreter und den Wohlfahrts-

und Sicherheitsausschuß herabzusetzen versucht? Habt ihr nicht alle Gewalten und Autoritäten gleichzeitig angegriffen, um die Regierung zu stürzen? Habt ihr nicht Waffen beschafft, Truppen zusammengezogen und Verschwörer sogar in den Gefängnissen angeworben? Habt ihr nicht zur Ausführung eurer freiheitsfeindlichen, frevelhaften Pläne die falschen Patrioten aufgerufen, die ehrgeizigen Heuchler, die Gemäßigten, die Föderalisten, die Banditen aus dem Westen, die Royalisten, die Komplizen von Précy und sogar die vom Schwert des Gesetzes bedrohten Verschwörer?
Es hat also keine Verschwörung stattgefunden? Habt ihr denn nicht einen ruchlosen Schleier über die Erklärung der Menschenrechte geworfen, in den Sektionen und den Sociétés populaires zur Revolte aufgerufen, die ihr Erhebung nanntet, Plakate anschlagen lassen, um das Volk aufzuwiegeln, und es mit dem Versprechen des Überflusses dazu verlockt, einen Herrscher zu verlangen? Hattet ihr nicht zwölf Patrouillen in Bereitschaft, um die Nationalgarde zu vernichten, die Tore der Gefängnisse zu öffnen, alle Verräter um euch zu sammeln, den Pont-Neuf, das Arsenal, das Rathaus, die Münze und den Exekutivrat zu besetzen und den kommandierenden General im Luxembourg zu ermorden? Man hat das Sturmläuten noch im Ohr, das Tumult erzeugen, die Verschwörer zusammenrufen und das Signal für Mord und Brand geben sollte! Habt ihr euch nicht den Rückzug auf die Île Saint-Louis offengehalten, wo ihr euch verschanzen wolltet, wie die Räuber auf der Île de Noirmoutier?
Ihr nennt das eine Erhebung? Gegen wen sollte sich diese angebliche Erhebung richten, wo doch die Tyrannei zusammen mit dem Tyrannen auf dem Schafott vernichtet wurde, wo doch das souveräne Volk am berühmten 31. Mai auf die Komplizen des Tyrannen gezeigt hat, die dann das gleiche

Schicksal erlitten wie er; wo doch alle Macht vom Volke ausgeht und zu seinem Vorteil ausgeübt wird, wo doch in der Convention die heilsamen Maßnahmen und die republikanischen Prinzipien diskutiert und niemals bekämpft oder verletzt werden, wo sich doch die Convention, obwohl sie schon alles für das Volk getan hat, jeden Tag fragt, was sie noch machen kann, damit es schneller in den Genuß des Wohlstandes kommt, den sie auf unterschütterlichen Fundamenten errichtet hat, wo sie doch ihre Reinheit, Unbeugsamkeit und ihre Stärke unter Beweis stellt, indem sie gegen alle Parteien ohne Unterschied vorgeht und alle ihre Mitglieder einer strengen Prüfung durch die Justiz ausliefert, die ihrer Verdorbenheit den äußeren Anschein der Redlichkeit gaben; wo doch endlich der Wohlfahrts- und der Sicherheitsausschuß ganz Europa und die Verbrecher, die sich gegen uns bewaffnet haben, in Schrecken versetzen?
Braucht man noch zu fragen, gegen wen ihr zur Revolte aufgerufen habt, wo ihr doch die ganze Nationalversammlung den Mördern ans Messer liefern wolltet; wo ihr doch nur eure Komplizen vor dem Massaker zu bewahren suchtet; wo doch Feuer und Schwert den Wohlfahrts- und den Sicherheitsausschuß vertilgen sollten, wo ihr doch kaltblütig den Tod von hunderttausend Patrioten beschlossen hattet?
Es hat also keine Verschwörung stattgefunden? Kann man an eurem Einverständnis mit dem Ausland zweifeln, da ihr dessen Sprache und Mittel benutzt und da ihr eurem Verhalten nach noch eher Lakaien als Agenten der Feinde seid, da die Kontakte eurer Unterhändler bekannt sind, da eure Briefe an den Herzog von Braunschweig bei General Kalckreuth gesehen wurden, da ihr selbst zugebt, mit Dumouriez, den Preußen und den Österreichern verhandelt zu haben; da ausländische Bankiers, Agenten der Tyrannen, euch mit

Gold versorgten und die Verschwörerkasse zu eurer Verfügung hielten?
Gemeine Seelen, blutrünstige Sklaven, habt ihr all eure Verbrechen etwa nicht für einen Herrscher vorbereitet? Habt ihr diesen Herrscher nicht auf euren Plakaten unter der Bezeichnung König angekündigt, in euren Reden unter dem Namen Cromwell und in euren Entwürfen mit dem Titel eines obersten Richters? Habt ihr nicht darüber nachgedacht, unter welchem Titel sich ein König, ein Diktator, ein Tyrann verbergen könnte?
Habt ihr wirklich geglaubt, man könnte das Volk irreleiten oder korrumpieren, ihr könntet den Folgen seines Hasses gegen die Tyrannen entgehen, wenn ihr ihm Titel offeriertet, die die Erinnerung an bestimmte Tugenden wachrufen?
Ja, ihr habt gezittert beim Gedanken an die Vernunft, die Stärke und die Tugenden des Volkes, und das gehört zu den eindeutigsten Beweisen eurer Untaten.
Die Herrschaft der Tugend ist also so mächtig, daß das Verbrechen ihr keinen Widerstand entgegenzusetzen hat? Ja, offensichtlich tröstet sie jeden anständigen Menschen, peinigt den Verkommenen, gründet und festigt Reiche, vernichtet die Tyrannen und ihre Komplizen!
Ihr nennt euch Männer der Revolution und wart doch Agenten der Konterrevolution; ihr nennt euch Patrioten und wolltet die Patrioten meucheln; ihr nennt euch rein und habt doch eure Armut durch einen Luxus entehrt, den nur das Verbrechen finanzieren konnte; ihr nennt euch Freunde des Volkes und habt doch nur aus Ehrgeiz sein Vertrauen geraubt; ihr nennt euch seine Verteidiger und habt es unterdrückt, ausgehungert, ihr wolltet es zugrunde richten, ihr wolltet nur eine moralische Erhebung und hattet vor, die Freunde der Freiheit in einem Strom von Blut zu ertränken; ihr hattet es angeblich nur auf eine Partei abgesehen, und

ihr wolltet der Tyrannei einen blutigen Thron auf den Leichnamen der treuen Volksvertreter und von hunderttausend Patrioten errichten.

Konntet ihr in eurer wahnsinnigen Wut vergessen, daß die Convention durch das, was sie Gutes getan hat, mächtig wurde; daß der Wohlfahrts- und der Sicherheitsausschuß Tag und Nacht über dem Geschick Frankreichs wachten; habt ihr vergessen, daß die Keule des Volkes ständig erhoben ist, um die Tyrannen totzuschlagen, und daß das rächende Schwert des Gesetzes ständig über dem Haupt der Verräter schwebt?

Elende! Ihr werdet sterben, denn eure Strafe läßt schon zu lange auf sich warten; das Ausland wird in euch nur die verächtlichen Werkzeuge seiner Verbrechen vermissen; die wiederum besiegten Aristokraten werden am Erfolg ihrer Komplotte verzweifeln, wenn sie erkennen müssen, daß sich die Verschwörung nicht unter dem Schleier des Patriotismus vor der aktiven Wachsamkeit der Regierung und der Strenge der Gerechtigkeit verbergen kann. Alle Verräter werden zittern, wenn sie euch den Weg zum Schafott gehen sehen, der auch ihnen bestimmt ist, und das Volk, das ihr verraten und verkauft habt, wird Beifall spenden und spüren, daß es mehr denn je vor euresgleichen auf der Hut sein muß; und daß es sein Glück um so schneller genießen kann, wenn es die Convention und die Ausschüsse, die den Kern der Revolutionsregierung bilden, mit seiner Kraft und seinem Vertrauen unterstützt.

5. Germinal [15. 3. 1794]. Gestern sahen alle Leute in der Stadt sehr fröhlich aus; heute sieht man nur lange Gesichter. Das Gerücht lief um, die Bürger Robespierre und Danton hätten Frieden geschlossen und der erste hätte den Tod Héberts und seiner Anhänger als Pfand für die Versöhnung gefordert, der andere hätte die Köpfe der großen royalistischen Verschwörer, der wegen Veruntreuungen angeklagten Abgeordneten und der am 28. Ventôse verhafteten Chaumette und Simon verlangt; nach diesen Hinrichtungen aber sollte das Tribunal endlich angewiesen werden, gerecht zu verfahren. Das war einer der Gründe, warum es gestern auf dem Richtplatz so ein Gedränge gab. Heute morgen breitete sich wieder Angst aus, während man sich einen Tag vorher sicher gefühlt hatte, und es gab schlimme Gerüchte. Es hieß, Robespierre denke überhaupt nicht daran, sich mit Danton zu verständigen, und sei nur deshalb gegen dessen Feinde vorgegangen, um danach ihn selbst um so sicherer zu treffen und um sich bei den Aktionen, die er noch plant, einen Anschein von Unparteilichkeit zu geben. In Wahrheit gleicht unsere Demokratie so sehr dem Despotismus, daß diejenigen, die an der Macht sind, sich nicht bereitfinden, sie mit jemand anders zu teilen. Naudin, einer der Geschworenen, sagte heute zu Sellier: »Danton ist eine Nummer zu groß, um im Schatten von Robespierre zu stehen; man muß ihn zurechtstutzen.« Man sagt, Danton sei vor der drohenden Gefahr gewarnt worden, und er habe geantwortet: »Sie werden es nicht wagen, ich bin die Bundeslade, und wenn ich damit rechnen müßte, daß Robespierre so etwas vorhat, würde ich ihn in der Pfeife rauchen.« Ich glaube, da täuscht er sich; gegenwärtig gibt es nur eine Bundeslade: die Guillotine. Offenbar ist es für einen Volkstribun genauso schwierig wie für einen König, die wirkliche Stimmung der Leute zu sondieren. Das Volk bewundert die großen Umstürzler, aber in dieser Bewunderung schwingt Entsetzen mit; es liebt nur diejenigen, die etwas zustande bringen, was seine Sinne oder sein Gefühl anspricht, und denen liefert es sich mit Haut und Haaren aus. Danton spricht und handelt wie ein gewöhnlicher Mensch, Robespierre wie ein Prophet; die Herrschaft wird immer den Propheten zufallen. Erst nachdem ein Dolch Marat durchbohrt hatte, begann man, diesen Kadaver zu verehren; der Mann im blauen Gehrock lebt noch und ist schon für viele ein Heiliger. Die Frau meines ersten Gehilfen Desmorets betet morgens und abends vor einem Bild Robespierres, das sie am Kopfende des Bettes aufgehängt hat, wo vorher das Kreuz war; viele andere machen es genauso.

Obwohl das Tribunal engagiert seine Pflicht tut, werden die Gefängnisse nicht leerer. Der Platz, den die Hinrichtungen schaffen, wird schnell wieder von den Verdächtigen ausgefüllt, die in Paris verhaftet werden, und von den Verschwörern aus den Départements, die die Kommissare herschicken. Wir haben heute drei Personen aus dem Département Allier hingerichtet, die konterrevolutionäre Reden geführt hatten. Es waren ein junger Mann, sein Vater und sein Onkel.*

6. Germinal [26. 3. 1794]. Wir führten heute zum Schafott: Jean-Louis Goutte, den ehemaligen verfassungstreuen Bischof von Autun, Mitglied der Verfassunggebenden Versammlung; die beiden Brüder Balleroy, Charles-Auguste und François-Auguste, der erste ein ehemaliger Marquis und Generalleutnant, der zweite Brigadegeneral und Kommandeur des Ordens vom heiligen

* Es handelt sich um Jacques Rougane aus Vichy, Zollinspektor; um Jean Rougane Desbarodines, einen ehemaligen Ritter des Ordens vom heiligen Ludwig; und um Pierre Rougane de Bellebart, ohne Beruf.

Ludwig, die die Pläne der Feinde der Republik unterstützt hatten; dann Denis Joisel, den ehemaligen Kammerdiener von Monsieur, dem Bruder des Königs, der zur Wiedereinführung des Königtums aufgerufen hatte, und Etienne Thiry, Unteroffizier im 8. Husarenregiment, der zu Unrecht Rang und Titel eines Abgeordneten und Kommissars des Wohlfahrtsausschusses beansprucht hatte und aufgrund dieses Betrugs die Leute schikanierte und Willkürakte verübte. Der Bischof Goutte sprach den anderen Mut zu und bot an, ihnen die Absolution zu erteilen; der alte Balleroy, der vierundsiebzig war, redete ihn mit Monseigneur an und antwortete lächelnd, wenn er diese Absolution annähme, würde er fürchten, den armen Leuten in seiner Diözese Unrecht zu tun; damit wollte er wohl sagen, der abtrünnige Bischof hätte die Absolution für sich selber nötig. Thiry war ein leichtsinniger Bursche, der sich für einen Abgeordneten ausgegeben hatte, um sich wichtig zu machen und um sich in dem Gasthaus, wo er wohnte, ein gutes Essen zu erschwindeln. Er sang, als er hingerichtet wurde.

7. Germinal [27. 3. 1794]. Es heißt überall, in den Ausschüssen würde über die Verhaftung Dantons diskutiert. Meiner unmaßgeblichen Meinung nach bereiten sich die großen Hunde zum Angriff vor, denn die kleinen Köter kläffen schon sehr frech. Der dreiste Vilate hat in der Kantine ganz offen gesagt: »Spätestens in acht Tagen kriegen wir Danton, Camille und Philippeaux.« Wenn sie sich fangen lassen, sind sie selbst schuld, denn man spricht überall darüber. Aber wenn man Danton heißt, flieht man nicht. Heute haben wir einen Mann und eine Frau hingerichtet: Claude-Marie Lambertye, verehelichte Villemain, die als Komplizin der Familie Polignac konterrevolutionäre Machenschaften geplant hatte; und Henri Moreau, der an einem Komplott beteiligt war, um den ehemaligen König vor der Hinrichtung zu retten.

8. Germinal [28. 3. 1794]. Heute wurden hingerichtet: Jean-Baptiste Peusselet, ein ehemaliger Kapuziner, der zum Tode verurteilt wurde, weil er versucht hatte, die Moral der Freiwilligen zu untergraben und sie so weit zu bringen, daß sie zu den Feinden der Nation überliefen; Jacques Pernet, ein ehemaliger Dragonerhauptmann und General in bayrischen Diensten, der verbreitet hatte, ein Abgeordneter der Convention hätte für neunhunderttausend Livres Güter in der Umgebung von Bescenil gekauft, er hätte das Geld in den fünf oder sechs Monaten gestohlen, die er der Convention angehörte, und dort gäbe es überhaupt keinen ehrlichen Menschen.

9. Germinal [29. 3. 1794]. Die Hébertisten sind von einem gewissen Laboureau verraten und verkauft worden, der sich mit fünfundvierzig Jahren immer noch als Medizinstudent ausgibt. Er hat ihr Komplott denunziert und seine früheren Freunde als Schurken bezeichnet, das Tribunal hat ihn natürlich freigesprochen. Vorgestern hatte dieser Laboureau einen triumphalen Auftritt bei den Jakobinern. Legendre, der den Vorsitz führte, umarmte ihn und benutzte die Gelegenheit, dem Tribunal zu seiner Gerechtigkeit zu gratulieren. Armer Bürger Legendre, vielleicht sind Sie kurz davor, diese Gerechtigkeit am eigenen Leibe zu erfahren. Hingerichtet wurden heute: Jean-Baptiste Collignon, Drucker, der Bücher gedruckt und verbreitet hatte, die den Patriotismus der Bürger erschüttern sollten; Jean-Baptiste Courtin, ehemaliger Superior des Ordens von Cluny; Nicolas-Jean Adam, ehemaliger Benediktinermönch, und Jacques-Antoine Meffre, noch ein ehemaliger Benediktinermönch, die alle drei durch ihre Machenschaften den Bürgerkrieg und den Fanatismus zu schüren suchten; Louis-François Poiré, ehemaliger Bedienter bei Talleyrand, weil er bei Briefkontakten mit den Engländern, die gegen die Republik Krieg führen, als Vermittler fungiert hatte; und der Kaufmann Jacques-Valentin-Marie Harelle wegen konterrevolutionärer Machenschaften.

11. Germinal [31. 3. 1794]. Am heutigen Primidi wurden die Bürger Danton, Camille Desmoulins, Lacroix und Philippeaux bei sich zu Hause verhaftet und ins Palais du Luxembourg gebracht. Gestern und heute wurden sieben Verurteilte hingerichtet.

Am 10. Germinal: Angélique Doiry, verehelichte Bonfault, die konterrevolutionäre Reden geführt hatte.

Am 11. Germinal: Claire-Joseph Carris, ehemaliger Comte de Barbotan und Abgeordneter der Verfassunggebenden Versammlung, der Verbindungen zu Emigranten unterhalten hatte und einem von ihnen namens Juliac die Summe von 39 900 Livres zukommen ließ; Joseph Nègre, Pächter, ein Komplize des besagten Barbotan, der ihm bei seinen Machenschaften behilflich gewesen war; Jacques-François Holler, Juwelier, der sich für die Auflösung der Nationalversammlung und Wiedereinführung des Königtums ausgesprochen hatte; Pierre-Félicien-Baptistin Gaillard, Papierwarenhändler, der anläßlich der Aushebung im Département Eure versucht hatte, den Patriotismus der Bürger zu erschüttern; Louis-François Delavergne Champlaurier, ehemaliger Kommandant der Festung Longwy, der

Verbindungen zu den Feinden unterhalten und die Invasion begünstigt hatte, indem er ihnen die seinem Patriotismus anvertraute Festung auslieferte. Der Prozeß von Delavergne Champlaurier stellte eine der schmerzlichsten Episoden dieser kläglichen Parodie der Justiz dar. Der unglückliche Festungskommandant war krank und dem Tode nahe, man mußte ihn auf einer Matratze zur Verhandlung tragen. Er ließ eine Art Verhör über sich ergehen; vom Fieber geschüttelt und fast besinnungslos vor Schmerzen antwortete er auf die Fragen von Herman nur mit Stöhnen. Aber die unerbittlichen Richter waren nicht bereit, ihn auf natürliche Weise sterben zu lassen, obwohl er wegen des Leidens, das ihn quälte, nicht mehr lange zu leben hatte. Sie verurteilten ihn. Als der Vorsitzende ihren Spruch verkündete, hörte man im Saal den Ruf *Vive le roi!* Es war die junge Frau des Sterbenden; sie wurde verhaftet und noch in der gleichen Sitzung abgeurteilt. Sie erlangte die einzige Gnade, um die sie bat, nämlich den alten Mann, für den sie sich aufgeopfert hatte, aufs Schafott begleiten und mit ihm sterben zu dürfen. In seiner interessanten *Histoire du Tribunal révolutionnaire* schildert Campardon diese schrecklichen Szenen in allen Details. Sein sehr dramatischer Bericht hat im übrigen den Vorzug, genau der Wahrheit zu entsprechen.

12. Germinal [1. 4. 1794]. Der Bürger Legendre, Mitglied der Convention und zur Zeit Präsident des Jakobinerclubs, wurde nicht zusammen mit Danton verhaftet, wie es gestern hieß. Richard hat genaue Anweisungen bekommen. Er hat Beysser aus dem Zimmer ausquartiert, das Hébert bis zum 4. gehabt hatte, und hält noch sieben andere Zellen frei. Diese Vorkehrungen deuten darauf hin, daß Danton und seine Freunde heute abend, spätestens aber morgen dorthin verlegt werden sollen und daß der Prozeß unmittelbar bevorsteht. Es ist nicht einfach, die Verantwortung für solche Gefangenen zu tragen. Heute haben wir Euloge Schneider guillotiniert, einen ehemaligen Priester, der aus dem Revolutionstribunal in Straßburg, wo er als öffentlicher Ankläger fungierte, eine wahre Räuberhöhle gemacht hatte. Er nutzte den Terror schamlos zu seinem Vorteil aus, das heißt, um seinen Lastern frönen zu können. Er führte im ehemaligen Elsaß seinen Gerichtshof, die Guillotine und meinen Kollegen aus Straßburg spazieren, begleitet von einem Trupp Husaren, auf deren Säbeltaschen Totenköpfe aufgemalt waren; wenn sie in einen Ort einmarschierten, zwang er die Bewohner, die Straßen festlich zu erleuchten, erhob Steuern wie ein General, fällte Todesurteile, die nicht einmal protokolliert wurden, und überall, wo er sich aufhielt, waren Saufereien, Plünderungen und Vergewaltigungen an der Tagesordnung. Eine hübsche Tochter zu haben, war ein Verbrechen, das die Eltern nur sühnen konnten, indem sie sie dieser wilden Bestie auslieferten. Als einer seiner Freunde namens Tunck heiraten wollte, wurden alle jungen Mädchen von Barr zusammengetrommelt, und Schneider ließ ihm die freie Wahl; um das gute Werk abzurunden, befahl er dann dem Scharfrichter, für die Eheleute bei der Guillotine zu sammeln. Als er seinerseits einen Hausstand gründen wollte, schickte er um ein Uhr früh einem Bürger von Barr die dezidierte Aufforderung, ihm seine Tochter zuzuführen, die als jung und schön galt. Alle waren so eingeschüchtert, daß sich der Unselige nicht zu weigern wagte. Am folgenden Tag kehrte Schneider nach Straßburg zurück und zog dort mit dem armen Mädchen im Triumph ein

wie ein König, in einer sechsspännigen Kutsche. Aber während seiner Abwesenheit war der Kommissar Saint-Just angekommen, und der Schrecken des Elsaß hatte nicht das Format, ihm Angst zu machen.
Euloge Schneider wurde noch am gleichen Tag verhaftet, drei Stunden lang auf seiner eigenen Guillotine öffentlich zur Schau gestellt und am nächsten Tag nach Paris gebracht, wo das Revolutionstribunal dieses eine Mal wirklich Recht sprach. Der gefürchtete Schneider war sehr klein und häßlich, als seine Stunde kam. Dabei wirkte er doch stark und kräftig wie ein Stier, nicht durch seine Größe, sondern weil er breitschultrig war; sein Gesicht war pockennarbig, seine Augen grau, und er wich den Blicken der anderen aus. Er hatte rote Haare wie ein bösartiges Tier; alles in allem ein gemeines, abstoßendes Gesicht. Als er in den Vorraum der Kanzlei kam, versuchte er in einem letzten Anflug von Arroganz zu scherzen; er wollte einen makabren Witz über seinen dicken Hals machen, konnte ihn aber nicht zu Ende bringen. Ihm kamen die Tränen, und vor Angst blieb ihm der Scherz im Halse stecken. Er gewann die Fassung dann nicht mehr wieder.
Auf dem Richtplatz rief er mich: »Monsieur, Monsieur, Monsieur«, ohne zu wissen, was er sagte; sein Blick ging ins Leere. Vor ihm starben Louis-Simon Collivet, Verkäufer in einem Kolonialwarenladen, der einer der Komplizen des Königs am 20. Juni und am 10. August gewesen war; Charles Brochet de Saint-Priest, ehemaliger Adliger, gleichfalls beteiligt an den Verschwörungen gegen die Freiheit; Charles-Victor-François de Sallabery, ehemaliger Adliger, gewesener Vorsitzender des Rechnungs-

hofes, der Verbindungen zu den Rebellen in der Vendée unterhalten und geplant hatte, ihnen die Stadt Blois zu übergeben, wo er dem Magistrat angehörte.

Hier einige Details über die Festnahme von Schneider, die er selbst in einem Brief vom 5. Nivôse an Fouquier-Tinville mitteilt: »Vielleicht hast du aus den Zeitungen von meinem Unglück erfahren; auf heimtückische Denunziationen hin, deren Inhalt ich noch nicht kenne, haben mich die Kommissare Saint-Just und Lebas, die in außerordentlicher Mission zur Rheinarmee entsandt wurden, eine Stunde nach ihrer Ankunft festnehmen und ins Gefängnis bringen lassen.
Mittags wurde ich auf den Marktplatz von Straßburg geschafft und dort für drei Stunden an die Guillotine gebunden. Oh! Was war das für ein Triumph für die Aristokraten, deren Schrecken ich immer gewesen war!
Sobald man mich wieder vom Schandpfahl losgemacht hatte, schleppte man mich zu einem Wagen und brachte mich vor den Wohlfahrtsausschuß nach Paris; der überstellte mich dem Sicherheitsausschuß, welcher mich in die Abbaye bringen ließ, wo ich seit sechs Tagen sitze.
Die ganze Katastrophe passierte, ohne daß irgend jemand mich befragt oder mir einen Augenblick lang zugehört hätte; ich begreife es nicht. Man muß wohl abwarten, bis mir die zweiundfünfzig Anklagepunkte, von denen ein gewisser Gency, der in Nancy im Gefängnis sitzt, in seinem gestrigen Brief spricht, mitgeteilt werden.
Es handelt sich bestimmt um zweiundfünfzig Urteile des Revolutionsausschusses, bei dem ich als Ankläger fungierte. Diese Urteile konnten sicher nicht den Beifall der Aristokraten und der Intriganten finden, die sich bei den Patrioten einschleichen und die sichersten Stützen der Revolution zu vernichten suchen, um ihre Position einzunehmen und ihre Verdienste für sich zu beanspruchen.

Mit der Zeit wird sich alles aufklären; ich warte ungeduldig auf mein Urteil. Wenn mein Fall ans Revolutionstribunal überwiesen wird, wirst du hoffentlich so gut sein, ihn schnellstens abzuwickeln, denn ich wünsche mir die Verhandlung so bald wie möglich. Euloge Schneider«
(Campardon, *Histoire du Tribunal révolutionnaire*, Bd. 1)

13. Germinal [2. 4. 1794]. In der Nacht sind der Bürger Danton und seine Komplizen in die Conciergerie verlegt worden; ihr Prozeß soll heute morgen beginnen, vor der Kammer, die im Saal der Freiheit tagt. Man hat in die Anklage die Abgeordneten mit einbezogen, denen Veruntreuungen vorgeworfen werden; so werden insgesamt fünfzehn vor Gericht stehen.

14. Germinal [3. 4. 1794]. Der Viehhändler Jean Masquet wurde hingerichtet, der an einer Verschwörung beteiligt gewesen war, durch die die Lebensmittel knapp gehalten werden sollten; er hatte Tiere, die für die Versorgung von Paris bestimmt waren, zu überhöhten Preisen verkauft und die Anlieferung von Nahrungsmitteln verzögert oder sogar verhindert; außerdem der ehemalige Adlige Jacques-Armand de Rougemont, Rechnungsrat, wegen konterrevolutionärer Machenschaften.

16. Germinal [5. 4. 1794]. Auf Befehl des Bürgers Fouquier blieb ich gestern bis abends im Justizpalast. Da ich, wie auch an den vorangehenden Tagen, keinen Platz im Saal der Freiheit bekam, wo der Prozeß gegen die Bürger Abgeordneten verhandelt wurde, denn der Andrang war noch größer als bisher, ging ich gegen neun Uhr nach Hause. Heute morgen machte ich mich bei Tagesanbruch auf den Weg zur Conciergerie. Als ich eintrat, klopfte mir ein Gendarm auf die Schulter und sagte: »Heute kriegst

du hohe Tiere.« Rivière fügte hinzu: »Sie sind alle verurteilt.« Er täuschte sich, denn der Bürger Luillier war freigesprochen worden. Der ist aber so unwichtig, daß man ihn ruhig vergessen darf! Bei Richard waren schon viele Leute, die wahrscheinlich auf die Verurteilten warteten; es mußten hochgestellte Persönlichkeiten sein, denn die Gefängnistore waren noch verschlossen, und wahrscheinlich hatten sie die Nacht drinnen verbracht. Als ich auf dem Weg zum Tribunal den Hof überquerte, begegnete mir der Kanzleigehilfe Robert Wolf; er forderte mich auf, mit ihm hinaufzukommen. In der Kanzlei saßen der Bürger Ducray, der zweite Schreiber, und ein anderer Gehilfe über ihrer Arbeit; Fabricius Pâris ging auf und ab. Seine Augen waren gerötet, er sah mitgenommen und blaß aus, und seine Lippen zitterten, als ob er Fieber hätte. Als er mich eintreten sah, griff er nach seinem Hut und sagte: »Ich gehe.« Ducray wandte sich nach ihm um und fragte: »Unterschreibst du?« – »Nein und nochmals nein, eher hacke ich mir die Hand ab.«
Als er ging, sah ich, daß er Tränen in den Augen hatte. Das wunderte mich nicht, denn er war ein enger Freund des Bürgers Danton, und ich habe mich von Herzen über seinen Mut gefreut. Fouquier, ein Vetter von Desmoulins, der ihm früher sehr geholfen hatte, kannte keine solchen Skrupel. Kurz danach kamen der Bürger Lescot-Fleuriot, der Vertreter des Anklägers, und zwei Beamte der Départementsverwaltung herein. Lescot fragte mich, ob die Karren schon da wären; ich antwortete, sie seien unterwegs, und er befahl mir, unten zu warten.
Eine gute Stunde später kam ein Gendarm und brachte mich zum Ankläger. In dessen Büro waren ziemlich viele

Bürger versammelt, darunter der alte Vadier, ein Abgeordneter, und sein Kollege Amar, Coffinhal, Arthur, Herman und andere, deren Namen ich nicht kannte. Obwohl Fouquier auch da war, gab mir Lescot-Fleuriot meine Anweisungen. Er erklärte mir, die Angeklagten hätten gegen das Tribunal rebelliert, man müsse damit rechnen, daß sie gegen die Vollstreckung des Urteils Widerstand leisten würden; ich sollte nicht vergessen, daß die Justiz des Volkes die Oberhand behalten müsse; damit es nicht zu einem Kampf mit der ganzen Bande dieser Besessenen käme, würde man sie mir einzeln übergeben. Ich sollte sie an der Tür der Kanzlei in Empfang nehmen und sie sofort knebeln, ob sie es wollten oder nicht; ein Trupp unerschrockener Gendarmen stünde bereit, um mir im Bedarfsfall zu Hilfe zu kommen. Der Bürger Amar fragte, ob die Pferde kräftig seien, was Liendon, der andere Stellvertreter, bejahte, und Lescot-Fleuriot fügte hinzu, wenn es den Rebellen gelänge, das Volk auf ihre Seite zu bringen, müßten die Gespanne mit der Eskorte in Trab oder Galopp fallen; gegebenenfalls würden die Gendarmen unsere Deichselpferde mit der Säbelspitze anspornen. Er sagte auch, auf dem Richtplatz müsse alles ohne Verzögerung vonstatten gehen; die Republik könne nur gerettet werden, wenn die Köpfe der Verbrecher unter dem Rachebeil fielen. Dann wurde noch darüber diskutiert, wie viele Wagen nötig wären. Ich hatte drei angefordert; Lescot erklärte mir, zwei würden reichen. Coffinhal meinte, man sollte nur einen nehmen; falls irgendwelche Verbrecher versuchen sollten, die Verurteilten zu befreien, könnte die Eskorte einen Karren leichter verteidigen als mehrere. Es war nicht der rechte Augenblick, um darauf hinzuweisen, was für eine Tortur es für die Verurteilten bedeutet hätte, in einem einzigen Wagen zusammengepfercht zu werden, aber ich gab zu bedenken: Wenn sich die Befürchtungen des Bürgers Lescot-Fleuriot als begründet erweisen sollten und die Pferde angetrieben werden müßten, würden die Gehilfen, die zu Fuß gehen müßten, wenn wir nur einen einzigen Karren hätten, vielleicht nicht rechtzeitig bei der Guillotine zur Stelle sein; deshalb blieb es dabei, daß ich zwei Wagen nehmen sollte, und man ließ mich gehen, nachdem Liendon mir noch einmal alle Verhaltensmaßregeln seines Kollegen eingeschärft hatte.

Im Vorraum der Kanzlei drängten sich Gendarmen und einige Kanoniere der Revolutionsarmee. Sie bildeten an dem Gitter, das das Büro vom Vorraum trennt, ein sehr dichtes Spalier. Nach einer halben Stunde kam der erste, es war der Bürger Chabot; er war sehr niedergeschlagen und konnte kaum gehen. Offensichtlich hatte er panische Angst und litt auch Schmerzen, denn er hatte im Luxembourg-Gefängnis Gift genommen. Er schien überrascht und verunsichert, weil er allein war, und murmelte mehrmals: »Und die anderen?« Er wurde gefesselt und bekam das Haar abgeschnitten; noch bevor wir fertig waren, wurde Bazire hereingeschickt. Chabot erhob sich, lief auf ihn zu und wollte ihn küssen. Er weinte und sagte mit einer Stimme, in der noch mehr Tränen mitschwangen, als in seinen Augen standen: »Mein armer Bazire, meinetwegen mußt du sterben.« Der Bürger Bazire drückte ihn ohne ein Wort des Vorwurfs an sich.

Danach wurden die beiden Brüder Frey, der Volksvertreter Delaunay, der ehemalige Abbé d'Espagnac und Dis-

dericksen gebracht. Man rief sie in die Kanzlei, ohne ihnen zu sagen, worum es ging, las ihnen ihr Urteil vor und schickte sie dann in den Raum, wo wir auf sie warteten; die zuletzt genannten fünf Verurteilten kamen zusammen. Dann folgten nacheinander Philippeaux, Lacroix, Westermann und Fabre d'Eglantine, der krank wirkte und von zwei Schließern gestützt wurde. Während man ihm die Haare abschnitt, erklärte er, er müsse dem Bürger Fouquier oder einem seiner Vertreter noch etwas sagen; einer der Gehilfen meldete das dem Gerichtsdiener, der zur Antwort gab, es sei unmöglich. Der Bürger Fabre stampfte zornig mit dem Fuß auf und rief: »Es reicht also noch nicht, daß man mich ermordet, sie wollen den, dem sie den Hals abschneiden, auch noch berauben!« Dann fügte er lauter hinzu: »Ich protestiere hiermit öffentlich gegen die Schändlichkeit der Verbrecher im Komitee, die mir eine Komödie, die nichts mit meinem Prozeß zu tun hat, gestohlen haben und sie mir nicht zurückgeben wollen.« Lacroix schaute trübsinnig drein, Philippeaux blieb ganz ruhig.
Fabre redete immer noch weiter, als großer Lärm aus der Kanzlei drang. Wir erkannten die Stimme des Bürgers Danton, und alle verstummten, um ihn besser hören zu können. Weil er sehr hastig sprach, konnte man nicht alles verstehen; manche seiner Worte klangen eher wie Gebrüll. Dann sagte er klar und deutlich: »Steck dir dein Urteil in den Arsch, ich will es nicht hören; über uns Revolutionäre wird die Nachwelt urteilen, sie wird meinen Namen ins Panthéon setzen und euren durch den Dreck ziehen.« Als Ducray weiterlesen wollte, unterbrach er ihn erneut und wurde immer heftiger, erging

sich in Schmähungen gegen die Tyrannen, gegen das Tribunal, das er ein Bordell nannte, und gegen das Volk, dem er Dummheit vorwarf. Man konnte ihn nicht zum Schweigen bringen, und Ducray mußte zu Ende lesen, ohne daß er zuhörte; endlich schafften ihn die Schließer, die ihn stießen, und die Gendarmen, die ihn zogen, mit vereinten Kräften in den Vorraum. Als er uns und die schon gefesselten Verurteilten erblickte, nahm sein Gesicht so plötzlich einen anderen Ausdruck an, daß man hätte glauben können, es wäre nicht mehr derselbe Mensch, wenn er nicht von der vorangegangenen Auseinandersetzung noch ganz außer Atem gewesen wäre. Er setzte eine gleichgültige, fast ausdruckslose Miene auf, ging entschlossenen Schrittes auf mich zu, ließ sich auf einen Stuhl fallen, riß seinen Hemdkragen ab und sagte zu mir: »Tu deine Arbeit, Bürger Sanson.« Ich machte ihn selbst zurecht. Seine Haare waren hart und strähnig wie Roßhaar. Er sprach ununterbrochen weiter und sagte zu seinen Freunden: »Das ist der Anfang vom Ende; in Zukunft werden sie die Volksvertreter zu Dutzenden hinrichten, aber Vereinzelung bedeutet noch nicht Stärke. Wenn die Ausschüsse von einem Couthon ohne Beine und einem Robespierre geleitet werden ... es ginge noch eine Zeitlang gut, wenn ich ihnen meine Beine hinterlassen könnte ... aber nein ... und Frankreich wird in einer Pfütze von Blut und ... aufwachen.« Etwas später schrie er noch: »Wir haben unsere Arbeit getan, gehen wir schlafen.«

Die Bürger Hérault de Séchelles und Camille Desmoulins wurden zusammen hereingebracht. Der erste schien ganz ungerührt, der zweite weinte und sprach mit herzzerreißenden Worten von seiner Frau und seinem Kind; aber sobald er uns sah, veränderte er sich ebenso plötzlich wie vorher Danton, freilich auf ganz andere Weise: Er stürzte sich auf die Gehilfen, als ob sie die Verurteilten wären und er der Henker, stieß und schlug sie; seine Kleidung wurde in dem Kampf zerrissen, dem erst die Gendarmen ein Ende bereiteten. Er war nicht groß und eher dicklich, dennoch leistete er Widerstand wie ein sehr starker Mann. Man muß zugeben, daß er in einer Verfassung war, wo einer leicht übermenschliche Kräfte entwickelt. Im Nu war sein Rock in Fetzen. Um ihm das Haar abschneiden zu können, mußten ihn vier Mann festhalten; er warf sich auf dem Stuhl hin und her, schlug um sich und stieß zwei oder drei von den Gehilfen zu Boden. Dabei beschimpfte er uns pausenlos; seine Freunde versuchten ihn zu beruhigen; Fabre sprach sehr sanft zu ihm, während Danton mit Nachdruck sagte: »Laß sie doch in Ruhe, warum legst du dich mit den Handlangern der Guillotine an? Sie machen ihre Arbeit, spiel du deinen Part.« Da weinte Desmoulins noch heftiger und rief: »Lucile, Lucile, komm zu mir!«, als ob die arme Frau ihn hätte hören können. Als sie nicht kam, wollte er wohl zu ihr und versuchte erneut, sich loszureißen.

Endlich waren alle fertig. Ducray, der solange gewartet hatte, gab das Zeichen zum Aufbruch. Je zwei Gendarmen nahmen einen Verurteilten in die Mitte, die übrigen Gendarmen bildeten einen Kreis um sie. So marschierten wir hinaus. Die Abgeordneten und Westermann stiegen in den ersten Wagen. Ich setzte mich zum Kutscher auf den Bock, Henry und ein Gehilfe gingen nach hinten; im zweiten Wagen waren vier Gehilfen mit den anderen Verurteilten. Die Eskorte hatte die gleiche Stärke wie bei der Königin und bei den Girondisten. Danton stand direkt hinter mir; bei ihm war Hérault de Séchelles, dann kamen Fabre, Camille und Philippeaux. Chabot setzte sich als einziger hin, es schien ihm sehr schlecht zu gehen; er mußte sich unterwegs erbrechen, Bazire kniete neben ihm, stützte ihn mit Henry zusammen, so gut es ging, und sprach ihm Mut zu.

Als der Wagen sich in Bewegung setzte, rief Danton aus: »Die blöden Arschlöcher, sie werden brüllen: *Vive la République!*, wenn wir vorbeikommen! In zwei Stunden hat die Republik keinen Kopf mehr.«

Fabre klagte immer noch über den Verlust seiner Komödie, woraufhin Danton lachend zu ihm sagte: »In acht Tagen wird dir das ganz egal sein.«*

Als wir in den Quai an der Seine einbogen, verlor Camille Desmoulins erneut die Fassung: »Erkennt ihr mich nicht?« rief er, wobei er sich aus dem Karren beugte, »meine Stimme hat die Mauern der Bastille zum Einsturz gebracht! Erkennt ihr mich nicht? Ich bin der erste Apostel der Freiheit. Eines ihrer Kinder soll ihr Denkmal mit seinem Blut besudeln. Her zu mir, Volk des 14. Juli, laß nicht zu, daß sie mich ermorden!«

Er bekam nur Hohngelächter als Antwort, was seine Raserei noch steigerte; ich hatte Angst, er könnte sich unter die Räder des Wagens stürzen. Der Gehilfe mußte ihn halten, wir drohten, ihn festzubinden, aber umsonst. Danton sah genau, daß das Volk auf der Straße keine

* Nicht nachzuahmendes Wortspiel: fr. *vers* »Verse«, aber auch »Würmer«. Danton sagt wörtlich: »In acht Tagen machst du mehr *vers*, als dir lieb ist, und wir auch.« (Anm. der Übers.)

Hand rühren würde, beugte sich hinüber und sagte laut: »Sei still, glaubst du etwa, das gemeine Gesindel rühren zu können?« Und Lacroix fügte hinzu: »Beruhige dich, versuche lieber, ihnen Respekt abzunötigen, als ihr Mitleid zu erregen.«

Danton hatte recht, man hätte eher Steine erweichen können. Als wir die Conciergerie verließen, hatte sich unserer Eskorte das Stammpublikum der Guillotine angeschlossen, das hier auf uns gewartet hatte; die Leute drängten sich dicht um die Soldaten und machten solchen Radau, daß die Bürger an den Fenstern und auf den Trottoirs unmöglich verstehen konnten, was die Verurteilten riefen. Vor einem Café sahen wir einen Bürger, der auf einer Fensterbank saß und eine Zeichnung von den Verurteilten anfertigte. Sie sahen alle auf und murmelten: »David, David!« Auch ich erkannte ihn an seinem schiefen Mund. Danton rief ihm laut zu: »Da bist du ja, Lakai, sag deinem Herrn, wie die Soldaten der Freiheit sterben!« Auch Lacroix schrie ihm etwas zu und nannte ihn einen Verbrecher; David zeichnete ruhig weiter.

Im Haus von Duplay waren alle Türen, Fenster und Läden verschlossen. Die Verurteilten hielten schon lange, bevor man es sehen konnte, danach Ausschau. Als wir daran vorbeikamen, machten sie zahllose sarkastische Bemerkungen zu diesen stummen, düsteren Mauern hin. »Elender Tartuffe«, sagte Fabre; Lacroix rief: »Der Feigling, er versteckt sich genauso wie am 10. August«, und Camille: »Ungeheuer, reicht es dir noch nicht, daß du mein Blut trinkst, brauchst du auch noch das meiner Frau?« Danton übertönte alle anderen, sein rotes Gesicht lief violett an, er hatte Schaum vor dem Mund, und seine

Augen sahen aus wie glühende Kohlen. »Robespierre«, brüllte er, »es nützt dir nichts, daß du dich versteckst, du kommst auch an die Reihe, und Dantons Schatten wird in seinem Grab ein Freudengeheul ausstoßen, wenn du hier an meiner Stelle bist!« Er fügte unflätige Beschimpfungen hinzu, von denen ›Arschloch‹ noch die harmloseste war.
Bis zur Guillotine machte Danton so weiter: Seine Stimmung wechselte von heftigstem Zorn unvermittelt zu ruhiger Gelassenheit, er war bald brutal, dann wieder spöttisch und wirkte immer so entschlossen, daß einer, der nur ihn angeschaut hätte, den traurigen Karren für einen Triumphwagen hätte halten können. Als wir in den Platz einbogen, sah er das Schafott; er wurde bleich, und ich sah, wie ihm Tränen in die Augen traten. Es schien ihn zu stören, daß ich ihn so aufmerksam anschaute; er versetzte mir einen Rippenstoß und fragte ziemlich wütend: »Hast du nicht Frau und Kinder?« Ich sagte ja; dann erwiderte er im selben Ton: »Ich auch; weißt du, wenn ich an sie denke, werde ich wieder ein Mensch.« Er senkte den Kopf, und wir hörten, wie er murmelte: »Meine geliebte Frau, ich werde dich nicht wiedersehen; mein Kind, ich werde dich also nie zu Gesicht bekommen!«*
Als der Karren hielt, kam er wieder zu sich; er schüttelte heftig den Kopf, als wollte er dadurch einen lästigen Gedanken vertreiben, und sagte beim Aussteigen: »Danton, werd nicht schwach.«
Delaunay, Chabot, Bazire, die Brüder Frey, Gusman, Didericksen und d'Espagnac starben zuerst.

---

* Dantons Frau war zu dieser Zeit schwanger.

Als Camille die Plattform betrat, blieb er vor mir stehen und fragte, ob ich ihm einen letzten Gefallen tun wollte; es blieb keine Zeit mehr, ihm zu antworten, aber er las in meinem Gesicht, daß er sich auf mich verlassen konnte; daraufhin gab er mir eine Haarlocke und bat mich, sie der Mutter seiner Frau, Madame Duplessis, zu bringen. Er weinte bei diesen Worten, und auch ich war den Tränen nahe. In diesem Augenblick zog man das Messer hoch, das gerade Chabot geköpft hatte; er betrachtete das blutige Eisen und sagte leise: »Das ist also mein Lohn.« Dann blickte er zum Himmel und ließ sich festbinden, wobei er mehrmals den Namen Lucile wiederholte. Ich gab das Zeichen, und das Beil fiel.

Fabre, Lacroix, Westermann und Philippeaux wurden nach Camille hingerichtet. Westermann rief mehrere Male: *Vive la République!* Fabre sagte zu sich selbst: »Laßt uns würdig sterben!« Aber er war sehr bewegt, und es fiel ihm schwer, sich zu beherrschen. Lacroix wollte zum Volk sprechen; wir hatten aber Befehl, das zu verhindern, und die Gehilfen zogen ihn weg.

Dann kam Hérault de Séchelles hinauf und Danton mit ihm; er wartete die Aufforderung nicht ab, aber keiner wagte ihn zurückzuhalten. Die Gehilfen hatten Hérault schon ergriffen, als Danton auf ihn zutrat, um ihn zu küssen; Hérault wurde zum Kippbrett gedrängt und konnte das letzte Lebewohl nicht erwidern. Danton rief: »Ihr Idioten! Wie wollt ihr verhindern, daß unsere Köpfe sich gleich im Korb küssen.«

Mit unmenschlicher Kaltblütigkeit sah er, ohne mit der Wimper zu zucken, zu, wie sein Freund starb. Es schien, als trotze er nicht nur der Todesangst, sondern dem Tod selbst. Noch bevor das Kippbrett wieder bereit und die Stelle, auf die der Hals zu liegen kommt, gesäubert war, trat er vor; ich hielt ihn zurück und wollte, daß er sich umdrehte, während man den Leichnam wegschaffte, aber er zuckte verächtlich mit den Schultern: »Was macht ein bißchen mehr oder ein bißchen weniger Blut an deiner Maschine schon aus? Vergiß nur nicht, meinen Kopf dem Volk zu zeigen, solche Köpfe bekommt es nicht alle Tage zu sehen!«

Als wir seinen letzten Wunsch erfüllten und sein Haupt hochhielten, wurde *Vive la République* gerufen, aber nur in der unmittelbaren Umgebung der Guillotine.

Da der Friedhof der Madeleine, wo der König, die Königin und die Girondisten liegen, auf Beschluß der Départementsverwaltung geschlossen worden war, brachte man die Leichen der fünfzehn Anhänger Dantons in dieser Nacht auf den kleinen Friedhof für die Hingerichteten, der gerade bei der Schranke von Monceaux, im alten Park, angelegt worden war.

Um sechs Uhr ging ich noch einmal zum Justizpalast, um mir meine Anweisungen für den nächsten Tag zu holen. Ich berichtete Rivière, wie es abgelaufen war. Auf dem Heimweg traf ich auf der Brücke die Geschworenen Desboisseaux und Vilate in Begleitung von zwei Mitgliedern der Commune, Vaucannu und Langlois. Sie wollten von mir wissen, wie Danton gestorben war; ich erzählte es ihnen. Langlois unterbrach mich und sagte: »Ich glaube dir das gern, er war sternhagelvoll.« Ich versicherte ihm, Danton sei ebensowenig betrunken gewesen wie ich selbst; da nannten sie mich einen Verbrecher, und im Weggehen hörte ich noch, wie sie mich beschimpften.

17. Germinal [6. 4. 1794]. Ich habe den Auftrag ausgeführt, den mir der arme Bürger Desmoulins gegeben hatte. Der Concierge in dem Haus in der Rue du Théâtre-Français, wo er gewohnt hatte, gab mir die Adresse des Bürgers und der Bürgerin Duplessis in der Rue des Arcs. Ich bin ganz bewußt nicht hinaufgegangen, sondern ließ die Magd holen; ohne ihr zu sagen, wer ich bin, erklärte ich, ich sei bei der Hinrichtung von Desmoulins dabeigewesen, und er habe mich gebeten, der Mutter seiner Frau ein Medaillon zurückzugeben. Ich drückte es ihr in die Hand und ging weg. Unmittelbar danach hörte ich, daß jemand hinter mir herlief und mich rief; es war die Magd, sie sagte mir, der Bürger Duplessis wolle mich sehen. Ich erwiderte, ich sei in Eile und würde ein andermal wiederkommen, aber da stand der Bürger Duplessis auch schon vor mir, ein älterer, sehr ehrwürdig aussehender Mann. Ich sagte ihm das gleiche wie dem Mädchen, aber er antwortete, ich müsse noch mehr wissen, und er müsse mir seine Dankbarkeit beweisen. Ich sträubte mich immer noch und gab vor, sehr beschäftigt zu sein, aber er insistierte, es blieben schon Leute stehen, und manche spitzten die Ohren. Jemand hätte mich erkennen können, deshalb hielt ich es für das beste, ihm zu folgen. Er wollte meinen Arm nehmen, aber ich zog ihn zurück, und da wir in der engen Straße nicht nebeneinander gehen konnten, ließ ich ihm den Vortritt. Er wohnt im zweiten Stock; dort führte er mich in ein großes, aufwendig eingerichtetes Zimmer, bot mir einen Stuhl an, ließ sich in einen Sessel fallen, der vor einem mit Papieren bedeckten Tisch stand, und schlug die Hände vors Gesicht. Ich hörte ein Kind schreien und bemerkte in einer Ecke neben dem

Bücherschrank eine Wiege, an der die Vorhänge zugezogen waren. Der Bürger Duplessis lief hin und nahm einen kleinen Jungen heraus, der anscheinend krank war und immer noch wimmerte. Er zeigte ihn mir und sagte: »Das ist ihr Sohn.« Er war den Tränen nahe, aber seine stark geröteten Augen blieben trocken. Er wiederholte: »Das ist ihr Sohn.« Wie rasend küßte er ihn ab, dann legte er ihn wieder in die Wiege. Er mußte sich überwinden zu fragen: »Sie waren dabei, Sie haben gesehen, wie er...?« Ich nickte.

»Als ein mutiger Mann, als Republikaner, nicht wahr?« fügte er hinzu, ohne das Wort ›sterben‹ auszusprechen. Ich erklärte ihm, seine letzten Worte hätten denen gegolten, die er liebte. Nach einer ziemlich langen Pause rang der alte Mann die Hände, wurde bleich und rief: »Und was ist mit ihr? Mit meiner Tochter? Meiner armen Lucile? Werden sie mit ihr genausowenig Mitleid haben wie mit ihm? Ist es nicht zuviel für zwei arme alte Leute, gleich zwei beweinen zu müssen? Da glaubt man nun, man wäre ein Philosoph, Monsieur, man meint, die Vernunft hätte einem genügend Kraft gegeben, um den Gedanken an die Vernichtung ertragen zu können... Gibt es denn eine Philosophie, eine Vernunft, wenn unser eigenes Kind in Gefahr ist? Wenn man außerstande ist, es zu verteidigen, zu kämpfen, das eigene Blut zu seiner Rettung zu vergießen?... Mein Gott! Wenn ich daran denke, daß es uns nicht erlaubt sein soll, in ihrem letzten Augenblick bei ihr zu sein; daß sie sich zwei Stunden lang abquält und Todesangst leidet, während wir hier in diesem Haus in Sicherheit sind, wo sie geboren wurde, in dem Zimmer, wo sie gespielt, vor dem Kamin, an dem sie sich gewärmt hat! Wenn ich mir sagen muß, daß sie vielleicht nicht so viel Glück hat wie Camille und uns ihr letztes Lebewohl durch keinen anderen Boten übermitteln kann als durch den elenden Henker, der sie tötet!«

Ein Schauder überlief mich, und mir sträubten sich die Haare. Er ging im Zimmer auf und ab, warf sein weißes wirres Haar zurück, ballte die Fäuste, sein Blick war starr, er wirkte verstört. Eine Büste der Freiheit, die auf dem Kaminsims stand, warf er voller Wut hinunter, sie brach in Stücke, die er mit den Füßen zertrat. Ich war entsetzt und bestürzt und wußte nicht, wie ich ihn trösten sollte, ich fand nichts, was ihm hätte Hoffnung machen können, und bereute von Herzen, den dringenden Bitten des armen Mannes nachgegeben zu haben. In diesem Augenblick läutete es; eine etwa fünfzigjährige Bürgerin, deren Gesichtszüge immer noch schön, aber durch den Schmerz entstellt waren, trat ein, warf sich dem Bürger Duplessis in die Arme und schrie: »Sie ist verloren, in drei Tagen kommt sie vor Gericht!« Es war die Mutter von Desmoulins' Frau. Ich empfand Entsetzen bei dem Gedanken, daß ich von dieser Frau erkannt werden könnte, der ich schon das Glück ihrer Tochter geraubt hatte und der ich wahrscheinlich noch diese Tochter selbst würde nehmen müssen; ich floh, als hätte ich ein Verbrechen begangen. Noch nie habe ich solche Qualen gelitten wie im Haus dieser Unglücklichen.*

* Die Hinrichtungen des 17. Germinal: Philippe Baron de Chalnoir, ehemaliger Adliger, wegen Verschwörung gegen die Nation; Louis Hannapier des Ormes, ehemaliger Forstmeister in Beaugency, der gesagt hatte, Frankreich würde noch vor dem 1. Mai wieder einen König haben.

18. Germinal [7. 4. 1794]. Ein großzügiger Bürger erschien gestern vor der Convention und bot an, mit seinem Geld für den Unterhalt der Guillotine aufzukommen!
Heute wurden hingerichtet: Antoine-Louis-Claude de Saint-Germain-Dapchon, Brigadegeneral, und seine Schwiegermutter Elisabeth Lacorée, verwitwete Pericard, beide wegen Verschwörung gegen die Freiheit; Bernard Perruchot und Etienne Mouzin, beide Notare aus Dijon, weil sie Verbindung zu den Feinden der Republik unterhalten hatten; Charles-Léonard Lavillette, Administrator des Distrikts Montargis, als Komplize der freiheitsfeindlichen Machenschaften des ehemaligen Königs am 20. Juni und am 10. August; François-Pierre de Lamotte de Senones, ehemaliger Adliger, und seine Frau Suzanne Drouillard, als Verschwörer; Jean-François Julien, Wundarzt und Magistratsbeamter in der Gemeinde Montargis; François-Marie Bizot, Ingenieur und Bürgermeister von Montargis, und Marie-Jean-Hippolyte Pelé-Varennes, Finanzverwalter des Distrikts Montargis; alle drei waren überführt, an der föderalistischen Verschwörung teilgenommen zu haben.
19. Germinal [8. 4. 1794]. Jean-Pierre Dauquechin d'Orval, ehemaliger Adliger und gewesener Magistratsbeamter; Pierre-Saturnin Lardin, Landwirt, und seine Frau Louise Marie Dauquechin, die sich für die Auflösung der Nationalversammlung und die Wiedereinführung des Königtums ausgesprochen hatten; Jeanne Agron, Witwe von Hénique de Chevilly genannt Marsilly, einem ehemaligen Advokaten am ehemaligen Parlement von Paris, der Verbindung zu den inneren und äußeren Feinden des Staates unterhalten hatte; Jean-Louis Gau-

dron, vormals verfassungstreuer Pfarrer von Négron, der durch seine Reden die Aushebung von Soldaten zu verhindern suchte; der Koch Guilleaume Gemptel, der versucht hatte, die Assignaten in Mißkredit zu bringen, und deshalb Münzgeld erworben hatte, um es den Feinden der Republik zukommen zu lassen; und Anne-Catherine Boisy, verehelichte Bonfaur, eine Bediente, die mit den ausländischen Feinden der Republik in Briefkontakt stand, wurden alle vom Revolutionstribunal zum Tode verurteilt und heute hingerichtet.

20. Germinal [9. 4. 1794]. Die Frau von Desmoulins und ihre sogenannten Komplizen bei der sogenannten Verschwörung im Luxembourg-Gefängnis sind in die Conciergerie gebracht worden; sie müssen sich morgen zusammen mit dem Bürger Anaxagoras Chaumette, Gobel, dem ehemaligen Bischof, dem Abgeordneten Simon und vielen anderen vor dem Tribunal verantworten.*

23. Germinal [12. 4. 1794]. Heute haben wir Claude Souchon, genannt Chausson, einen ehemaligen Brigadegeneral der Pyrenäenarmee Ost, zum Schafott gebracht und hingerichtet; er war verurteilt worden, weil er nach seiner Absetzung versucht hatte, eine Truppe von 4000 Mann mit ihren Geschützen dazu zu bringen, mit ihm nach Bordeaux zu marschieren und sich den Föderalisten anzuschließen. Er war ein sehr tapferer Mann, bewies großen Mut und starb mit dem Ruf: *Vive la République!*

24. Germinal [13. 4. 1794].Der Prozeß gegen die Frau des Bürgers Desmoulins endete heute früh um zehn Uhr;

* 20. Germinal: Marie-Charlotte de Bonnaire, die Frau des ehemaligen Adligen Le Pelletier, die als Verschwörerin zum Tode verurteilt worden war, gab an, sie sei schwanger; die Hinrichtung wurde ausgesetzt.

um fünf Uhr nachmittags hatten auch ihr Leben und ihr Schmerz ein Ende gefunden. Als sie in die Conciergerie gebracht wurde, hat es alle tief berührt zu sehen, wie verzweifelt sie war. Einen Augenblick lang dachte man, sie wäre wahnsinnig, und hoffte, obwohl das reichlich kühn war, ihre Geistesverwirrung könnte sie vor dem Schafott retten. Aber der Gedanke, ihren Camille wiederzusehen, beherrschte allein ihren gestörten Verstand, und zwar mit solcher Ausschließlichkeit, daß sie vor dem Tribunal die ganze Klarheit ihres Geistes wiederfand; sie antwortete dem Vorsitzenden Dumas sehr energisch und heftig. Man hätte ihren Fall viel schneller zu Ende bringen können (die Sache nahm nämlich nicht weniger als drei Sitzungen in Anspruch), aber man hatte es für angebracht gehalten, gegen die Beschuldigten der illusorischen Luxembourg-Verschwörung und die Komplizen von Hébert, Vincent und Ronsin gemeinsam zu verhandeln, also gegen Leute, die einander verabscheuten; fünfundzwanzig saßen schließlich auf der Anklagebank, neunzehn wurden verurteilt und hingerichtet: Pierre-Gaspard-Anaxagoras Chaumette, Schriftsteller, Journalist und Prokurator der Pariser Commune; Jean-Baptiste Gobel, ehemaliger Bischof von Lyda und als Bischof von Paris zurückgetreten; Paul Simon, Vikar des verfassungstreuen Bischofs von Straßburg und Abgeordneter der Convention; Jean-Michel Beysser, ehemaliger Stabsarzt der französischen Truppen in Indien, später Oberst der Gendarmerie und Brigadegeneral bei der Westarmee; Arthur Dillon, ein ehemaliger Comte, Divisionsgeneral bei der Ardennenarmee; Anne-Philippe-Louise Duplessis-Laridon, die Witwe von Camille Desmoulins; Marie-

Marguerite-Françoise Goupil, ehemals Nonne im Kloster der Unbefleckten Empfängnis in der Rue Saint-Honoré und Witwe Héberts;* Joseph-Isidore Nourry-Grammont-Roselly, Schauspieler am Théâtre-Français, später Generaladjutant der Revolutionsarmee; sein Sohn Alexandre Nourry-Grammont, Unterleutnant im Stab der Revolutionsarmee; Jean-Jacques Lacombe, Rentier; Jacques-François Lambert, Schließer im Luxembourg-Gefängnis; Antoine Duret, Adjutant in der Alpenarmee; Jean-Marie Lapalu, Kommissar des Sicherheitsausschusses; Jean-Maurice-François Lebrasse, Leutnant der Gendarmerie im Justizdienst;** Marie-Marc-Antoine Barras, Advokat; Guillaume-Nicolas Lassalle, Kapitän der Handelsmarine; Jean-Baptiste-Erneste Buscher, ehemaliger Arquebusier des Comte d'Artois und Ingenieur in Santo Domingo. Zusammen mit ihnen starben: Etienne Ragondet, ein Pferdehändler, ehemaliger Kommandant der Nationalgarde in der Section Roule, und Louis-Joseph-Antoine Brossard, Sekretär des politischen Überwachungsausschusses im Périgueux, beide von der Zweiten Kammer des Revolutionstribunals verurteilt, weil sie durch ihre Reden den Patriotismus der Bürger erschüttert hatten.

Der Bürger Chaumette blieb seinem Ruf treu, ein Philosoph zu sein; er ertrug sein trauriges Schicksal sehr

---

* Héberts Witwe gab an, schwanger zu sein, aber aufgrund des Berichts der Amtsärzte Théry und Naury wurde beschlossen, die Hinrichtung nicht auszusetzen.

** Lebrasse war einer der Gendarmerie-Offiziere gewesen, die mit dem König in seinem Wagen zum Schafott fuhren. Angeblich hatten sie Anweisung, den unglücklichen Monarchen beim geringsten Anzeichen eines Befreiungsversuchs zu erdolchen.

standhaft und mit gelassener, heiterer Miene. Von Zeit zu Zeit sprach er mit seiner bekannten Beredsamkeit zu den Zuschauern. Aber das Volk ist unter der Republik noch genauso launisch und vergeßlich wie unter dem Ancien Régime. Vor vier oder fünf Monaten hörten die Pariser noch auf die Stimme des Bürgers Chaumette; ein Ausländer, der nach Paris kam, wollte als erstes eine seiner Litaneien hören, die Menge drängte sich an den Türen des Rathauses. Heute antworteten seine vormals begeisterten Anhänger mit Hohngeschrei auf seine Worte, obwohl sie recht ergreifend waren. Gobel legte eine ganz andere Haltung an den Tag; mit dem Unglück kam bei ihm die Reue, und er betete unablässig zu dem Gott, den er verleugnet hatte. Er hatte beim Bürger Lothringer, seinem ehemaligen Vikar, gebeichtet, der sich seinerseits entschieden geweigert hatte, seinem Glauben abzuschwören. Im Vorraum der Kanzlei kniete der ehemalige Bischof nieder und bat mit lauter Stimme um Verzeihung dafür, daß er Ärgernis erregt hatte. Er wollte Chaumette bekehren, aber der fiel ihm gleich ins Wort und sagte ganz ruhig: »Stirb du in deinem Glauben, ich werde meinem treu bleiben; wenn es einen Gott gibt, mag er mir meine Fehler verzeihen, die ich aus Überzeugung begangen habe, eine Lüge aus bloßer Angst würde er mir bestimmt nicht vergeben.« Beysser blieb bis zum letzten Augenblick ganz unbekümmert. Die Bürgerin Desmoulins hatte die kurze Zeit, die ihr nach dem Urteil blieb, dazu benutzt, sich zurechtzumachen, als ob es ein zweiter Hochzeitstag wäre. Mit der Witwe Héberts blieb sie bis zuletzt in der Wachstube der Schließer; dort machten wir sie für die Hinrichtung fertig. Die Witwe Héberts weinte sehr; die Bürgerin Desmoulins dagegen lächelte die ganze Zeit. Mehrmals umarmte sie die Frau des erbittertsten Feindes, den ihr Mann gehabt hatte, und tat alles, um sie zu trösten. Als sie auf den Karren steigen sollte, trat Dillon zu ihr; sie sagte ihm, wie leid es ihr tue, an seinem Tod schuld zu sein. Dillon antwortete, sie hätte allenfalls einen Vorwand geliefert, und zeigte sich gerührt über das traurige Schicksal eines so jungen und charmanten Geschöpfs. Da unterbrach ihn die Bürgerin Desmoulins: »Schauen Sie doch her, sehe ich etwa so aus, als hätte ich Trost nötig? Seit acht Tagen habe ich nur noch den einen Wunsch, Camille wiederzusehen; jetzt wird er mir erfüllt. Wenn ich meine Richter nicht deswegen haßte, weil sie den edelsten, besten Menschen auf dem Gewissen haben, würde ich sie für den Dienst, den sie mir heute erweisen, segnen.« Dann sagte sie Dillon ganz ruhig Lebewohl, mit der Heiterkeit einer Frau, die sich von einem Freund trennt, den sie mit Sicherheit bald wiedersehen wird. Dillon war im ersten Karren, die Bürgerin Desmoulins im zweiten, mit den Grammont-Nourry, Lacroix, Lapalu, Lassalle und der Witwe Héberts. Unterwegs plauderte sie mit den beiden jüngsten Bürgern, dem sechsundzwanzigjährigen Lapalu und dem vierundzwanzigjährigen Lassalle. Sie scherzte und war so fröhlich, daß sie mehrmals lächeln mußten. Ihre Unterhaltung wurde jedoch durch das Weinen der Witwe Héberts und durch die beiden Grammonts gestört, die in ihrer Feigheit Streit anfingen: Der Sohn warf dem Vater vor, seine Ratschläge und sein Beispiel seien der Grund dafür, daß er sterben müsse. In seiner entsetzlichen Angst ließ sich der junge Mann dazu hinreißen, seinen

Vater als Verbrecher zu beschimpfen. Die Bürgerin Desmoulins sagte zu ihm: »Monsieur, man sagt, sie hätten Antoinette auf ihrer Fahrt zum Schafott beschimpft; das wundert mich nicht, aber Sie hätten sich etwas von Ihrer Kühnheit aufsparen sollen, um einer anderen Majestät zu trotzen: dem Tod, der uns erwartet.« Der junge Grammont reagierte mit Beschimpfungen, sie wandte sich angewidert ab. Als die Reihe an sie kam, schritt sie mutig die Stufen hinauf, sie wurde nur ein bißchen blaß. Wie Adam Lux starb sie in der Überzeugung, daß die Seele des geliebten Wesens sie im Jenseits erwartete. Dillon rief *Vive le roi!* Als der Moment für ihn kam, wollte der alte Grammont gerührt seinen Sohn umarmen, der aber stieß ihn zurück.

In seiner Verteidigungsrede umriß Chaumette seine Biographie: »Ich habe mich immer dazu bekannt, daß ich der Sohn eines ehrbaren Handwerkers bin; im Alter von dreizehn Jahren ging ich zur See, ich begann als Schiffsjunge und brachte es bis zum angehenden Steuermann. Nach dem Ende des amerikanischen Krieges hoffte ich, auch in meinem Heimatland würde bald die Freiheit herrschen. Vor den Verfolgungen der Adligen und der Priester, besonders eines Bischofs, flüchtete ich in eine literarische Karriere: Ich zog nach Avignon und arbeitete dort für die Zeitung; danach hielt ich mich zeitweise in Brest, Calais und Marseille auf. Überall veröffentlichte ich Artikel, die vom Geist der Philosophie geprägt waren.

Während der Revolution kehrte ich in meine Heimat, das Département Nièvre, zurück und schloß mich der Partei der Sans-culottes an. Ich bekämpfte bestimmte Generäle der Nationalgarde, die schließlich emigrierten. Meine Mitbürger beauftragten mich, für die in Nancy hingerichteten Patrioten die Leichenrede zu halten; bei dieser Gelegenheit entlarvte ich Bouillé durch eine getreue Schilderung seines Charakters. Ich wagte auch, Pamphlete gegen La Fayette zu lancieren. Als ich nach Paris kam, lebte Loustalot noch. Prudhomme nahm mich freundlich auf, und ich schrieb bis zum 10. August für die *Révolutions de Paris.* Wie ich mich zu dieser denkwürdigen Zeit verhielt, ist bekannt. Später berief mich das Volk in die Commune, und man weiß, wie ich für seine Rechte eingetreten bin. Das Tribunal mag jetzt über mein Schicksal entscheiden. Ich sehe dem, was mir bevorsteht, gelassen entgegen.« (Vgl. Campardon, *Histoire du Tribunal révolutionnaire*, Bd. 1.)

25. Germinal [14. 4. 1794]. Heute morgen habe ich das Haar der Bürgerin Desmoulins an ihre Eltern geschickt. Ich übergab das Paket einem Dienstmann aus Savoyen, den ich bei der Schranke im Faubourg Saint-Jacques ansprach; ich unterhielt mich länger mit ihm, um sicherzugehen, daß er mich nicht kannte und den Empfängern nicht den Namen dessen nennen konnte, der ihnen dieses Andenken zukommen ließ. Wahrscheinlich wäre ihnen der Gedanke, mir Dank zu schulden, schrecklich gewesen. Die sinnlose Genugtuung, dem Bürger Duplessis zu beweisen, daß derjenige, den er den Henker nennt, sich menschliche Gefühle zu bewahren vermag, schien es mir nicht wert zu sein, daß ich es auf mich nahm, den Schmerz dieser unglücklichen Eltern noch zu vermehren. Übrigens mußten sie einen Teil der Haare schon haben, denn mir fiel auf, daß ihre Tochter sich vorn und an den Schläfen Locken abgeschnitten hatte. Heute wurden hingerichtet: Henry Morisset, wohnhaft in Montargis, wegen Unregelmäßigkeiten bei der Lieferung von Schuhen an die Verteidiger des Vaterlandes, mit seinem

Komplizen Pierre Bossu, dem Prokurator der Gemeinde Montargis; Jacques-Antoine de la Barbery de Refluet, ehemaliger Adliger und Hauptmann im Regiment der Gardes-françaises, wegen Verschwörung gegen die Freiheit und Souveränität des französischen Volkes; François-Charles Galley, Buchhändler im Palais-Egalité, der konterrevolutionäre Schriften verkauft hatte, welche die Wiedereinführung des Königtums propagierten.

26. Germinal [15. 4. 1794]. Heute wurden hingerichtet: der ehemalige Comte Charles-Mathias Dalençon de Neuville; die ehemaligen Adligen Marie-Jeanne de Lescale und Victoire de Lescale, verehelichte Royer; Gaspard Royer, Salpetersieder und Brauer, alle drei, weil sie zu der Zeit, als die Preußen bei La Lune standen, Verbindungen zu den Emigranten unterhielten. Marie-Constance Galley, ehemals Nonne im Kloster Saint-Lazare, die im Gerichtssaal laut geschrien und zur Wiedereinführung des Königtums aufgerufen hatte;* Aimé-Couradin de Lanoue, ehemaliger Adliger und Rat am Oberlandesgericht von Angers; Louis-Etienne Brevet de Beaujour, Advokat ebendort; Jean-Baptiste Lareveillère, Präsident des Kriminalgerichts im Département Maine-et-Loire; der ehemalige Comte Louis-Dieusie de Mézangé; Jean-François-Antoine Tissier-Ducloseau, Mitglied des Generalrats im Département Maine-et-Loire, wegen Verschwörung gegen die Einheit und Unteilbarkeit der Republik; sie alle waren vom Revolutionstribunal verurteilt worden.

* Marie-Constance Galley war die Schwester des einen Tag vorher verurteilten Buchhändlers. Als das Urteil, das ihn aufs Schafott schickte, verkündet wurde, rief sie mehrmals: *Vive le roi!* Sie wurde auf der Stelle verhaftet und am folgenden Tag abgeurteilt.

27. Germinal [16. 4. 1794]. Hingerichtet wurden: Hugues-Louis-Jean Pelletier de Chambure, Leiter der Post und der Lebensmittelversorgung von Arras, der sich für die Wiedereinführung des Königtums ausgesprochen hatte; der Zimmermann Nicolas Sulreau, weil er in der Armee der Banditen aus der Vendée gedient hatte. François-Constant Cassegrain, ehemaliger Pfarrer von Pithiviers, wegen konterrevolutionärer Machenschaften. Der Perückenmacher Jacques Huet; Pierre Laville, Schuhmacher und Mitglied des Revolutionskomitees der Section Tuileries, und der Wundarzt Paul Lapeyre, alle drei, weil sie versucht hatten, durch Bestechung die Freilassung eines der Verschwörung Beschuldigten zu erreichen.

28. Germinal [17. 4. 1794]. Heute spricht man überall von einem neuen Dekret, das auf Antrag von Saint-Just erlassen werden soll und das die Ausländer und ehemaligen Adligen ächtet, die nicht binnen zehn Tagen Paris, alle Festungen und Hafenstädte verlassen. Am 17. Germinal mußten noch alle lächeln, wenn die Rede auf das Komplott von Danton, Hérault-Séchelles und Camille kam; heute ist dieses Komplott zum Glaubensartikel geworden, man muß sich dazu bekennen oder sterben. In einem vertraulichen Gespräch mit Vadier wollte Dufourny den heiligen Thomas spielen; aber die Bestie aus dem Gévaudan* hat ihn nicht aufgefordert, seine Hand in die Wunde zu legen, sondern ihn schlicht und einfach bei den Jakobinern denunziert. Auf Antrag Robespierres, der äußerst indigniert war, weil er sich durch diesen

* Der Spitzname von Vadier, weil er Abgeordneter des Département Ariège war, zu dem die Region Gévaudan gehört.

Zweifel getroffen fühlen mußte, wurde Dufourny aus dem Club ausgeschlossen. Gebe Gott, daß es bei dieser Strafe bleibt; gestern sah ich, wie ein bedauernswerter Bäckerbursche festgenommen wurde, weil er in einem Café gesagt hatte, Danton sei ein guter Kerl und mehr wert gewesen als dieser Saint-Just, der nur Wasser trinke. Heute haben wir sieben Verurteilte zur Place de la Révolution gebracht: Jérémie Baudot, einen ehemaligen Benediktinermönch; Jacques-Pierre Chalot, den früheren Pfarrer von Marsal, beide wegen Machenschaften, die den Bürgerkrieg und den Fanatismus schüren sollten; Julien Decous, den früheren Pfarrer von Neuvic (Département Corrèze), wegen Verbindungen zu den Feinden der Republik; Charles Thibaut Acor, einen Weinhändler; Hippolyte Mermin, seines Zeichens Parkettreiniger; Pierre-Louis Henry, Tuchhändler, und Hector Simille, Konditorgeselle, die gemeinsam 400 Goldstücke zum Kurs von 39 Livres erworben hatten, um die Assignaten zu diskreditieren.

30. Germinal [19. 4. 1794]. Seit Dumas als Vorsitzender des Tribunals Herman abgelöst hat, werden die Urteile noch schneller gefällt, obwohl alle Welt das vorher für unmöglich gehalten hatte. Gestern wurden siebzehn verurteilt, heute morgen brachte man sie zur Place de la Révolution. Ihre Hinrichtung zählt zu den schlimmsten, an die ich mich erinnern kann; die Frauen waren in der Mehrzahl, mehrere von ihnen fuhren gemeinsam mit ihren Kindern oder ihren Männern zum Schafott. Jacques-Joseph Laborde, ehemaliger Bankier des Hofes; Arthur-Gustave Geneste, ebenfalls Bankier; Pierre Haringue de Guibeville, ehemaliger Adliger und Präsident am ehemaligen Parlement von Paris; Marie-Claude-Emilie Haringue, die Witwe des ehemaligen Adligen de Bonnaire; Marie-Charlotte de Bonnaire, geschiedene Frau von Lepelletier, einem ehemaligen Adligen und Offizier im Regiment des Königs, Tochter der vorher genannten M.-C.-E. Haringue; Marie-Louise de Charras aus Angoulême, eine ehemalige Adlige; Didier François Mesnard de Chouzy, ehemaliger Adliger und Gesandter in Franken; Jean-Didier Mesnard de Chouzy, ehemaliger Haushofmeister des ehemaligen Königs, Sohn des vorher Genannten; Sébastien Rollat, ehemaliger Adliger, Offizier im ehemaligen Regiment des Dauphin; René Rollat, ehemaliger Offizier im Regiment der Dragoner, Oberstleutnant und Sohn des vorher Genannten; Louis-Georges Gougenot, ehemaliger Syndikus der Compagnie des Indes: Anne-Marie de Mesle, die geschiedene Frau des Brigadegenerals Duchilleau; Ange-Michel d'Estat de Bellecourt, gewesener Offizier in russischen Diensten; Jeanne-Marie Nogués, verwitwete Rollin d'Ivry und Ehefrau des vorgenannten d'Estat de Bellecourt; Marguerite-Anne Gouvel, verwitwete de Vierville, Besitzerin von Staatsrenten; Jean Robin, der Kammerdiener von Guibeville, und François-Mathieu Payma, ein Bedienter der Witwe Bonnaire – sie alle wurden als Komplizen von Verschwörungen gegen die Freiheit und Sicherheit des französischen Volkes überführt, bei denen es darum ging, die republikanische Regierung zu stürzen und die Tyrannei wiedereinzuführen; sie wurden hingerichtet. Es war entsetzlich. Der Schmerz dieser Opfer, die meist nicht über ihr eigenes Los, sondern über das ihrer Lieben weinten, die sie mit sich ins Verderben rissen, hat mich schrecklich aufgewühlt. Die Selbstverleugnung und Treue der beiden Bedienten war großartig; es schien, daß sie stolz darauf waren und es als eine Ehre betrachteten, mit ihrer Herrschaft zu sterben, und sie wollten nichts hören, als diese sich mit edlen Worten entschuldigte, weil sie ihren Tod verursacht habe.

1. Floréal [20. 4. 1794]. Das Tribunal hat heute im Namen der Revolution diejenigen abgeurteilt, die im Namen der Gerechtigkeit Recht sprachen, und ich führte heute eben jene Beamten zum Schafott, deren Entscheidungen ich lange Zeit vollzogen hatte. Es hatte mich tief beeindruckt, als ich sie vom Tribunal zurückkommen sah, fünfundzwanzig an der Zahl, vom Pariser Parlement und den Parlements der Provinz; sie marschierten der Rangordnung nach, die Präsidenten an der Spitze, ernst und gesammelt, als schritten sie zu irgendeinem Festakt. Das Wort Justiz hat etwas Erhabenes an sich, was auf ihre Diener übergeht; diesen Wesenszug konnte ein solches Urteil nicht auslöschen. Deshalb blieb ich, als sie in den Saal der Toten geführt wurden, ganz entgeistert vor dem Präsidenten Bochart de Sarron stehen, der mir seine Hände zum Binden hinhielt; er bemerkte meine Bestürzung und sagte: »Tu, was das Gesetz befiehlt; selbst ein ungerechtes Gesetz bleibt immer noch Gesetz.«

Auch im Karren, vor der Guillotine bewahrten sie Haltung; es gab keine Tränen, kein Geschrei, keine Klagen, keine Vorwürfe oder provozierenden Äußerungen. Sie starben mit dem heiteren Stolz der alten Römer, die in ihren Amtssesseln auf die Gallier warteten. Dabei waren manche unter ihnen, die einen schlechten Ruf gehabt hatten und dem antiken Vorbild gewiß nicht entsprachen, aber unter dem Eindruck der Ereignisse wachsen die Menschen über sich hinaus. Auf den Karren waren insgesamt 31 Verurteilte: der erste Präsident des Parlement von Paris, Jean-Baptiste-Guillaume Bochart de Sarron; die Gerichtspräsidenten Antoine-Jean-François de Gourgues, Louis Lepelletier de Rosambo, Etienne-Mathieu Molé de Champlatreux, Antoine-Louis-François de Paul Lefèvre d'Ormesson, Barthélémy-Gabriel Rolland; Michel-Etienne Lenoir, Rat an der ersten Kammer des Zivilgerichts; die Kammergerichtsräte François-Michel Duport, Louis-Népomucène Camus de la Guibourgère und Henry-Félicien Fredy; Lucien Faguier de Mardeuil, Rat an der zweiten Kammer des Zivilgerichts; Etienne Pasquier, Kammergerichtsrat; Jean-Baptiste Coursin de Bure, Rat am Zivilgericht; Jacques-François Rhouette, Rat im Petitionsausschuß des ehemaligen Parlement von Paris; die Kammergerichtsräte Jacques-François de Montaigu, Jacques-Joseph Balzac de Firmy, Urbain-Elisabeth Ségla und Antoine-Jacques Lafond; Pierre-Jacques Guerchinot, Rat in der ersten Kammer des Zivilgerichts; Paul-Marie de Cussac, Kammergerichtsrat; Julien-Hippolyte Rigaut, Rat am Zivilgericht des ehemaligen Parlement von Toulouse; André Hocquart, erster Präsident des ehemaligen Finanzgerichts; Henry-Guy Sollier, Präsident am Finanzgericht; Auguste-Joachim Espiard d'Alleray, Rat am ehemaligen Parlement von Dijon; Nicolas-Agnès-François de Nort, ehemaliger Comte und Infanterieoberst; Charles-Jean Julien, ehemaliger Pfarrer von Antricourt; Baptiste Berlier, ehemaliger königlicher Forstmeister; Michel Weber, Buchhändler; Pierre Guillemin, Notariatsschreiber, sowie eine Frau namens Elisabeth Delalande, Kurzwarenhändlerin, die das Kriminalgericht wegen Verbreitung falscher Assignaten verurteilt hatte.

2. Floréal [21. 4. 1794]. Den Jakobinern macht eine höchst wichtige Angelegenheit zu schaffen. Dem Steuereinnehmer ihrer Section, einem peniblen, sturen Beamten, ist eingefallen, daß Patriotismus nicht von der Pflicht befreit, Steuern zu zahlen, vor allem dann nicht, wenn sie in die Staatskasse fließen sollen; deshalb hat er an den Club geschrieben und die Miete für mehrere Quartale gefordert, die sie der Nation als der Eigentümerin des Jakobinerklosters schulden. Die allgemeine Empörung hat dadurch, daß sie von Collot-d'Herbois artikuliert wurde, nichts an Heftigkeit verloren; er faßte die Gefühle der Versammlung in Worte und verlangte dann, der Schuldige solle vor das Revolutionstribunal gestellt werden, damit es mit ihm abrechne. Jetzt ist es also wieder wie früher, als die großen Herren ihre Gläubiger zum Fenster hinauswarfen, mit dem Unterschied, daß das Fenster heute eine Luke ist und Guillotine heißt. Heute wurden sechs Verurteilte hingerichtet: Jean-Frédéric Descamps, ein Drucker aus Douai, der aufrührerische Schriften gedruckt und verbreitet hatte; François-Philippe Decaux, vormals föderalistischer Priester; André Beaugrand, der ehemalige Pfarrer von Orbaux (Departement Loiret), Verfasser von Schriften, die auf die Auflösung der Nationalversammlung hinwirken sollten; Marie-Marguerite Lemesle, verehelichte Boulland, die Verbindungen zu den Feinden des Staates unterhalten hatte; Antoine-Gustave Bellepomme, Kurzwarenhändler, wegen Verbreitung konterrevolutionärer Schriften, und Paul Lafargue, Trödler, der in Briefen die Volksbewegung vom 31. Mai verleumdet hatte.

3. Floréal [21. 4. 1794]. Die angesehenen Bürger, die Männer von Rang, steigen einer nach dem anderen auf die Guillotine. Wie viele wird sie noch vernichten? Die, welche uns regieren, sollten trotzdem berücksichtigen, daß dieses tägliche Abschlachten jetzt allgemein verhaßt ist. Selbst die Gaffer bei der Guillotine haben an Eifer und Wut nachgelassen, und die aufrechten Bürger denken ganz anders als im Pluviôse. Wenn die Karren ankommen, ist es, als ob die Pest vorbeizöge: Türen, Fenster, Läden werden geschlossen, die Straße ist verlassen. Wenn wir mit unserem Gefolge von Schreihälsen und Furien des Weges ziehen, könnte man glauben, wir treten in die Stadt Dornröschens ein. Heute brachten wir den Bürger Lamoignon de Malesherbes zum Schafott, der während des Prozesses gegen den König so mutig an die Convention geschrieben hatte: »Ich bin von dem, den Sie verurteilen wollen, zweimal in den Ministerrat berufen worden, zu einer Zeit, als ein solches Amt von aller Welt erstrebt wurde; ich bin ihm denselben Dienst jetzt schuldig, da viele Leute die Aufgabe gefährlich finden.«

Er war mit seiner ganzen Familie auf seinem Landgut Malesherbes verhaftet worden; der vorgestern hingerichtete Präsident de Rosambo war sein Schwiegersohn. Heute wurden seine Tochter und seine Enkelin mit ihm guillotiniert. Nach seiner Verhaftung hatte man ihn in der Anstalt Port-Libre eingesperrt; bei seiner Ankunft dort begegnete er einem ehemaligen Beamten aus seinem Ministerium, der ganz erstaunt ausrief: »Sie hier, Monsieur?« Er antwortete lächelnd: »Ja, mein Freund, auf meine alten Tage bin ich ein schlechter Mensch geworden, den man ins Gefängnis stecken muß.«

D'Eprémesnil,* der im alten Parlement für beträchtliche Unruhe gesorgt hatte, war auch unter den Verurteilten. Als einer der ersten ließ er von seiner Schwärmerei für die Revolution ab und verteidigte in der Verfassunggebenden Versammlung das Königtum ebenso warm, wie er es vorher angegriffen hatte. Deshalb wurde er nach dem 10. August auf der Terrasse der Feuillants von Fanatikern, die ihn erkannt hatten, verprügelt und mit Säbeln und Piken verletzt. Als Pétion ihm zu Hilfe kam, zeigte ihm d'Eprémesnil seine Wunden mit den Worten: »Und dabei war auch ich, Monsieur Pétion, genau wie Sie einmal das Idol des Volkes!« An diese Worte hat sich der arme Pétion wahrscheinlich oft erinnert, als er in den Getreidefeldern von Saint-Emilion von Menschen und Hunden gejagt wurde.

Die Richter des Parlement hatten mich an die alten Römer erinnert, Lamoignon de Malesherbes rief mir Sokrates und Cato ins Gedächtnis; er starb mit der lächelnden Standhaftigkeit des Weisen und mit der Ruhe, die ein gutes Gewissen verleiht. Als ich auf ihn zutrat und ihn aufforderte, sich hinzusetzen, zog er gerade seine Uhr auf und sagte, ohne aufzuhören: »Ich stehe Ihnen gleich zur Verfügung, mein Freund«; er folgte mir und steckte sie

* Jacques Duval d'Eprémesnil, geboren 1746 in Pondichéry; er war der Enkel von Dupleix, der Gouverneur der französischen Besitzungen in Hindustan gewesen war. Als Rat am Parlement von Paris stand er in heftigem Gegensatz zu den Ministern Brienne und Lamoignon. Der König ließ in festnehmen und auf die Insel Margarita bringen. Als Major d'Agoult, der den Auftrag dazu erhalten hatte, zögerte und den ersten Präsidenten bat, ihm den Rat zu zeigen, den er festnehmen sollte, erhob sich das ganze Parlement und rief: »Wir alle sind d'Eprémesnil!«

dabei wieder in die Tasche. Als sein Haar abgeschnitten und seine Hände gebunden waren, bat er mich, ihm die Perücke wieder aufzusetzen; nicht etwa deswegen, meinte er, weil ein Schnupfen ihm noch große Unannehmlichkeiten bereiten könnte, sondern weil ihm die Kälte unangenehm sei, denn er sehe wohl, daß er so sterben würde, wie er gelebt habe – nämlich sehr verweichlicht. Dann ging er zu Chateaubriand, dem Ehemann seiner Enkelin; der kniete nieder, wie auch seine Frau und die Witwe Rosambo, Malesherbes' Tochter, und der Greis segnete sie alle drei. Von allen, die dieser Szene beiwohnten, war er am wenigsten gerührt. Als er die Stufen hinabstieg, um die Conciergerie zu verlassen, strauchelte er und wäre gefallen, wenn wir ihn nicht gestützt hätten; daraufhin sagte er zu seinen Kindern: »Das nennt man ein böses Omen! Ein Römer an meiner Stelle wäre umgekehrt.«

Seine Töchter setzten sich im Karren neben ihn; ihre Unterhaltung war sehr rührend. Sie beteuerten, sie seien glücklich, mit ihm zu sterben; Malesherbes sprach zu ihnen mit einer Ruhe, die ihn keinen Augenblick verließ. D'Eprémesnil saß neben Le Chappelier, der ebenfalls verurteilt war, seinem erbittertsten Gegner in der Verfassunggebenden Versammlung. Als wir aufbrachen, sagte dieser zu seinem Nebenmann: »Monsieur, wir werden gleich ein schrecklich schwieriges Rätsel zu lösen haben.« – »Welches denn, Monsieur?« – »Wem von uns die Pfiffe des Volkes gelten.« – »Uns allen beiden«, antwortete d'Eprémesnil.

Mit ihnen starben: Jacques-Georges Thouret, ehemaliger Abgeordneter in der Verfassunggebenden Versammlung und Vorsitzender des Appellationsgerichts; Frédéric Hell, ehemaliger Vogt von Landser, Administrator des Département Haut-Rhin; Delphine-Antonine de Rochechouart, Witwe des ehemaligen Duc du Châtelet; Béatrix de Choiseul, die Frau des ehemaligen Duc de Grammont; Marie-Victor Boucher de Rochechouart, Witwe des ehemaligen Vicomte de Pontville; Pierre Parmentier, Renteneinnehmer; Louis-Philippe Mousset, ehemaliger Zimmermann und Prokurator der Gemeinde Donnery (Département Loiret); Catherine-Rosalie Chodkiewicz, die Frau von Alexandre Lubomirski, die ebenfalls zum Tode verurteilt war, gab an, sie sei schwanger; ihre Hinrichtung wurde ausgesetzt.

4. Floréal [23. 4. 1794]. Heute wurden hingerichtet: Alexandre Barthélémy, ehemaliger Kommissar beim Gericht von Gannat (Département Allier), weil er einen Patrioten, der ein konterrevolutionäres Plakat heruntergerissen hatte, verfolgt hatte; Frédéric-Antoine Reclesne, Landwirt, der für die Abschaffung der Republik Propaganda gemacht hatte; Lucien-Baptiste Calmer, Wechselmakler; Jacques Chemin, ehemaliger Kaufmann; François Galay, Kunstdrechsler; Marguerite Horion, verehelichte Farisol, Weißnäherin; Marie-Louise Coutelet, Witwe von Neuve-Eglise, dem Werkmeister bei den Jakobinern – alle waren als Drahtzieher oder Komplizen einer Verschwörung, die die Republik verleumdete und die Wiedereinführung des Königtums anstrebte, vom Revolutionstribunal verurteilt worden.

5. Floréal [24. 4. 1794]. Als der König von Preußen letztes Jahr in Verdun einzog, übergaben ihm die Einwohner die Schlüssel der Stadt, und Bürgersfrauen und

-töchter boten ihm Blumenkörbe dar; sie nahmen auch an einem Ball teil, den der royalistische Magistrat für die Feinde veranstaltete, und tanzten mit den preußischen Offizieren. Deswegen wurden 34 Bürger und Bürgerinnen von Verdun vor das Revolutionstribunal gestellt und zum Tode verurteilt. Vier von diesen Bürgerinnen, Marguerite-Angélique Lagirosière und die drei Schwestern Anne, Henriette und Hélène Vatrin, hatten ihre Jugend als Entschuldigung, aber man ließ diesen mildernden Umstand nur für Claire Tabouillot und Barbe Henry gelten, die erst siebzehn Jahre alt waren. Diese beiden wurden dennoch zu zwanzig Jahren Haft sowie dazu verurteilt, sechs Stunden auf der Guillotine zur Schau gestellt zu werden. Die anderen Verurteilten waren Henry-Barthélemy de Grimoard, ein ehemaliger Adliger und Oberst des Artillerieregiments in Metz; André-Joseph Néyon, Oberstleutnant im Regiment Meuse; Jean-Baptiste-Philibert Périn, Drogist aus Verdun; Hippolyte-François Croyer, ehemaliger Hauptmann bei den Pionieren; Jacques Gossin, ehemaliger Kanoniker an der Magdalenenkirche in Verdun; Jean-Michel Collot, ein ehemaliger Benediktiner aus Verdun; Alexandre-Etienne Lacordière, Dechant an der Kathedrale von Verdun; Charles Herbillon, Pfarrer von Saint-Médard in Verdun; Norbert Lamesle, Anwalt aus Verdun; Jacques-Nicolas d'Aubermesnil, ehemaliger Adliger und Major in der Festung von Verdun; Jean-Baptiste Barthe, Friedensrichter aus Verdun; Jean-Baptiste Pèlegrin, Gendarmeriehauptmann; Mathieu Joulin, Pierre Thuilleux, Georges Desprez, Norbert Milly, alle Gendarmen aus Verdun; Pierre Thuillier, Winzer aus Bar-sur-Ornain; François Fortin, Wachshändler aus Verdun; Frédéric Chotin, Perückenmacher; Jacques Petit, Winzer aus Verdun; Anne Grandfèvre, die Frau von Tabouillot, dem ehemaligen Prokurator der Vogtei Verdun; Thérèse Pierson, Frau des Schuhmachers Bestel aus Verdun; Françoise Herbillon, Witwe von Masson, einem ehemaligen Prokurator bei der Oberforstverwaltung; Suzanne Henry und Gabrielle Henry, die Töchter des ehemaligen Präsidenten des Bezirksgerichts; Georgette-Emilie Dauphin, die Witwe des Grenadierhauptmanns Brigand; Marguerite Croute, Uhrmacherin. Unterwegs sangen die beiden Schwestern Henry und die Schwestern Vatrin, die alle weiß gekleidet waren und vorn auf dem ersten Karren saßen, geistliche Lieder. Unser Publikum schätzte diese Darbietung nicht sonderlich; die Xanthippen keiften ziemlich, denn sie ereifern sich um so mehr, je schöner die weiblichen Verurteilten sind – aber die Männer schienen ihre Ansicht nicht zu teilen, und ihre Galgengesichter blickten sorgenvoll. In solchen Fällen führt mein Schlingel von Possenreißer seine tollsten Affenstreiche vor, um den Leichenzug aufzuheitern; sei es nun, daß er noch von anderen als von mir Anweisungen bekommt, oder aus eigenem Antrieb. Heute hatte er bei der Menge keinen großen Erfolg; aber Hélène, eine der Schwestern Vatrin, lachte über jedes seiner Kunststückchen, stieß ihre Schwester Henriette an und sagte: »Schau doch, Schwester, wie komisch er ist.« Ich glaube, wenn sie die Hände freigehabt hätte, hätte sie applaudiert.

6. Floréal [25. 4. 1794]. Heute morgen um 10 Uhr wurden Claire Tabouillot und Barbe Henry auf der Guillotine zur Schau gestellt, wo gestern ihre Mutter und ihre

Schwestern gestorben waren. Sie sollten sechs Stunden dort bleiben, aber nach einer Stunde wurde Barbe Henry ohnmächtig. Man mußte sie losbinden, damit sie wieder zu sich kam. Claire Tabouillot war so bleich, daß jeder voraussehen konnte, auch sie würde gleich das Bewußtsein verlieren. Aus der Menge kamen verhaltene Rufe: »Genug!« Angesichts der allgemeinen Stimmung ist so etwas ein Signal, bei dem einem redlichen Mann warm ums Herz wird. Henry ging zum Justizpalast und erstattete Fouquier-Tinville Bericht; der Stellvertreter Naudin gab Befehl, die Mädchen loszubinden und den Gendarmen zu überstellen, damit sie ins Gefängnis zurückgebracht würden; das geschah um halb eins. Um vier Uhr wurden hingerichtet: der Schuhmacher Mathieu Schweryer, der in der Stadt Plakate gegen die republikanische Verfassung angeschlagen hatte; der Perückenmacher Jacques Pommeraye, der als Häftling in der Abbaye antirepublikanische Lieder gesungen hatte; der Drucker François Bonin, weil er Robespierre in der Öffentlichkeit einen Verschwörer genannt hatte; der Zinngießer Jean-François Noël, der die wachhabenden Bürger der Nationalgarde in Meaux mit der Äußerung beleidigt hatte, er pfeife auf die Nation; Jeanne-Elisabeth Bertault, die einen angeblichen Brief von Robespierre an Fouquier-Tinville verbreitet hatte, der den Plan zu einer Verschwörung mit dem Ziel der Wiedereinführung des Königtums in Frankreich enthielt. Alle waren gestern von der ersten Kammer des Revolutionstribunals verurteilt worden, hinzu kamen die folgenden, gegen die heute verhandelt worden war: Nicolas-Emmanuel Lescoffier, Landwirt und Komplize der Verschwörung von Ris;

Jean-Baptiste Lebault, der Verwalter der Besitzungen von Anisson-Duperron, als Konterrevolutionär und Komplize derselben Verschwörung; Jean-Nicolas Lallemand, der ehemalige Pfarrer von Hondelmont (Département Meurthe), der konterrevolutionäre Reden geführt hatte; der Jurist Jean-Claude Jacquet, Konterrevolutionär; François Gouron, Tapetenhersteller, der in Briefen zum Aufruhr aufgerufen hatte; Jacques Héraud, Landwirt und Administrator des Distrikts La Rochefoucauld, wegen Verbindungen zu den Rebellen in der Vendée.

7. Floréal [26. 4. 1794]. Heute wurden verurteilt und hingerichtet: Joseph-Philibert Curtin, Landwirt und Bürgermeister von Taningue; der Notar Jean-Jacques Duc; Jean-Baptiste Bazonet, ein Pferdehändler aus der gleichen Gemeinde (Département Mont-Blanc), wegen Verbindungen zur Armee des Königs von Sardinien; der Kutscher François-Antoine Mangin wegen Machenschaften, die den Patriotismus der Bürger erschüttern sollten; Gaspard de Trinquelague, Hauptmann im 31. Infanterieregiment, wegen Machenschaften, die darauf hinausliefen, die Stadt Longwy dem Feind auszuliefern; die Verurteilte Armande-Victoire Bayard de Troussebois, die Frau des ehemaligen Adligen Bellisle, eine Emigrantin, gab an, sie sei schwanger, und erreichte einen Aufschub.

8. Floréal [27. 4. 1794]. Heute wurden hingerichtet: Charles-Théodore Leclerc, Landwirt aus Bonnecourt (Département Seine-et-Oise); Félix-Germain Savoye, Kutscher bei der Artillerie; der Metzgergeselle Jean-Pierre Lambert aus Senlis; der Winzer Paul Guénot aus Yon-la-Montagne (Département Seine-et-Oise), alle Verschwörer gegen die nationale Souveränität; und mit ihnen die vom Kriminalgericht zum Tode verurteilten Assignatenfälscher Pierre Lebeau, ein fahrender Händler, Henri Naudel, Tischler, und Jean-Baptiste Oustal, Wasserträger.

9. Floréal [28. 4. 1794]. Heute hat sich der Bürger Fouquier einmal menschlich verhalten; das kommt so selten vor, daß ich es in meinen Aufzeichnungen vermerken muß. Als er seines unordentlichen Lebenswandels wegen gezwungen war, seine Anwaltsstelle am Châtelet zu verkaufen, erwies ihm der Zivilleutnant Angrand d'Alleray gewisse Gefälligkeiten; Fouquier hat es nicht vergessen. Angrand d'Alleray war in Port-Libre inhaftiert worden; weil er ein harmloser und allgemein geachteter alter Mann war, konnte man vermuten, daß man ihn vergessen würde. Unglücklicherweise braucht man nicht einmal einen Feind unter den Beamten des Sicherheitsausschusses zu haben, es genügt schon, wenn der Name eines Gefangenen einem dieser Bürger mißfällt, damit der Betreffende sofort in die Conciergerie, also aufs Schafott gebracht wird. In so einem Fall legt der Beamte das Dossier oben auf den Stapel, und wenn der Blick unserer Herren drei- oder viermal an dem Papierkram hängengeblieben ist, wälzen sie die Sache auf den öffentlichen Ankläger ab. Wahrscheinlich war unser ehrwürdiger Zivilleutnant so vor Gericht gekommen; Fouquier hat nämlich bewiesen, daß er seinen Tod nicht wollte, weil er ihn Sellier, einem der weniger blutrünstigen Richter, zu empfehlen wagte. Als Dumas Monsieur Angrand verhörte, dem vorgeworfen wurde, seine emigrierten Söhne unterstützt zu haben, ergriff Sellier das Wort und gab zu bedenken, der Alte wisse vielleicht nichts von dem Gesetz, das jeden Kontakt zu denen untersagt, die gegen ihr Vaterland kämpfen. Angrand aber stieß die Hand zurück, die ihn retten wollte, und antwortete sehr bestimmt, das bißchen Lebenszeit, das ihm noch bleibe, sei keine Lüge wert, er kenne das Gesetz, aber die Gesetze der Natur hätten Vorrang vor denen der Republik. Mit ihm wurde Aymond-Charles François de Nicolaï hingerichtet, ehemaliger erster Präsident des Großen Rats. Rivière erzählte mir, er habe bei seiner Ankunft in der Conciergerie an Rheumatismus in der Schulter gelitten und Bayard, der Gefängnisarzt, habe ihn aufgefordert, sich einer Behandlung zu unterziehen; er aber habe geantwortet: »Das lohnt sich nicht mehr, das Leiden ist so nahe beim Kopf, daß es mit ihm zusammen verschwinden wird.« Außer den Herren Angrand und Nicolaï waren es 33 Verurteilte, fast alle Magistratsbeamte oder ehemalige große Herren: Louis-Gabriel de Neufville-Villeroy,* ehemals Duc, Pair von Frankreich und Hauptmann der Garde française; Charles-Henry d'Estaing,** ehemals Comte und Admiral, Jean-Frédéric de la Tour du Pin, Generalleutnant und ehemaliger Kriegsminister; der ehemalige Duc Louis-François de Béthune Charost; Philippe-Antoine-Gabriel-Victor de la Tour du Pin Gou-

* Sohn des Duc de Villeroy, der Marschall von Frankreich und Erzieher von Louis XV gewesen war.

** Er stammte aus einer berühmten Familie; einer seiner Vorfahren, der Philippe-Auguste das Leben gerettet hatte, erhielt von diesem die Erlaubnis, das Wappen Frankreichs auf seinem Schild zu tragen. Charles-Henry d'Estaing hatte unter Lally in Indien gedient; er wurde gefangengenommen und nach Portsmouth gebracht. Im amerikanischen Krieg zeichnete er sich aus und errang den Sieg in der Seeschlacht bei Grenada. Als Mitglied der Verfassunggebenden Versammlung und Kommandeur der Nationalgarde von Versailles hatte er die Anfänge der Revolution begrüßt. Man sagte, er sei Patriot aus Berechnung, bleibe aber seinem Temperament nach Höfling.

vernet, ehemaliger Marquis und Generalleutnant; Louis Thiroux de Crosne, ehemaliger Polizeileutnant und Staatsrat; Constant Grangier de Laferrière, Brigadegeneral; César-Prosper Mergot de Montrigon, ehemaliger Leibgardist des Königs; Nicolas-François Despallières, ehemaliger Kanoniker aus Montpellier; Marthe-Marguerite-Louise de Bragelonne, Witwe des ehemaligen Comte Montbrun; Marie-Nicole de Bragelonne, eine ehemalige Nonne; der ehemalige Comte Jean-Baptiste Bravard Duprat; die ehemalige Adlige Madeleine Thouret; der ehemalige Advokat Théodore Gouffer; Charles-Constant Humbert, ehemaliger Unterleutnant im 41. Infanterieregiment; François-Joseph Feydeau, vormals Hauptmann im ehemaligen Regiment des Dauphin; Jean Félix-Richard Dupage, Prokuralsyndikus des Département Vendée; Charles Lemettelier, Wundarzt aus Trevoux; Jean-Mathieu Gallet, Mitglied des Gerichts in Trevoux; Joseph Chopin, Unteroffizier im 7. Husarenregiment; Pierre Laurent de Veyle, ehemaliger Adliger und Landwirt aus Chatillon (Département Ain); Marc-Antoine Jardin, ehemals erster Schreiber am Châtelet; Antoine-Baptiste Robinet, Tuchhändler; Jean-Jacques Jocaille, Tuchfabrikant; Paul Martin, Koch; Catherine-Louise de Lamoignon, Witwe des ehemaligen Adligen Destournelles; Marguerite-Louise-Victoire de Sourches, Witwe des ehemaligen Adligen Vallières; Julien-François Ginot, ehemaliger Advokat; Louise-Antonine Fargeon, Witwe des ehemaligen Comte Bussy; Antoine-Jérôme Terray, ehemaliger Gemeindeverwalter, und seine Frau Marguerite-Nathalie Pernet; alle beteiligt an Komplotten oder Verschwörungen gegen die Sicherheit und Souveränität des Volkes. Sie starben mutig; am unbekümmertsten war einmal mehr der Jüngste, Joseph Chopin, ein Husar, der erst dreiundzwanzig Jahre alt war. Unterwegs rauchte er Pfeife und bat jedesmal, wenn sie ausging, einen Gehilfen, sie neu zu stopfen. Beim Aussteigen sagte er zu mir: »Meinen Glückwunsch, Bürger; wenn Sie die Sachen der Leute, die Sie ins Jenseits befördern, behalten können, wie das Gerücht geht, müssen Sie eine ganz schöne Garderobe beisammen haben.« Ich hatte nicht genug Zeit, um ihn aufzuklären, und sagte nichts darauf. Die Kleidung und die Wäsche der Verurteilten werden wohltätigen Zwecken zugeführt, der Schmuck kommt in den Staatsschatz. Dieser Joseph Chopin wurde als zweiter hingerichtet; er rauchte noch auf dem Kippbrett, Kopf und Pfeife fielen gleichzeitig in den Korb.

10. Floréal [29. 4. 1794]. Gamain, der den ehemaligen König im Schlosserhandwerk unterrichtete und verriet, wo sich der Eisenschrank mit den wichtigen Papieren befand, hatte bisher den Lohn für seinen Verrat noch nicht bekommen, und das war recht so. Er richtete eine Bittschrift an die Convention, in der er, um seinen Ansprüchen Nachdruck zu verleihen, seine Schandtat mit einer Verleumdung krönte und Louis XVI beschuldigte, er habe ihn vergiften wollen. Auf den Bericht von Musset hin beschloß die Versammlung, Gamains Bitte zu entsprechen; er gewinnt dabei ein paar hundert Livres Pension und die Ehre, durch ein Dekret offiziell zum Judas gestempelt worden zu sein.

11. Floréal [30. 4. 1794]. Heute wurde Stanislas de Langanerie, ein ehemaliger Ritter des Ordens vom heiligen Ludwig, der erwiesenermaßen zu den Chevaliers du

Poignard gehört hatte, hingerichtet. Es war schon lange nicht mehr vorgekommen, daß es nur einen einzigen Verurteilten gab, daher ließen uns die, die uns gewöhnlich folgen, unterwegs nach und nach im Stich, als lohnte sich für so wenig der Aufwand nicht. Wir hörten, wie sie zueinander sagten: »Heute ist nicht viel los, hauen wir ab.« Das Tribunal hat fünfzehn Personen freigesprochen, was ebenfalls selten vorkommt. Mehrere von ihnen, Patrioten aus Le Mans, hatten, wie in ihrer Provinz üblich, *Marat* als zweiten Namen angenommen. Ehe der Vorsitzende Dumas sie entließ, sagte er ihnen ein Sprüchlein über die Pflichten auf, die sich daraus ergäben, daß sie diesen großen Bürger zum Namenspatron hätten.

12. Floréal [1. 5. 1794]. Heute wurden hingerichtet: der ehemalige Advokat Louis-Jean-Jacques Chamelton; Charles-Antoine Bernard, Holzhändler aus Besançon; Joachim Poulet, Zollinspektor von Beauffremont; Guilleaume Nogaret, Kolonialwarenhändler aus Besançon; Frédéric-Julien Mouthon, ehemaliger Leibgardist des sardischen Königs; Jean Rabaut, Geschäftsmann, die alle von Lejeune, dem Kommissar der Nationalversammlung im Département Doubs,* nach Paris geschickt worden waren; außerdem Albert-Henri-Langlois de Pommeuse, Kammergerichtsrat am ehemaligen Parlement von Paris, und seine Frau Antoinette-Sophie Chupin; der Kaplan Etienne Viguer; der Landwirt Charles-Léon de Ligny; Adolphe Langlois de Ressy und Gustave, ein Bedienter

* Im *Moniteur* vom 18. Prairial des Jahres III heißt es: »Um seine blutrünstige Phantasie auszuleben, hatte Lejeune eine kleine Guillotine bauen lassen, mit der er den Hühnern, die auf seinen Tisch kamen, die Hälse abschnitt; oft ließ er diese Tötungsmaschine während einer Mahlzeit herbringen und führte sie den Gästen vor.«

von Pommeuse, wegen Briefwechsels mit den Feinden des Staates; Joseph Glutton, Gastwirt aus Evreux, und der Gerichtsdiener Paul Landais, Bevollmächtigter Gluttons, wegen Veruntreuungen im Fuhrbetrieb.

13. Floréal [2. 5. 1794]. Heute wurden guillotiniert: Denys Carbillet, Schreiner und Leutnant im Bataillon Saint-Lazare; Pierre Diacon, im Arsenal verantwortlich für die Feuerwaffen, wegen Verschwörung gegen die Freiheit und Sicherheit des französischen Volkes, und Léonce Pitrat, ehemaliger Pfarrer von Levemont (Département Oise), wegen Machenschaften, die auf die Fanatisierung der Bürger abzielten.

14. Floréal [3. 5. 1794]. Wir haben die Offiziere und Grenadiere des Bataillons Filles-Saint-Thomas zur Place de la Révolution geführt, die am 10. August als einzige den König verteidigt hatten. Es waren zwölf: der dienstälteste Major, Thomas-Simon Bérard, ein früherer Geschäftsmann; Major Gabriel Tassin de l'Etang, ein ehemaliger Wechselmakler; sein Bruder Louis-Daniel Tassin, ein früherer Bankier, ehemals gewählter Ersatzmann für die Verfassunggebende Versammlung; Hauptmann Joseph-Philippe Van-Maring, Wechselmakler im Dienst des Lebensmittelausschusses; Leutnant Simon Piquet, Trödler; Unterleutnant François-Hippolyte Laurent, Glaser; Hauptmann Jacques Maulguet, Architekt; Sergeant Etienne-Jacques-Antoine Rougemont, Leiter der Buchhaltung der Lotterie; die Grenadiere Prosper-Emile Angibauld, Restaurateur; Frédéric Parisot, Rechnungsprüfer; Casimir Deschamps; Tréfontaine; Louis-Gabriel Dangut, Papierfabrikant und ehemaliger Ritter des Ordens vom heiligen Ludwig; Paul-Joseph Perrer, ehemaliger Wechselmakler, Major im Bataillon Petits-Pères. Mit ihnen starb der ehemalige Adlige Denys Repoux de Chevagny, Rat am Rechnungshof von Dôle, wegen Verbindung zum Feind.

15. Floréal [4. 5. 1794]. Der ehemalige Adlige Jacques-Louis Lebègue d'Oinville; Julien-François Lebègue Bois, ehemaliger Advokat am ehemaligen Parlement; der ehemalige Adlige Pierre-Théodore Mauvielle; Georges Lebieusais de Pierval, ehemaliger Adliger und Oberstleutnant der Kavallerie; der ehemalige Comte Marie-Antoine de Lévis, Abgeordneter in der Verfassunggebenden Versammlung; der ehemalige Marquis Antoine-Clériat de Choiseul-Labaume, Generalleutnant; André Dutaillis, Jurist und Bevollmächtigter von Choiseul; Eléonore-Prosper Mouniotte, Richter am Tribunal von Besançon; Jacques Boissard, ehemaliger Advokat aus Pontarlier; Casimir-Joseph Martin, ehemaliger Notar aus Paris; François Lacroix, Kommissar bei der Staatslotterie; Albert-Joseph Saintenoy, Konditorgehilfe, und Jean-Joseph Durand, alle entweder beteiligt an Komplotten gegen die Freiheit und Sicherheit des französischen Volkes oder überführt, zersetzende Reden gegen die Nationalversammlung geführt zu haben; sie sind auf das Urteil des Tribunals hin hingerichtet worden.

17. Floréal [6. 5. 1794]. Die Convention hat heute ein Dekret erlassen, um die Steuerpächter vor das Revolutionstribunal zu stellen, damit sie nach den Gesetzen verurteilt werden. Der Abgeordnete Dupin hat als Sachverständiger neun Anklagepunkte formuliert. Die 22 Millionen, die sie der Nation zur Verfügung gestellt haben, können sie nicht retten.

Im Justizpalast war die Rede vom Prozeß gegen Elisabeth, die Schwester des toten Königs, der demnächst beginnen soll. Sie wird in die Conciergerie verlegt; die Kinder bleiben im Temple. Gestern gab es neun Hinrichtungen,* heute dreiundzwanzig, zwölf der Verurteilten waren von Bernard de Saintes, dem Kommissar im Département Côte-d'Or, nach Paris geschickt worden.** Solche unwiderlegbaren Beweise des Patriotismus der Kommissare füllen die Gefängnisse von Paris, in denen sich derzeit beinahe 8000 Gefangene befinden. Dreizehn Verurteilte stammten aus Dijon: Denys de Lamuguière, Kanzleibeamter bei der Forstverwaltung von Dijon; Charles-Joseph Lejolivet, Ingenieur beim Straßenbauamt ebendort; Etienne Gélot, Anwalt ebendort; Charles Damoiseau, Profoß bei der berittenen Polizei; Albéric de Saucourt, ehemaliger Marquis und Standartenträger der Gendarmerie; Constantin Chaussier, Holzhändler; Jean-Baptiste Guenot, Weinhändler; Jean Galeton, François Bill, Charles Soudrier, Joachim-Charles Thiéry, alle vier Perückenmacher aus Dijon; Jean-Baptiste Saltez, Cafébesitzer ebendort; Joseph Testard, Prokurator am ehe-

* Es handelte sich um die Tochter von M.-J. Duverne, eine ehemalige Adlige; die ehemalige Adlige J. Dreux, verehelichte Lichy; um die ehemalige Adlige M. Valory, verwitwete Mazin; um J.-J. de Labufière, Hauptmann im Regiment Auvergne, alle Einwohner von Cosne, die angeklagt waren, die Befreiung der Gefangenen aus dem dortigen Stadtgefängnis versucht zu haben. Um drei junge Mädchen, C.-F. Loiselier, F.-M. Enouf, M.-M. Virolle, die ersten beiden Näherinnen, die letzte Friseuse; um J. Duchesne, Briefträger; und um J.-J. Sauvage, Büchsenmacher; sie alle hatten konterrevolutionäre Schriften verfaßt und verbreitet.

** Bernard de Saintes war in Dijon von M. Micault de Courbeton aufgenommen worden, der ihn bei sich wohnen ließ. Er fand bei ihm einige Rentenbriefe des alten Regimes, die ihm Grund genug waren, seinen Gastgeber aufs Schafott zu schicken; in einem Brief an die Convention rühmte er sich dieser Tat, die, wie er schreibt, »400 000 Livres Renten in den Staatsschatz brachte«.

maligen Parlement von Burgund. Die übrigen waren die Administratoren des Département Moselle, die auf Veranlassung des Kommissars Lozeau angeklagt worden waren, weil sie den Verkauf der Kirchengüter verhindert hatten: François Collin, Vorsitzender des Kriminalgerichts; Jean-Lucas Géant; der Gastwirt Mathurin Boler; der Landwirt Jean-Casimir Thibault; Mathieu Séquerre; Antoine-Norbert Courtois; Jean-Jacques Plos der Jüngere, Postmeister aus Boulay; Joseph-Louis Bricent, Prokurator im Distrikt Morhanges; der Landwirt Michel Wagner; Jacques Poluet, ehemaliger Rat am Parlement von Metz.

18. Floréal [7. 5. 1794]. Heute begann der Prozeß gegen die ehemaligen Generalpächter; zweiunddreißig von ihnen stehen vor Gericht. Liendon und Naudin vertreten die Anklage, Coffinhal hat den Vorsitz.

Inzwischen rechnet Fouquier vor der zweiten Kammer mit den Départements ab; auch heute haben wir wieder zwei Karren gebraucht, die Verurteilten waren: René-François Chevandière, Leutnant der Gendarmerie aus Valdrôme; Victor Ferrier, Wundarzt aus Buis (Département Haute-Garonne); der Bediente Jacques Sulpice; der Matratzenmacher Jean-Henri Guintrand; Julien-Joseph Tity, Schreiner in Buis (Département Drôme), als Komplizen einer Verschwörung, die den Staat durch Bürgerkrieg erschüttern sollte; Joseph-Félicité Rameau und sein Bruder Jacques-Louis Rameau, der erste ehemaliger Abgeordneter der Gesetzgebenden Versammlung, der zweite Beisitzer des Friedensrichters, und Jérôme-Frédéric Guilleaume, Friedensrichter aus Cosne, als Komplizen der Verschwörung im Département Nièvre; sowie der ehemalige Advokat Emile Petit-Jean als Komplize der Verschwörung von Dumouriez und weil er öffentliche Gelder verschwendet hatte.

19. Floréal [9. 5. 1794]. Heute morgen wurde das Urteil im Prozeß gegen die Generalpächter gefällt. Vier wurden freigesprochen: Sanlot, Delaage Junior, Bellefait und Delahante. Die anderen achtundzwanzig wurden zum Tode verurteilt und um zwei Uhr nachmittags hingerichtet; sechs weitere warten noch auf ihren Urteilsspruch. Einer von ihnen, Lavoisier, forschte auf dem Gebiet der Chemie. Er bat den Vorsitzenden Coffinhal um einen Aufschub von zwei Wochen, um Forschungen abschließen zu können, die für die Nation von Nutzen seien, aber dieser dumme Bauer antwortete ihm: »Das Volk braucht keine Chemie und interessiert sich nicht für deine Entdeckungen.« Da die Urteilsbegründung ihnen unterstellte, sie hätten den Tabak durch qualitätsmindernde Zusätze gestreckt, wurden die Zuhörer zu Assoziationen und Witzen angeregt, die zu dumm waren, um sie aufzuschreiben. Die meisten Verurteilten schienen ohne Bedauern zu sterben; nur einige waren verzweifelt – keiner trennt sich leicht von seinem Reichtum. Papillon d'Hauteroche sagte mit einem Blick auf die Menge: »Am meisten ärgert mich, daß ich so unangenehme Erben habe.«*

---

* Die hingerichteten Generalpächter waren: Nicolas-Jacques Papillon d'Hauteroche, Jean-Germain Maubert de Neully, Jean-Joseph de Bracq de la Perrière, Claude-François Rougeot, François-Jean de Vente, Dominique-Henri Fabus de Vernant, Nicolas Deville, Charles Gugnaux de l'Epinay, Louis-Auguste Prévost d'Arlincourt, Jérôme-François-Hector Saleur de Grizieu, Etienne-Marie de La Haye, Emmanuel-François-Marie Mesnage de Pressigny, Guilleaume Couturier, Louis-Philippe Duvaucel, Alexandre-Philippe de Perceval, Charles-René de Perceval de Frileuse, Jean-François Didelot, Louis-Mathieu Lebas de Courmont, Jean-Baptiste de Boulogne, Adrien-François Parcelle de Saint-Christau, Gilbert-

20. Floréal [9. 5. 1794]. Heute abend wurde Madame Elisabeth in die Conciergerie gebracht. Während man eine Zelle im Frauentrakt herrichtete, ließ man sie in der Kanzlei warten, wo mein Sohn sie gesehen hat; sie ist sehr blaß und abgemagert. Sie hatte sich hingesetzt und las in einem Gebetbuch, ohne von ihrer Umgebung Notiz zu nehmen. Fouquier-Tinville wird sie heute nacht vernehmen, und morgen beginnt der Prozeß.

21. Floréal [10. 5. 1794]. Bei der Verhandlung, die zur Verurteilung der Schwester des toten Königs führte, war ich zeitweise dabei. Dumas führte den Vorsitz, man hatte fünfzehn Geschworene benannt, und Liendon vertrat die Anklage. Die ehemalige Prinzessin durfte in einem Sessel sitzen, was ich von Dumas nicht erwartet hätte. Wegen dieses Prozesses waren unzählige Gerüchte in Umlauf. Manche behaupten, Robespierre hätte Madame Elisabeth im Temple besucht und ihr zu verstehen gegeben, es läge nur an ihr, ob sie auf den Thron ihrer Ahnen zurückkehren würde, sie brauche ihn bloß zu heiraten, aber sie habe ihn davongejagt, und seine berechtigte Empörung sei die Ursache ihres Todes; man muß schon sehr einfältig sein, um anzunehmen, ein Mann, dessen Intelligenz von niemand in Zweifel gezogen wird, hätte einen solchen Schritt gewagt. Andere dagegen beteuern, er habe in den Ausschüssen diesen Prozeß, der günstigstenfalls nutzlos sei, immer zu verhindern gesucht. Angesichts der Rücksicht, mit der Dumas die arme Frau behandelt hat, neige ich dazu, mich dieser Auffassung anzuschließen.

Georges de Montcloux, Adrien-Victor de Saint-Amand, François Puissant, Antoine-Laurent de Lavoisier, Jacques Paulze, Louis-Benjamin Dangé de Bagneux, Charles Delaage Senior und Joseph-Léopold Loiseau Béranger.

Die Haltung der Prinzessin vor dem Tribunal unterschied sich deutlich vom Auftreten Marie-Antoinettes. Mit ihrem starren, stolzen Blick und der verächtlich geschürzten Lippe hatte diese besser als je zuvor eine Königin dargestellt. Die ehemalige Prinzessin mit ihrem verschleierten Blick, der ständig den Himmel zu suchen schien, und mit ihrem Lächeln, das sogar noch sanft blieb, als Fouquier sie beschuldigte, an allen Komplotten ihrer Familie teilgenommen zu haben, und die schlimmsten Beleidigungen gegen sie ausstieß, wirkte wie eine Heilige aus dem Paradies. Sie antwortete sehr ruhig und aufmerksam auf alle Fragen. Als man von ihr wissen wollte, warum sie Louis auf seiner Flucht nach Varennes begleitet habe, sagte sie: »Alles gebot mir, meinem Bruder zu folgen; ich betrachtete es bei dieser Gelegenheit wie auch sonst immer als meine Pflicht, ihn nicht zu verlassen.« Als Dumas ihr vorhielt, sie wäre bei der Orgie der Leibgardisten und des Regiments Flandern dabeigewesen, antwortete sie: »Ich weiß nicht, ob diese Orgie überhaupt stattgefunden hat; ich erkläre aber, keine Kenntnis davon gehabt und in keiner Weise daran teilgenommen zu haben.«

Dumas behauptete, die Aussagen von Marie-Antoinette in ihrem Prozeß hätten die Schuld von Elisabeth hinreichend erwiesen. »Sie können nicht leugnen«, fügte er hinzu, »daß Sie in Ihrem Eifer, den Feinden des Volkes zu dienen, mitgeholfen haben, die Gewehre zu laden, damit sie den Patrioten um so sicherer den Tod bringen sollten.«

Auch diese absurde Beschuldigung brachte die Angeklagte nicht aus der Ruhe; sie antwortete geduldig und ohne Erregung: »Alle Punkte, die mir zur Last gelegt werden, sind Schändlichkeiten, mit denen ich mich niemals befleckt habe.«

Als man ihr zuletzt vorwarf, sie habe die Wunden von Nationalgardisten versorgt, die vor dem 10. August auf den Champs-Elysées die Freiwilligen aus Marseille angegriffen hatten, sagte sie: »Ich habe nie etwas davon gehört, daß mein Bruder befohlen hätte, irgend jemanden zu ermorden; wenn ich einigen Verwundeten Hilfe geleistet haben sollte, dann veranlaßte mich dazu einzig Menschlichkeit. Ich mußte mich nicht erst nach der Herkunft ihrer Verletzungen erkundigen, ehe ich mich um sie kümmerte. Ich rechne mir das nicht als Verdienst an; aber ich kann mir auch nicht vorstellen, daß man darin ein Verbrechen sehen kann.«

Da es keine Verschwörung ohne Komplizen gibt, wurden dreiundzwanzig andere mit der Prinzessin vor Gericht gestellt, und zwar: der ehemalige Comte Louis-Bernardin Leneuf de Sourdeval; Caroline-Louise-Amélie de Bessin, die Frau des ehemaligen Marquis de Crussol d'Amboise; Anne-Nicole de Lamoignon, die Witwe des ehemaligen Marquis de Senozan; der ehemalige Comte Alexis-François de Loménie, Oberst des Jägerregiments Champagne; der ehemalige Minister Louis-Marie-Athanase de Loménie; Charles de Loménie, ehemaliger Ritter des Ordens vom heiligen Ludwig; Martial de Loménie, ehemaliger Koadjutor des Erzbischofs von Sens; Anne-Marie Charlotte de Loménie, die geschiedene Frau des ehemaligen Comte de Canisy, eines Emigranten; der ehemalige Adlige Charles Gressy de Chamillon, Unterleutnant im Regiment Vieille-marine; Antoine-Hugues-Calixte de Montmorin, Unterleutnant im 5. Regiment der berittenen Jäger; Anne Duvaës, die Witwe des ehemaligen Comte de Laigle; Antoine-Jean-François Megret de Serilly, ehemaliger Generalschatzmeister im Kriegsministerium; Antoine-Jean-Marie Megret d'Etigny, Arzt im Regiment der Gardes-françaises; die Besitzerin von Staatsrenten Dorothée Buard, unverheiratet; Georges Folloppe, ehemaliger Apotheker und ehemaliger Beamter des Magistrats von Paris; der Manufakturbesitzer Théodore Hall; der Bediente Jean-Baptiste Lhote; Françoise-Grégoire Taneffe, die Witwe des ehemaligen Außenministers Montmorin; Marie-Amélie-Charlotte de Rosset, die Frau des Marineoffiziers Rosset de Cercy; der ehemalige Comte Etienne-Jean de l'Hermitte, Oberstleutnant bei den Schützen; Charles-Louis de l'Hermitte de Chambertrand, ehemaliger Kanoniker an der Kathedrale von Sens; Marie-Louise Thomas, die Frau des ehemaligen Adligen Serilly; die Bediente Jeanne-Rosalie Dubois; und der ehemalige Adlige Léon-Pierre Letellier de Bullier. Ich verließ den Saal, als man zur Vernehmung der Mitangeklagten überging; es war ein Uhr mittags. Gegen drei Uhr kam Desmorets, der dageblieben war, und sagte mir, alle wären nach nur 25 Minuten Beratung verurteilt worden. Er überbrachte mir den Befehl, unverzüglich für die Vollstreckung des Urteils zu sorgen. Als ich gerade ins Zimmer von Richard gehen wollte, sah ich dort eine Frau sitzen, die sich ein Taschentuch vors Gesicht hielt; an ihrem schwarzen Kleid erkannte ich die ehemalige Prinzessin und zog mich daraufhin zurück, in der Sorge, jemand könnte meinen Namen rufen, und es könnte ihr Angst machen, mich vor der Zeit zu sehen.

Richard erzählte mir, sie habe am Morgen der Verhandlung lange mit seiner Frau gesprochen, als sie vom Gericht herunterkam; sie hatte sich nach den Lebensumständen der Königin während der Gefangenschaft in der Conciergerie erkundigt und wollte alle Einzelheiten über ihren Tod erfahren. Richards Frau sagte mir, ihr Bericht habe die ehemalige Prinzessin so sehr berührt, daß sie überhaupt nicht mehr an sich selbst dachte und sich nicht bewußt zu sein schien, daß sie das gleiche Schicksal erwartete. Während Henry und die Gehilfen die Verurteilten im Vorraum der Kanzlei zur Hinrichtung bereit machten,* ging Richard ihr sagen, daß es an der Zeit sei; sie verabschiedete sich freundlich von seiner Frau, aber sie hatte nicht die Spontaneität der anscheinend viel stolzeren Marie-Antoinette, die im letzten Moment die Tochter von Bault umarmte, welche sie gepflegt hatte. Richard führte Madame Elisabeth in die Frauenabteilung; ich folgte ihnen kurz darauf. Sie saß schon auf dem Stuhl, die aufgelösten Haare hingen ihr auf den Rücken hinunter. Sie las weiter in ihrem Buch, betete und schlug sich an die Brust, obwohl sie nach einem so heiligmäßigen Leben und im Angesicht eines so unverdienten Todes wahrscheinlich keinen Anlaß hatte, an Gottes Barmherzigkeit zu zweifeln. Ihr Haar war kastanienbraun, sehr lang und dicht. Als ich ihr die Hände binden wollte, schlug sie das Kreuz. Sie schien mir nicht so abgemagert, wie Henry gesagt hatte und wie sie auch mir während der Verhandlung vorgekommen war. Wie ihr Bruder, der König, war sie ein wenig untersetzt, und ihr Gesicht war

* 22 Verurteilte wurden hingerichtet; Marie-Louise Thomas, verehelichte Serilly, hatte erklärt, sie sei schwanger.

sehr voll. Die einzige sichtbare Spur der Gefangenschaft war ihre sehr bleiche Gesichtsfarbe. Da ihre Wangen alle Frische verloren und eine matte Blässe angenommen hatten, wirkten ihre blauen Augen um so klarer. Auf meine Bitte hin ging sie hinüber ins Vorzimmer der Kanzlei. Alle Verurteilten verneigten sich, als sie sie erkannten, die Frauen hörten auf zu weinen; sie erwiderte den Gruß, rief einen der Brüder Loménie zu sich und redete mit ihm. Wir konnten nicht verstehen, was sie sagte; nach ein paar Minuten neigte sie den Kopf, und wir konnten an den Lippenbewegungen erkennen, daß Loménie ein Gebet murmelte; sicher erteilte er ihr die Absolution, denn er war Bischof. Das muß ein großer Trost für die arme Frau gewesen sein. Um vier Uhr verließen die Verurteilten die Conciergerie; Madame Elisabeth war mit zwei Mitgliedern der Familie Loménie, dem Bischof und dem ehemaligen Minister, auf dem ersten Karren, bei ihnen waren noch die Witwe Senozan, Montmorin Junior, Sourdeval und Gressy de Chamillon. Alle anderen standen, nur sie saß; aber auf der Höhe der Rue du Coq mußten wir die Pferde antreiben, weil die Zeit drängte. Da stand sie auf, wohl, weil das Rütteln des Wagens sie ermüdete.
Als Bischof Loménie mit ihr von Gott sprach, der sie für ihr Martyrium belohnen würde, antwortete sie lächelnd: »Sie haben sich schon genug um mein Seelenheil bemüht; Sie sollten nicht aus Nächstenliebe die Sorge um Ihre eigene Seele vergessen. Monseigneur.«
Als Kopf des Komplotts – denn die Geschworenen hatten ein Komplott erkannt – mußte sie als letzte hingerichtet werden; Ducray hatte mir deswegen sehr strikte Anweisungen gegeben. Sie blieb umringt von den Gendarmen

auf dem Platz stehen, während die übrigen den Tod erlitten. Ich sah mehrmals zu ihr hin, jedesmal betete sie und wandte dabei das Gesicht dem Schafott zu, aber kein Geräusch veranlaßte sie, den Blick zu heben. Montmorin Junior und der Bediente Lhote riefen *Vive le roi!*, was die Zuschauer sehr wütend machte. Jedesmal, wenn das Beil fiel, applaudierten sie und schrien ihrerseits: *Vive la Nation!*

Die Prinzessin, deren Aufmerksamkeit auf Höheres gerichtet war, hörte das alles ungerührt an; sie machte keine Bewegung, genau wie die Heiligenstatuen, die man früher in den Vorhallen von Kirchen sehen konnte und deren steinerne Gesichter nichts außer der Liebe zu Gott ausdrückten. Als sie an der Reihe war, stieg sie sehr langsam die Stufen hinauf und schauderte leicht; einer der Gehilfen riß ihr den Schal von den Schultern, sowie sie vor dem Kippbrett stand. Sie fuhr zusammen und rief im Ton erhabener Schamhaftigkeit: »Oh, Monsieur, haben Sie Mitleid ...!«

Unmittelbar danach wurde sie auf das Brett geschnallt, und ihr Kopf fiel. Um elf Uhr abends wurde sie mit den anderen Verurteilten in Mousseaux begraben; man warf viel Kalk auf ihren Leichnam, wie man es auch beim König und der Königin gemacht hatte. Obwohl man die Leichen insgeheim zu dem neuen Friedhof für die Hingerichteten schafft, hat die Öffentlichkeit herausgefunden, daß sie nicht auf dem Friedhof von Saint Roch beerdigt werden, wie verbreitet worden war, und die Leute aus dem Dorf Batignolles beklagen sich bereits über diese Nachbarschaft, wie vorher die Bewohner des Viertels um die Madeleine.

Der düstere Himmel, unter dem wir leben, scheint aufzureißen. Am 18. hat Robespierre eine Rede gehalten, in der er sich sehr wortgewandt zeigte, vielleicht, weil er aufrichtig war. Anschließend bestimmten eben jene Volksvertreter, die dem Renegaten Gobel und den späteren Maskeraden applaudiert hatten, durch Dekret, das französische Volk erkenne die Existenz des Höchsten Wesens und die Unsterblichkeit der Seele an. Viele machen Witze über den Lieben Gott, den uns das Gesetz jetzt verordnet hat; aber alle, die leiden – und ich möchte es wagen, mich zu ihnen zu zählen –, fühlen sich durch diesen einfachen Satz ein bißchen getröstet. Die Existenz eines höheren Wesens zu verkünden, heißt sich verpflichten, zur Gerechtigkeit zurückzukehren, die sein Gesetz ist. Mein erstes Gebet an den neuen Gott der Convention besteht in der Bitte, daß dies bald geschehen möge. Heute wurden acht hingerichtet.*

23. Floréal [12. 5. 1794]. Mein Gebet von gestern ist nicht erhört worden, denn der Bürger Fouquier hat uns aufgefordert, zusätzliche Gehilfen einzustellen. – Es heißt, in den Gefängnissen entstünden Unruhen, man müsse sie »säubern«, denn die Gefangenen schmiedeten Komplotte, um die Republik zu stürzen. Das erstaunt

---

* Es waren der Generalpächter Joseph Saint-Germain de Villeplat, aus den gleichen Gründen wie bei den Verurteilten vom 19.; Marie-Louise Péricard de Noinville, Witwe von Langlois de Ressy, einem Rat am ehemaligen Parlement, wegen Einverständnis und Briefwechsel mit den Emigranten; L.-P.-F. Lecointre, ein ehemaliger Kanoniker an der Stiftskirche von Le Mans; A.-L. Desmousseaux, der ehemalige Vikar der Pfarre Saint-Paul; A. Desmarets; A.-C. Aubert, eine ehemalige Nonne aus dem Kloster der Töchter des heiligen Thomas von Aquin; und die Näherin G.-B. Goyon, alle wegen Komplotten, die darauf abzielten, das Volk zu fanatisieren, den Bürgerkrieg zu schüren, die Regierung zu stürzen und das Königtum wieder einzuführen.

mich überhaupt nicht; mir genügt das, was ich in der Conciergerie sehe, um erraten zu können, was in den anderen Gefängnissen vorgehen muß. Überall sind Agenten eingeschleust worden, deren einzige Aufgabe es ist, die Gefangenen zum Reden zu bringen; sie machen ihnen Hoffnung auf Freilassung und versetzen sie so in Aufregung, was nicht schwerfällt, denn heute sind Freiheit und Leben ein und dasselbe; dann verdient der falsche Freund sich sein Geld, indem er den Unglücklichen auf ein Wort, eine geäußerte Hoffnung oder einen Fluch hin denunziert und den berechtigten Wunsch, freizukommen und der Guillotine zu entgehen, in eine gewaltige Verschwörung verwandelt. Ich habe sechzehn Männer eingestellt. Das Traurigste ist, daß alles, was uns betrifft, so organisiert wird, als sollte es immer so weitergehen. Die Hälfte der Gehilfen muß sich jeweils bis zum Ende der Verhandlungen in Bereitschaft halten. Die Frauen sollen weiterhin im Wachraum der Schließer für die Hinrichtung fertiggemacht werden; die Gerichtsdiener sollen abwechselnd mit zur Place de la Révolution kommen und nicht mehr von der Laune des Kanzleigehilfen abhängig sein, was in der Vergangenheit zu unangenehmen Auftritten geführt hat; weiterhin hat der Öffentliche Ankläger uns befohlen, nach dem Namensaufruf unbedingt die Identität der Verurteilten zu überprüfen.
Heute wurden hingerichtet: Joseph-Didier Voilleraut, der ehemalige Pfarrer von Montargis, und Jean-Baptiste-Benjamin Lamber, Beamtenanwärter bei der Registraturbehörde, weil sie auf die Wiedereinführung des Königtums hingearbeitet hatten; der ehemalige Comte Henry de Lastic; Pierre Raclet, Leiter des Korrespon-

denzbüros der Steuerbehörde von Paris; Norbert-François Bocquenet, Jurist aus Chaumont; Alphonse Thomassin, Landwirt, und seine Frau Anne-Caroline-Félicité Mandat; Jacques Fougeret, ehemals allgemeiner Steuereinnehmer – alle wegen Machenschaften und Verbindungen zum Feind mit dem Ziel, den Bürgerkrieg zu schüren, und weil sie versucht hatten, die Volksvertretung herabzuwürdigen.

24. Floréal [13. 5. 1794]. Heute wurden hingerichtet: Etienne Mauger, ein Benediktiner aus der ehemaligen Abtei von Caen; Félix Gardé und François Peton, Postillone bei der Relaisstation Villeneuve-Saint-Georges, die konterrevolutionäre Reden geführt hatten; Georges Souen, ehemaliger Unteroffizier bei den Dragonern, wegen Verschwörung gegen die Einheit und Unteilbarkeit der Republik; Antoine-Jacques Lanloup, Arzt aus Saint-Loup (Département Côtes-du-Nord); der ehemalige Adlige Jacques Rollet d'Avaux, Präsident des Landgerichts in Riom; seine Frau Adrienne de Villaine; Adrien Louheu, Magistratsbeamter aus Suyredant; Jean-Baptiste Ubeleski, Finanzbeamter aus Dieppe. Rollet d'Avaux war schon sehr alt, seine Augen waren so schlecht, daß er kaum allein gehen konnte, und seine Verurteilung hatte so großen Eindruck auf ihn gemacht, daß er ganz betäubt war. Seine Frau hatte die Erlaubnis erwirkt, bei ihm bleiben zu dürfen; sie führte ihn an der Hand ins Vorzimmer der Kanzlei. Beim Eintreten fragte er sie: »Wohin führen Sie mich?« Sie antwortete: »Ins Paradies!«

25. Floréal [14. 5. 1794]. Heute haben wir den Generalpächter Charles-Auguste Prévost d'Arlincourt zum

Schafott geführt, dessen Sohn schon am 19. hingerichtet worden war. Er war ein Greis von 76 Jahren. Die Sansculottes sind gegen diejenigen, die angeblich ihren Tabak gestreckt haben sollen, so aufgebracht, daß man meinen könnte, sie hätten das Brot, das uns alle ernährt, in Stein verwandelt. Sie hatten kein Mitleid mit dem alten Mann. Im übrigen wäre es auch nicht ratsam, solche Gefühle zu zeigen; die Zahl der ›Beobachter‹, die uns das Geleit geben, hat sich mindestens verdoppelt, seit die Bewohner der Rue Saint-Honoré sich in ihren Häusern vergraben. Mit d'Arlincourt Senior starben Jérôme-Charles de Douai und Louis Mercier, zwei weitere Generalpächter; Merciers Frau Marie-Claire Bataille; Joachim Yel, Prokurator am ehemaligen Parlement von Paris; François-Dominique Méry d'Helvange; Pierre-Augustin Sagny, Husar im 6. Regiment, und Baptiste Pintaux Bournat, Soldat im Bataillon Aisne, wegen Verbindungen zu den Feinden des Staates.

26. Floréal [15. 5. 1794]. Heute wurden hingerichtet: der Infanteriehauptmann Pierre-Alexandre-Joseph Chiavary; der Jurist Antoine-Baptiste Tassin; Ernest Meynier, ein ehemaliger Abgeordneter der Verfassunggebenden Versammlung; André Fissard, Notar aus Bitche; Henri Henry, Schreiber am Gericht von Newarden; der Kolonialwarenhändler Marc Blass, Administrator des Distrikts Bitche, wegen Verschwörung gegen die Souveränität des Volkes; Frédéric Bernard, Tuchhändler aus Sens (Département Côte-d'Or), wegen Unregelmäßigkeiten bei Heereslieferungen.

27. Floréal [16. 5. 1794]. Paul Luna Rousselet, ehemaliger Benediktiner und verfassungstreuer Pfarrer von

Dammarie; Juste Bejard, Administrator der Diskontkasse; Jean-Baptiste Aubisse, Kommissar in Terrier; Théodore Moreau, Stellvertreter des Generaladjutanten der Nordarmee; Antoine-Louis Lartigue, ehemaliger Pfarrer von Fontenay-aux-Roses; Jean-Pierre Gravier, Sekretär am Hof des ehemaligen Königs, alle wegen Verschwörung gegen die Sicherheit und Unteilbarkeit der Republik; François Toulon und Jean-Baptiste Toulon, beide Waldhüter, und Jacques-Bernard Buret, Gerichtsdiener aus Issoudun, weil sie sich für die Wiedereinführung des Königtums ausgesprochen hatten.
28. Floréal [17. 5. 1794]. Bertrand Dera, Schneider, und François Leroi, Lieferant, überführt der Verschwendung von Staatsgeldern und verschiedener Veruntreuungen bei ihren Lieferungen; Théodore Deligny, Tapezierer, weil er sich für die Wiedereinführung des Königtums ausgesprochen hatte; die Schumacher Antoine Labathe und Félicien Leder wegen Unregelmäßigkeiten bei Lieferungen an die Republik; der Priester Constant Rougane; der ehemalige Adlige Gabriel-Jacques Komé; der Landwirt Isidore-François-Sulpice Isnard; der ehemalige Adlige Raoul-Gilbert Dusaulnier; Louis Millange, Quartiermeister bei den Husaren des Regiments Liberté; und François Pirillat, Tagelöhner aus Annecy, die letzten wegen Verbindungen zu den Feinden, Verbreitung konterrevolutionärer Schriften und Verschwendung öffentlicher Gelder.
29. Floréal [18. 5. 1794]. Heute wurde der Sohn des ehemaligen Gerichtspräsidenten Bourrée-Corberon guillotiniert, der selbst am 1. des Monats hingerichtet worden war; mit ihm zehn vom Revolutionstribunal und zwei

vom Kriminalgericht Verurteilte.* Heute morgen suchte mich ein Verrückter auf, der von Technik und Patriotismus besessen war; er bat mich, ein von ihm entworfenes Modell einer Guillotine mit drei Fallbeilen zu begutachten. Wenn ich noch lachen könnte, hätten seine Reden mich sehr amüsiert. Seine Überspanntheit ergab sich aus Stolz auf seine Erfindung und Haß gegen die Aristokraten. Er glaubte, nur das Panthéon sei eine angemessene Belohnung für sein Werk, das die Ausrottung der Aristokraten vollenden und die Republik für immer festigen würde. Von hier aus ging er zum Sicherheitsausschuß. Das schlimme Wort, das auf der Rednertribüne der Convention ausgesprochen wurde: »Nur die Toten kehren nicht zurück«, hat seine Wirkung getan.

1. Prairial [20. 5. 1794]. Die Verurteilten und Hingerichteten des heutigen Tages: André Bresillon, Brigadier in der Revolutionsarmee; Joseph Houssaye, genannt Laviolette, Generaladjutant in der Revolutionsarmee; der Mützenmacher Martial Barbey; der ehemalige Koch von Marie-Antoinette, Gabriel-Charles Doyen, wegen Reden, die den Patriotismus der Bürger erschüttern sollten; der ehemalige Bürgermeister François-Alexandre de Surmain; die Buchhändlerin Marie-Pierrette Hennevaux; Marie-Catherine-Lucas Deblair, ohne Beruf, wegen Ver-

* Es waren A. Sabatery, der Bürgermeister von Valréas; C. Cezeron, Angestellter aus Paris; A. Mathieu, Packer im Zeughaus von Paris; der Kanonier J. Porta, wegen konterrevolutionärer Machenschaften und Reden; der ehemalige Dominikaner L. Raco; der Buchhalter P.-A. Teissier; der Garnspinner D.-S. Clerc; der Haushofmeister C. Collier, der Bevollmächtigte Corberons; der ehemalige Adlige S.-H. Dipse, Hauptmann im Regiment Béarn; der Kolonialwarenhändler J.-B. Blanquet, Magistratsbeamter in Dieppe; die letzten wegen Verschwörung, Unterstützung der Aufständischen, Begünstigung des Fanatismus und Machenschaften, die auf die Wiedereinführung des Despotismus abzielten.

breitung konterrevolutionärer Schriften; Jacques-Marie Boyer-Brun, ehemaliger stellvertretender Staatsanwalt in Nîmes; Jacques-François Descombiers, ehemaliger Leutnant im Regiment Royal-Vaisseau; der ehemalige Baron Jean-Antoine Teyssier de Marguerittes, Mitglied der Verfassunggebenden Versammlung, die letzten wegen Aufruf zum Bürgerkrieg; Joseph Filsac, Generalsekretär des Département Lot; Jacques-Pierre-Constant Labarthe, Weinhändler aus Cahors; Jean-Népomucène Burgère, ehemaliger Notar aus Cahors;* Charlotte-Gabrielle de Saisseval, die Witwe des ehemaligen Marquis Dutillet, eines Obersten; ihre Kammerfrau Marguerite-Thérèse Clerje; sowie die Lehrerin Joséphine Flamme und die Tagelöhnerin Aimée Bastien, die vom Kriminalgericht wegen Verbreitung falscher Assignaten verurteilt worden waren.

2. Prairial [21. 5. 1794]. Hingerichtet wurden der ehemalige Baron Frédéric de Tournacos; Dominique Lafilard, der ehemalige Finanzverwalter des Comte d'Artois; der Bediente Pierre-François Nicolas; der Kammerdiener Luc Capré-Brunel; der Lehrer Jacques Delignon, alle wegen Verbindungen zu den äußeren Feinden der Republik; Charles Simard, der ehemalige Pfarrer von Saint-Georges (Département Cher); der ehemalige Adlige Lu-

* Die Verurteilten waren von Bô, dem Kommissar für das Département Lot, nach Paris geschickt worden. Bô war der Nachfolger von Taillefer, der sich in Cahors durch abscheuliche Orgien bemerkbar machte. Er zwang die Verdächtigen, die in den Gefängnissen der Stadt saßen, auf der Straße eine Art Mysterienspiel oder Pantomime mit dem Titel *Die Parodie des Königtums* aufzuführen. Monsieur Laborie-Desganasès spielte den König, der Abbé de Becave den Großalmosenier, Monsieur Labié Junior den Dauphin, und als Bühne für dieses seltsame Schauspiel hatte Taillefer das Schafott ausgesucht. (Vgl. Guillon, *Tableau des Missions révolutionnaires.*)

cien-Félicité Vassal; und die ehemalige Nonne Antoinette-Louise Roger. Benoît, Portier im Palais du Luxembourg, der als Komplize der Verschwörung von Dillon verhaftet worden war, wurde freigesprochen und entlassen.

3. Prairial [22. 5. 1794]. Leflot, Zollhauptmann aus Tréguier, wurde heute hingerichtet. Im Nivôse des vergangenen Jahres irrte eine Frau, die zu einer Räuberbande gehörte, mit einem kleinen Kind in der Umgebung der Stadt umher; sie litt unter Hunger und Kälte, und es quälte sie, ihren Sohn sterben zu sehen, denn sie war so erschöpft und litt solchen Mangel, daß sie keine Milch mehr hatte. Niemand dachte daran, sie bei sich aufzunehmen oder ihr auch nur einen Bissen Brot zu geben. Ein Zöllner, der ein anständiger Kerl war, hatte endlich den Mut dazu: Er versteckte die beiden in einer Felsenhöhle, verschaffte ihnen ein paar Sachen zum Anziehen, richtete ihnen ein Strohlager her und hob jeden Tag die Hälfte seiner Verpflegungsration für sie auf. Glücklicherweise sind gute Vorbilder ebenso suggestiv wie schlechte. Die anderen Zöllner waren auf das sonderbare Verhalten ihres Kameraden aufmerksam geworden und kamen bald hinter sein Geheimnis. Zuerst versprachen sie nur, ihn nicht zu verraten, aber bald steckte auch sie das Fieber der Wohltätigkeit an, und sie beschlossen, noch mehr zu tun, trotz der Dekrete und Gesetze, die sie zur Unbarmherzigkeit verpflichteten. Sie nahmen die Frau und das Kind mit auf einen Lastkahn, der die Küste entlang fährt, und in der Nacht brachten sie sie auf ein englisches Schiff in Sicherheit, an dem sie festgemacht hatten. Unglücklicherweise behielten sie ihre Genugtuung über den Streich, den sie den Guillotinierern gespielt hatten, nicht für sich; sie schwatzten, und die Geschichte sprach sich herum. Als der Kommandant davon erfuhr, wollte er die Schuldigen ausfindig machen, aber obwohl mehr als sechzig Mann Bescheid wußten, war kein einziger bereit, sie zu verraten. Der Kommandant drohte, sie zu denunzieren, sie antworteten lachend, dazu sei er viel zu anständig. Hauptmann Leflot war wirklich ein anständiger Kerl; er wollte nicht weniger mutig und großzügig sein als seine Leute und zeigte sie nicht bei seinem Vorgesetzten an, sondern verließ sich darauf, daß die großen Ereignisse, die jeden Tag passierten, die Gerüchte verstummen lassen würden, die in Tréguier wegen dieses unbedeutenden Vorfalls in Umlauf waren. Er täuschte sich und bezahlte dafür mit seinem Kopf. Mit ihm starben: der Perückenmacher Pierre Bourgeois und Pierre Royer, Jäger in der Alpenlegion, beide wegen Provokationen, mit denen sie den Tyrannen vor der gerechten Strafe bewahren wollten; der Trödler Jacques Coursin; der Kolonialwarenhändler Louis Carré; der Obsthändler Mathieu Guesdon; und der Trödler Joseph Querry, alle wegen Manipulationen, die den Kurs der Assignaten drückten sollten; außerdem der Bediente Charles Vasseur; der Schneider Bertrand Kintichen; Jean Jarouflet, Notar aus Moulins; und der Brieftaschenhersteller Prosper Paul, diese letzten wegen Korrespondenz mit den Emigranten; schließlich Pierre-Gervais Namys de Saint-Aubin, ehemaliger Hauptmann der Kompanie Petits-Pères, der der Teilnahme an den Komplotten von Juni und August 1792 überführt war.

4. Prairial [23. 5. 1794]. Hier die Namen der heute Hingerichteten; der Kriegskommissar Anatole Dorly; Alexandre Provenchère, Leiter der Uniformbeschaffungsstelle; der Lieferant Jean-François Lemarcant; Georges-Joseph Fortin, früherer Angestellter bei der Uniformbeschaffungsstelle, denen Unterschlagungen im Amt und bei Lieferungen nachgewiesen worden waren; Avoie Laville, die Frau des Juweliers Costard, und Jean Canolle Senior, wegen Verschwörung gegen die Freiheit des Volkes; der Maler Jean-Baptiste Lanoue; der Schuhmacher Paul-Léon Didier und die Krankenpflegerin Anne Ferry, wegen Reden, die auf die Auflösung der Volksvertretung und die Wiedereinführung des Königtums abzielten; außerdem drei Brüder, Joseph-Henri, Joseph-Auguste und Joseph-Antoine de Barrème, alle drei vom 1. Husarenregiment. Sie hatten einen nahen Verwandten in der Emigrantenarmee. Eines Tages stand einer von ihnen, Joseph-Henri, in der vordersten Linie diesem Verwandten direkt gegenüber, der ebenfalls als Vorposten eingesetzt war. Sie vergaßen beide, daß sie verschiedene Kokarden trugen, ritten aufeinander zu und umarmten sich noch einmal vor dem Kampf. Das war das ganze Verbrechen der drei Brüder; ihre adlige Herkunft kam erschwerend hinzu. Sie starben mutig und sagten, um das Ancien Régime täte es ihnen nur deswegen leid, weil sie zu dieser Zeit als Soldaten ein Recht auf den Tod durch Erschießen gehabt hätten.

5. Prairial [24. 5. 1794]. Der Despotismus der Ausschüsse hat durch Mordanschläge die höheren Weihen erhalten; sie haben die Tyrannei zur Realität gemacht, von der Marat nur träumen konnte, man braucht sich folglich nicht darüber zu wundern, daß das Beispiel von Charlotte Corday Nachahmer und die Religion des Dolches Anhänger gefunden hat, wo es doch jeden Tag heißt, die Unterdrücker stünden außerhalb der Menschheit. Vorgestern hat ein Mann versucht, Collot d'Herbois zu ermorden; gestern wollte ein Mädchen Robespierre erdolchen. Der Mörder von Collot stammt aus der Auvergne und heißt Ladmiral; er wohnte im selben Haus wie der Abgeordnete, Rue Favart Nr. 42. Er soll vorgehabt haben, entweder Robespierre oder Collot zu töten, vielleicht auch alle beide. Den ganzen Tag war er um die Convention herumgeschlichen und dann hineingegangen, um die beiden auf der Abgeordnetenbank zu meucheln, sie waren aber nicht dort. Eine Rede von Barrère hatte ihn so gelangweilt, daß er wieder gegangen war; er hatte vergeblich versucht, bei Duplay eingelassen zu werden, schließlich gab er auf und ging nach Hause, wo er auf Collot wartete. Dieser kam um ein Uhr morgens; Ladmiral, der im fünften Stock wohnte, hatte auf der Treppe gewartet. Als er sah, daß die Magd mit einer Kerze hinunterging, um ihren Herrn einzulassen, sprang er schnell die drei Treppen hinunter; als der Abgeordnete das Stockwerk, in dem er wohnt, erreicht hatte, gab er in kurzem Abstand zwei Pistolenschüsse auf ihn ab. Beide gingen zu spät los, und Collot wurde nicht getroffen. Er verfolgte den Attentäter, der sich in seine Mansarde flüchtete; Collot ist mutig, er versuchte die Tür einzutreten. Unterdessen war aber auch eine Patrouille da, die durch das Geschrei der Magd und der Leute aus dem Haus alarmiert worden war. Der Bürger Geffroy, ein Schlosser, zwang den Abgeordneten, die Männer von der

Nationalgarde vorgehen zu lassen, denn Ladmiral, der noch ein Gewehr hatte, drohte sie zu töten. Der Bürger wurde auch wirklich verletzt, als er den Attentäter packte, die einen sagen, durch einen Stich mit dem Bajonett, die anderen, durch eine Kugel; Ladmiral wurde gestern in der Conciergerie registriert.

Der Anschlag gegen Robespierre ist weniger ernst zu nehmen. Gestern verhaftete man ein Mädchen, das hartnäckig darauf bestanden hatte, bei dem Abgeordneten vorgelassen zu werden, und sich dadurch verdächtig machte; als man sie durchsuchte, fand man Pistolen und einen Dolch. Diese beiden Verbrechen in so kurzem Abstand scheinen das Gerücht zu bestätigen, daß sich zahlreiche Regimegegner verschworen haben, um die wichtigsten Mitglieder der Convention zu ermorden; viele von ihnen gehen jetzt nur noch bewaffnet aus dem Haus.

Heute haben wir hingerichtet: Jean-Baptiste Durand, einen Beamten der Uniformbeschaffungsstelle; den Sprachlehrer François Paulin und Jean-Antoine Pascal, Leutnant bei der Gendarmerie, alle drei wegen konterrevolutionärer Reden; Jean-Baptiste-Théodore d'Aumongeville, einen ehemaligen Leutnant im 5. Kavallerieregiment; Simon Tisserand, Postillion des ehemaligen Duc du Châtelet; Jean-Baptiste Gautier, Portier im Gefängnis des Rathauses, diese letzten wegen Machenschaften, die die Volksvertretung herabzuwürdigen suchten, und wegen willkürlicher Verhaftungen; und schließlich den Schuhmacher Mathurin Sheverger, der in den Tuilerien ein Plakat angeschlagen hatte, mit dem er Robespierre und die Convention beleidigte.

6. Prairial [25. 5. 1794]. Der Name des Mädchens, das Robespierre ermorden wollte, ist jetzt bekannt; sie heißt Cécile Renault, ist zwanzig Jahre alt, die Tochter eines Papierwarenhändlers aus der Rue de la Lanterne. Sie wurde vom Sicherheitsausschuß verhört. Die Convention hat beschlossen, daß jeden Tag ein Bulletin über den Gesundheitszustand des Bürgers Geffroy, der von Ladmiral verletzt wurde, herausgegeben werden soll, wie man es früher machte, wenn der König oder Prinzen in Lebensgefahr schwebten. Die Verwundung scheint allerdings nicht schwer zu sein. Viele sind neidisch, weil den Bürgern Collot und Robespierre um ein Haar das Martyrium zuteil geworden wäre; ihre Kollegen in den Ausschüssen glauben jedesmal Dolche zu erkennen, wenn sie einer nur schief anschaut. Voulland nimmt ebenfalls für sich in Anspruch, knapp einem Attentat entronnen zu sein; auch ihn hätte eine Frau ermorden wollen, sie sitzt in der Conciergerie und kommt heute oder morgen vor Gericht. Aber wie es heißt, darf man Voullands Behauptungen nicht ganz ernst nehmen. Seine angebliche Mörderin ist ein unglückliches Geschöpf, das durch den Tod ihres Ehemanns oder Geliebten den Verstand verloren hat; sie soll Voulland einfach einen Brief geschrieben haben, in dem sie ihm bestimmte Vorwürfe machte und ihn dringend bat, sie mit dem, den sie liebte, zu vereinen. Wer töten will, droht nicht erst lange; aber wie dem auch sei, ihr Wunsch wird erfüllt werden.
Hingerichtete des heutigen Tages: Charles Birague de Hilleden, ehemaliger Adliger und Musketier; Jacques-Jean Cuvier, Architekt, Mitglied des Revolutionskomitees von Vanves; der Fischhändler Pierre Prudhomme

und seine Frau Françoise Lambert; die Wäscherin Camille Pierard; Marguerite-Augustine Demaux, die Frau des Gerbers Hébert, alle wegen eines Komplotts, das auf die Wiedereinführung des Königtums abzielte; der ehemalige Comte Louis-Charles-Jean de Lancry-Prouleroy, Offizier im Regiment der Gardes-françaises; Frédéric Joly, Steuerinspektor des Départements Côte-d'Or, wegen Verbindungen zu den Feinden der Republik; und der Trödler Pierre Mauclair, bei dem man Briefe gefunden hatte, die zur Konterrevolution aufriefen.

7. Prairial [26. 5. 1794]. Heute wurden hingerichtet: Charles-Maurice-Louis Milcent, Redakteur der Zeitung *Le Créole patriote* und Hauptmann der Miliz von Santo Domingo, wegen Verschwörung gegen die Republik; Jacques-Marcellin Hamonet, der Steuereinnehmer des Distrikts Noyon, der versucht hatte, den Patriotismus der Landwirte zu erschüttern. Die Patrioten machen die Engländer für die Anschläge von Ladmiral und Cécile Renault verantwortlich; sie beschuldigen sie, die Ermordung von Abgeordneten auf die Tagesordnung zu setzen; sie verlangen, daß wir den Terror auf ihre Insel tragen. Die Convention hat sich ihren Zorn zu eigen gemacht und ein Dekret erlassen, das es verbietet, unter den Engländern oder Hannoveranern Gefangene zu machen; bleibt abzuwarten, ob die Soldaten gehorchen.

8. Prairial [27. 5. 1794]. Die Anträge der Jakobiner und der Convention, die alle nur Blut und Mord atmen, sollten vor dem Revolutionstribunal Widerhall finden. Heute wurden von sechsundzwanzig Angeklagten nur zwei freigesprochen, alle anderen haben wir zur Guillotine gebracht. Unter ihnen war einer, der mit vollem

Recht seine Schuld bezahlte: Jourdan, der in Avignon »Kopf ab« hieß,* der Verbrecher, der am 17. Oktober 1791 die Massaker organisierte und das Glacière-Gefängnis mit den Leichen der Ermordeten gefüllt hatte. Für diese Verbrechen war er nicht bestraft worden; wegen einer Amnestie war er mit dem Leben davongekommen. Aber die göttliche Gerechtigkeit ist weniger nachsichtig als die menschliche und wußte auf Umwegen den von ihr Verurteilten zu erreichen. Der Schrecken, den Jourdan einflößte, hatte ihn zu einer allgemein bekannten Persönlichkeit gemacht; diese Rolle gefiel ihm, und er spielte sie weiter. Er mißbrauchte nicht nur die so erworbene Autorität, sondern trieb auch Handel damit und verkaufte den Bürgern von Avignon, die er in seiner Eigenschaft als General der Revolutionsarmee nach Belieben einkerkern ließ, Ruhe, Freiheit und Leben für einen schönen Batzen Geld; auf das, was er ihnen ließ, erhob er einen Zehnten, manchmal begnügte er sich allerdings auch damit, ihre Töchter zu schänden. Die Republik ist hart gegen die Unschuldigen, aber zum Glück auch gegen die Schuldigen; sie hat ihre Hand ausgestreckt, und jetzt macht »Kopf ab-Jourdan« nicht einmal mehr einem kleinen Kind angst. Er war etwa fünfundvierzig Jahre alt, klein und stämmig; er schien aus dem gleichen Holz geschnitzt zu sein wie Schneider, der andere kleine Tyrann vom Ufer des Rheins, nur hatte er schwarze Haare und schwarze Augen, die wie Feuer leuchteten und unruhig wie Quecksilber hin und her gingen. Er legte mehr

* Marc-Jouve Jourdan, geboren in Saint-Just (Département Haute-Loire), war nacheinander Fleischer, Hufschmied, Soldat, Stallknecht, Farbenhändler und zuletzt General der Revolutionsarmee gewesen.

Mut an den Tag als Schneider, allerdings hatte er auch getrunken; sein kupferfarbenes Gesicht war ziegelrot geworden. Viele Südfranzosen waren gekommen, um ihn sterben zu sehen; sie sprachen ihn in ihrer Mundart an, einer rief ihm zu: »Auf dich wartet ein sehr schöner Tod, Jourdan, du stirbst von der Hand des Vaterlandes!« Die gleichen Worte hatte er selbst an eines seiner Opfer gerichtet. Andere riefen: »Geh mit deiner Geliebten ins Bett, Jourdan«, weil er mit diesem Satz das Zeichen für die Hinrichtung derer gegeben hatte, die er am 16. Oktober zum Tode verurteilte. Dreiundzwanzig wurden mit ihm guillotiniert.

Es waren der Zuschneider Antoine Binet; der Dentist Jean-Baptiste Avenet und der Straßenbauarbeiter Etienne Hourry, wegen konterrevolutionärer Parolen; der Schwadronskommandant Paul-Charles Prysle; der Stabsarzt Jacques-François Bugnotet; der ehemalige Adlige Jean-Joseph-Lucien Furet de Prébaron und der Hauptmann Etienne Lecandre; der Leutnant André-Joseph-Xavier Hery; die Unterleutnants Pierre-Frédéric Pruneau, Norbert-Jules Beauregard, Jacques Moller, Constant Juy, Emmanuel-Paul Verillot, Eugène Jourdeuil, Jacques Arnaud, Jean Amand und Frédéric Poisson; sowie der Adjutant Charles Bonnot, alle vom 17. Kavallerieregiment, als Komplizen von Dumouriez. Diese Offiziere gehörten zu dem Regiment, das das Vorhaben des Generals zu unterstützen versucht hatte und von dem ihn ein Teil auf seiner Flucht begleitete. Außerdem Antoine-Léon Sude, Rat am ehemaligen Châtelet, wegen eines Komplotts zur Wiedereinführung des Königtums; der Brigadegeneral Joseph Donnadieu, wegen Machenschaften und Verbindungen zum Feind; der ehemalige Comte Charles-Philibert-Maurice Gaston de Lévis de Mirepoix, Oberst der Dragoner und Abgeordneter in der Verfassunggebenden Versammlung; Elisabeth Mathieu, die Frau von Vigneron, dem ehemaligen Präsidenten des Parlement von Nancy, und ihre Tochter Suzanne Vigneron, wegen Verbindungen zu den Feinden.

9. Prairial [28. 5. 1794]. Von den großen Dolchen der Bürgerin Cécile Renault sind, wie es scheint, nur zwei kleine Klappmesser übriggeblieben, eines mit einem Horngriff, das andere mit einem aus Perlmutt, wie sie Kinder zum Essen benutzen; sie hätten höchstens die Hand verletzen können, die mit ihnen zustechen wollte. Da sie aber Vadier sehr stolz zur Antwort gegeben hat, sie sei nur zu Robespierre gegangen, weil sie einmal einen Tyrannen mit eigenen Augen habe sehen wollen, da sie offensichtlich damit rechnete, verhaftet zu werden, denn sie hatte ihre Sachen von zu Hause mitgenommen und sie im Café Payen deponiert, ist kaum zu begreifen, warum sie so unzureichend bewaffnet war, wenn sie sich etwas so Schwieriges vorgenommen hatte. Man könnte glauben, sie sei nicht ganz richtig im Kopf; das wäre die einfachste und vielleicht zutreffendste Erklärung, aber Robespierre wird nicht Collot allein den Ruhm überlassen wollen, beinahe für das Vaterland gestorben zu sein. Er ist sich der Vorteile dieses Ruhms nur allzu bewußt, besonders, wenn noch das Glück hinzukommt, daß man am Leben geblieben ist; deshalb wird der Prozeß seinen Lauf nehmen. Zahlreiche Verhaftungen sind vorgenommen worden. »Sogar in den Gefängnissen hat man Komplizen gefunden«, erzählte mir Rivière. Gestern und heute sind mehr als fünfzig neue Häftlinge in die Conciergerie eingeliefert worden.

Heute wurden vierzehn Verurteilte hingerichtet, alles arme Leute oder Bauern.*

11. Prairial [30. 5. 1794]. Das Tribunal tagt am Décadi nicht; trotzdem mußten wir manchmal am Morgen dieses Tages zur Place de la Révolution ziehen. Jetzt ist Befehl gegeben worden, das künftig zu unterlassen. Obwohl das Gesetz vorschreibt, daß die vom Revolutionstribunal Verurteilten binnen vierundzwanzig Stunden hingerichtet werden müssen, werden diejenigen, über deren Schicksal am Abend eines Nonidi entschieden wird, bis zum Primidi am Leben bleiben.

Kürzlich, so heißt es, speisten Dumas, Fouquier, Brochet, Renaudin und andere bei Méot, und angeregt durch das gute Essen machten sie sich den Spaß, den Wirt in ihr Séparée zu rufen und ihm nicht etwa mitzuteilen, daß sie mit der Küche zufrieden seien, sondern, daß er auf die Liste der Verdächtigen gesetzt worden wäre und vor Gericht gestellt würde. Der arme Méot war halbtot vor Angst, als er wieder herunterkam; wäre seine Frau nicht gewesen, er hätte sich in die Seine gestürzt. Zum Glück kam in diesem Moment Barrère, der oft dort ißt. Méot fiel weinend vor ihm auf die Knie, er war so aufgeregt, daß es ihm sehr schwerfiel, von seinem Unglück zu berichten. Da Zeugen zugegen waren, sagte Barrère zu Méot nichts

* Es waren der Bediente François Simon; der Tagelöhner Constant-Jean-Villemain; der Tabakschneider Firmin Baillot; der Glaser Joseph Dumazet; die Näherin Félicité Chevalier, alle vier Verschwörer. Außerdem der Stellmacher Nicolas Letellier; der Winzer Mathurin Olivier; die Schneider Etienne Duhamel und Antoine Rageot; Marie-Adelaïde Féron, die Frau des letztgenannten; der Tagelöhner Charles Féron; der Müller Constant Léger; der Fuhrmann Prosper Fenaux; und der Böttcher Jacques Petit, die die Autoritäten im Département Seine-et-Oise beleidigt und beschimpft und sich geweigert hatten, die Beschlagnahmungen durch die Armee hinzunehmen.

weiter, als daß man sich über ihn lustig gemacht habe; aber Dumas und Fouquier wurden vor den Ausschuß zitiert, und dort wurde ihnen so gehörig der Kopf gewaschen, daß ihnen die Lust verging, noch öfter solche Späße zu treiben. Heute haben wir zwölf Verurteilte zum Schafott geführt.

Es waren: der Landwirt Claude Lacroix, wegen konterrevolutionärer Machenschaften; Pierre-Joseph Lecocq und Louis-Jean Moret, beide ehemalige Pfarrer, wegen Aufruf zum Bürgerkrieg; der ehemalige Gerichtsdiener Lucien-Constant Bégu, als Komplize des Verrats von Dumouriez; Auguste-François-César Dauphin-Leval, ehemaliger Adliger und Hauptmann im Regiment der Gardes-françaises; der ehemalige Comte Jean Joussineau de Latour-Donnet, Hauptmann bei den Schützen; Joseph-André Guibora, Soldat im elften Husarenregiment; Louis-Jules Ferruyau, ehemaliger Steuerschätzer; Prosper Morillon-Dubellay, Tuchhändler aus Poitiers; Marcel Lacadre de Montpentin, ehemaliger stellvertretender Wahlmann aus Gannat; Julien Put, fahrender Händler, und Claire Nantiat, Tochter des gleichnamigen ehemaligen Barons, die letzten wegen Verschwörung gegen die Sicherheit und Freiheit des Volkes.

12. Prairial [31. 5. 1794]. Heute dreizehn Verurteilte.

Es waren: Jean-Hyacinthe Caron, der ehemalige Pfarrer von Molans (Département Meuse); Jacques Pont, der ehemalige Pfarrer von Tourteneau (Département Saône-et-Loire); Sébastien Hugault, der ehemalige Pfarrer von Issoudun; Prosper-Casimir Héry, Offizier im 25. Regiment; der ehemalige Adlige Thomas-François de Lamore; der Strumpffabrikant Pierre Huguet; Pierre de Saint-Saulieu, Zinseinnehmer der ehemaligen Abtei Cornaille, alle wegen Verschwörung gegen die Sicherheit und Freiheit des französischen Volkes; Constant-Frédéric Simonnet, stellvertretender Generalpächter, als Komplize der Anschläge seiner Kollegen; der ehemalige Adlige Edouard-Marie de Marguerie, Major im 42. Infanterieregiment und Komplize des 10. August; der ehemalige Priester André Chantemerle; der Bediente Julien Pierson; Jean-Baptiste Beaufre, der Sekretär von Malesherbes, wegen Verbindungen zum Feind und konterrevolutionärer Reden; Louis Duvivier, ehemaliger Beamter im Kriegsministerium, als Komplize bei einem Diebstahl im Magazin des ehemaligen Königs.

13. Prairial [1. 6. 1794]. Heute ebensoviel Verurteilte wie gestern.

Es waren: der Buchhalter Auguste Brillon de Saint-Cyr; der Seidenwarenhändler Louis-Joseph Germain; Théophile-André Bellet, ehemaliger Beisitzer am Finanzgerichtshof; Auguste-Charles L'Herbette, ehemaliger Notariatsschreiber; der Kaufmannsgehilfe François-Maurice Chauvereau; der Lehrer Léopold Bois-Marie; Joachim Auger, Brigadier im 8. Husarenregiment; der ehemalige Adlige Joseph-Robert Millin Duperreux, Direktor der Staatslotterie, wegen Börsenspekulationen, Horten von Münzgeld und konterrevolutionärer Reden; Jacques Sévigny, der ehemalige Pfarrer von Quéminy (Département Côte-d'Or); der Metallgießer Etienne Berthier; Jean Levasseur, der ehemalige Pfarrer von Saumont-la-Patrie (Département Seine-Inférieure); der Zeitungshändler Mathieu Brille; Gilbert Dubreuil, der Kammerdiener von Gilbert des Voisins, als Verschwörer, Verbreiter aufrührerischer Schriften usw. Die Festnahme von Sévigny war die Reaktion darauf, daß er seinen Bauern geraten hatte, Luzerne und Süßklee anzubauen, wohinter man die ruchlose Absicht vermutete, das Volk auszuhungern.

14. Prairial [2. 6. 1794]. Agenten vom Sicherheitsausschuß, die wir früher ganz einfach Schnüffler nannten, mischen sich jetzt unter die Leute, die uns zur Place de la Révolution begleiten. Jeden Tag schreiben sie einen Bericht über das, was sich um das Schafott herum abspielt. Wenn sie wahrheitsgetreu vermerken, was sie gesehen haben, werden ihre Auftraggeber damit kaum zufrieden sein können. Die Schlächterei widert das Volk mehr und mehr an. Die Leute machen nicht mehr nur die Fenster zu, sie murren. Gestern ertönten Rufe: »Genug«; heute war bei der zweiten Hinrichtung ein lauter Pfiff zu hören. Allerdings gab es als Reaktion darauf sofort Applaus und Rufe wie *Vive la République*, aber noch vor einem Monat hätte gewiß keiner den Mut gehabt zu pfeifen. Für das Fest am 20. des Monats sind die Vorbereitungen in vollem Gange; die Feierlichkeit soll im Jardin national und auf dem Champ de la Réunion stattfinden, aber da der Festzug über die Place de la Révolution geleitet werden soll, habe ich schon Anweisung bekommen, am Abend des Nonidi die Guillotine abzubauen.

Am 14. Prairial wurden hingerichtet: Antoine Bourdet, Vikar von Notre-Dame-des-Champs, und Benjamin Cassaignes, Vikar der Pfarre Saint-André-des Arts, weil sie fanatische und konterrevolutionäre Reden geführt hatten; der Holzhändler Jean Baptiste Dupin als Komplize der Verschwörung vom 10. August; Bernard Ferrey, vormals verfassungstreuer Pfarrer von Saint-Denis-sur-Sarton (Département Orne); Marie-Louise-Caroline Guéniot, die Frau von Môre, der in Tonnerre die Briefpost leitete; der ehemalige Marquis Louis-Auguste-François de Bongars d'Apremont; Louis Armand, Waldhüter des ehemaligen Duc de Morte-

mart; Pierre Perrin, ein Landwirt aus Cognac; Joseph-Charles Lecoq, Bäcker aus Lille; André Salm Daniau, Unterleutnant im Bataillon der Landleute; der Anwalt Jean Baptiste Barré; Virginie Marentin, die Frau des ehemaligen Leibgardisten Pasquet de Saint-Projet, alle wegen Verschwörung und Verbindung zum Feind; und Jean-Paul Maindouse, ein ehemaliger Goldschmied, Angestellter im Außenministerium, als Komplize von La Fayette und den Girondisten.
Die Hingerichteten vom 15. Prairial: die Tuchfabrikanten Louis-Gabriel Desrousseaux und Jean-Baptiste Legardeur; der Gerichtspräsident Frédéric-Pierre Legardeur; der Tuchfabrikant Robert Hussin Senior; der Rentier Jean-Georges-Jacques Saint-Pierre; der Kolonialwarenhändler Pierre-Charles Fournier; der Arzt Jean-Baptiste Petit; Louis-Frédéric Gigoux de Saint-Simon, ehemaliger Vizemajor; der Färber Jacques-Luc Lenoir; Nicolas Varoquier, ehemals Mitglied der Versammlung der Notabeln; der Kolonialwarenhändler Antoine Grosselin; die Brauer Joseph-Charles-Nicolas Lechanteur und Henri Mesmer; der Buchhändler Jean Hennuy; der Zimmermann Louis Edet-Jemme; die Brauer Etienne-Nicolas-Joseph Chayaux-Cailloux und Pierre Gigoux-Vermon; der Schneider Sosthène-Jacquet Delâtre; der Waffenschmied Jean-Baptiste Ludet; der Schreiner Louis Edet; der Tuchfabrikant Auguste-Charles Rousseau; der Goldschmied Prosper Dalché; der Pfannenschmied Henri Servais; der Konditor Marc-Noël Laurent; die Tuchfabrikanten Lucien-Jules und Philippe-Etienne Becher; der Restaurateur Charles Faussois, sämtlich Mitglieder des Direktoriums im Département Ardennes und Magistratsbeamte in Sedan. Sie bildeten den bedeutendsten »Schub« von Beamten aus der Provinz; die 32 Unseligen gehörten zum gewerbetreibenden Bürgertum von Sedan, das so viel an der Revolution verdient hatte, daß es

ihr nicht feindlich gegenüberstand. Trotzdem waren sie am 24. Oktober 1793 aufgrund eines Erlasses der Kommissare im Département Ardennes, Hentz, Bô und Coupé, verhaftet worden, die ihnen in der Begründung vorwarfen, sie hätten die »charakterfesten Männer« verfolgt, die die überzeugten Freunde der Revolution seien. (Vgl. den *Moniteur* vom 11. Brumaire des Jahres II.) Mit den Leuten aus Sedan wurden fünf andere Verurteilte guillotiniert: Charles Lefranc, Wundarzt des 7. Husarenregiments; der Schuhmacher Pierre Martin; der Wundarzt Antoine Cordelois; der Polizeibrigadier Jean-Jacques Deslandes und der Invalide Auguste Guidet, wegen Verbindungen zu den Emigranten oder konterrevolutionärer Reden.

16. Prairial [4. 6. 1794]. Das Bild der Conciergerie hat sich seit einiger Zeit sehr verändert. Kurz nach der Errichtung des Revolutionstribunals sah sie beinahe wie ein Feldlager am Abend vor der Schlacht aus; die Gesichter der Gefangenen waren erregt, sie gingen ruhig oder stolz auf und ab, unterhielten sich lebhaft, einige lachten, sangen und tranken. Die meisten schienen den Tod zu verachten, der über ihren Köpfen zu Gericht saß und von dem sie nur durch die Decke getrennt waren. Wenn ich nach meiner Rückkehr einem der Schließer erzählt hatte, wie es da unten abgelaufen war, gab der die Neuigkeiten gleich an sie weiter; dann applaudierten sie den mutig Gestorbenen ebenso begeistert wie die Zuschauer auf dem Richtplatz, und einige erhoben ihre Gläser und stießen auf ihre befreiten Gefährten an. Seit Dantons Hinrichtung hat die Conciergerie diesen Charakter verloren; sie ist wieder geworden, was sie immer schon war, das düsterste von allen Gefängnissen. Die Gefangenen sind

traurig, wortkarg und gehen einzeln umher; sie meiden einander, ein wenig aus Mißtrauen, vor allem aber aus dem Bedürfnis heraus, sich zu besinnen, das der Mensch hat, wenn seine letzte Stunde gekommen ist. Statt des Geschreis, das man sonst in den Höfen hörte, herrscht jetzt eine Stille, die nur durch die Schritte der Schließer und Schildwachen unterbrochen wird. Die Gefangenen versuchen nicht mehr, sich Nachrichten von draußen zu verschaffen; man könnte meinen, sie wagten nicht mehr auf die Konterrevolution zu hoffen, die allein sie vielleicht noch retten könnte. Seit sie die fiebrige Tapferkeit, die sie aufrecht hielt, verloren haben, brechen Krankheiten unter ihnen aus; sie werden von einer Art Skorbut geplagt, und man hat das Krankenrevier vergrößern müssen. Rivière zeigte mir heute einen gewissen Rougane, den man aus dem ehemaligen Bischofspalast zurückbrachte, wo er zur Rekonvaleszenz untergebracht war. Seine vier Brüder sind guillotiniert worden, und er überwand die Krankheit nur, um desto sicherer zu sterben; er kommt morgen oder übermorgen vor Gericht.
Heute wurden zur Hinrichtung geführt: Etienne-Maurice Leduc, der ehemalige Marquis de Biéville, Rat am Parlement von Rouen, mit seinem Sohn Auguste-Louis de Biéville, Leutnant bei den Jägern des Regiments Vosges; Jacques-Joseph Meynard, Angestellter am Rechnungshof; Jules-Frédéric Dufouleur, Notar aus Paris; Antoine Mareuil, Angestellter bei der Stadt Paris; der ehemalige Adlige Nicolas-Toussaint Letanneur, Gendarmeriehauptmann aus Versailles; Bernard de Saint-Michel, Leutnant im 4. Bataillon des Départements Meurthe; Jules-François Thirial, ehemaliger Pfarrer, Ab-

geordneter der Verfassunggebenden Versammlung; Grégoire-Philippe Laurenzo, schriftstellerisch tätig, alle wegen Verschwörung und Verbindungen zu den Feinden des Staates, und weil sie den Emigranten Geld hatten zukommen lassen; François-Dauphin de Goursac, ehemaliger Oberstleutnant der Kavallerie; Thérèse-Thomas, verwitwete de Goursac, seine Mutter; Jeanne-Dauphin de Goursac und Jean-Dauphin de Lapeyre, seine Geschwister; Mathieu [sic!] Jacquet-Gonin, die geschiedene Frau des ehemaligen Leibgardisten Pasquier Larevenchère; der ehemalige Pfarrer Joseph Clément und die Gesellschafterin Marie-Louise Dufour, diese letzten wegen Verschwörung gegen das Volk, denn sie hatten Verbindungen zu den Feinden der Nation unterhalten und konterrevolutionäre Reden geführt: Die Mutter von François Goursac war achtzig Jahre alt und beinahe blind; er bat, man möge ihm die Hände nicht fesseln, damit er sie unterwegs stützen könnte. Legris, der Kanzleigehilfe, gab zu bedenken, daß ich der Anklagevertretung darüber Bericht erstatten müsse. Die alte Frau sagte zu ihrem Sohn mit einer Heiterkeit, die von der Haltung ihrer weinenden Kinder abstach: »Lassen Sie doch die Herren in Ruhe, Goursac, wenn ich stolpere, wird sich unter ihnen doch eine mitleidige Seele finden, die mir ›Vorsicht!‹ zuruft.«

17. Prairial [5. 6. 1794]. Der Bürger Robespierre ist zum zweiten Mal und einstimmig zum Präsidenten der Convention gewählt worden. Trotz der einstimmigen Entscheidung sieht es so aus, als wären die Ausschüsse ebenso zerstritten wie vor dem Tod Dantons. Billaud-Varennes, Collot, Vadier, Amar und Voulland sind empört über den Einfluß, den Robespierre in der Convention gewonnen hat, und werfen ihm hinter vorgehaltener Hand vor, er sei wirklich das, was Cécile Renault in ihm sehen wollte. Barrère, der zwischen beiden Parteien laviert, um sich gegebenenfalls der stärkeren anzuschließen, hat mit seinem Bericht über die Anschläge der englischen Regierung diesen Gerüchten einige Nahrung gegeben, da er erklärt hat, im Ausland spräche man von uns und unseren Soldaten nur mit den Worten: die Soldaten Robespierres, die Regierung Robespierres. Dieser ist sehr aufgebracht über die Heimtücke, wie er es nennt; das hat er gegenüber einigen seiner Vertrauten geäußert. Jene, die immer noch hoffen, selbst wenn es keine Hoffnung mehr gibt, behaupten, er würde die gegen ihn gerichteten Machenschaften zum Anlaß nehmen, um mit den Verfechtern des Terrors zu brechen und die Rolle zu spielen, die er Danton nicht überlassen wollte; es heißt, er würde in der Rede, die er als Präsident der Convention beim Fest des Höchsten Wesens vor dem Volk halten wird, endlich das Wort »Milde« fallen lassen. Aus seinem Mund wäre das gleichsam eine Verfügung. Heute laufen bei ihm alle Fäden zusammen; die 73 Abgeordneten, die nach dem 31. Mai verhaftet worden sind, sind nur dank seiner Gnade noch am Leben – seine Mäßigung ihnen gegenüber versöhnt ihn mit der sogenannten Ebene in der Convention und sichert ihm so eine solide Mehrheit. Seine Leute, die er überall untergebracht hat, machen ihn zum Herrn über den Magistrat, das Revolutionstribunal und den Jakobinerclub; durch Lebas, den Leiter der mit Dekret vom 11. dieses Monats gegründeten Militärakademie, und durch Henriot hat er Zugriff auf die gesamten Streitkräfte; kein Zweifel, er kann seinen Willen nicht nur den Ausschüssen, sondern ganz Frankreich aufzwingen. Wird er das auch wollen?

18. Prairial [6. 6. 1794]. Jeder neue Tag gleicht genau dem vorigen. Heute gab es wieder 21 Verurteilte. Manche behaupten, man könnte sich an den Anblick des Blutes gewöhnen; aber das stimmt nicht, wenn es sich um das Blut unserer Mitmenschen handelt. Ich spreche nicht von mir selbst, sondern von meinen Gehilfen, die ich ständig beobachte, seit wir ganze Karren voll mit Männern und Frauen zur Guillotine fahren müssen. Zwei sind schon zwölf Jahre bei mir, vier waren früher Fleischer, unter den übrigen sind mindestens zwei den Strick nicht wert, mit dem man sie aufhängen wollte; trotzdem gibt es unter ihnen keinen, dessen Miene sich während der Arbeit nicht veränderte. Die Zuschauer merken nichts davon; mir aber fällt auf, daß sie Herzklopfen haben und daß ihnen manchmal die Knie schlottern. Wenn alles vorbei und das Schafott mit Leichen bedeckt ist, sehen sie einander gleichsam erstaunt und unruhig an. Sie legen sich bestimmt keine Rechenschaft über ihre Empfindungen ab, aber sogar die Geschwätzigsten unter ihnen sind still geworden; erst wenn sie ihren Schnaps getrunken haben, vermögen sie wieder sicher aufzutreten. Wenn das alles auf uns solchen Eindruck macht, wie muß es dann auf das Volk wirken? Unter den heute Guillotinierten war der ehemalige Vicomte Lavalette, ein Gardeoffizier, über den man eine makabre Geschichte erzählt. Er war mit seiner Frau im Gefängnis Bourbe inhaftiert. Eines Tages, als er im Hof Ball spielte, trat ein Schließer auf seine Frau zu und befahl ihr, ihren Mann zu rufen. Sie fragte nach dem Grund, und der elende Dummkopf antwortete ihr: »Er kommt vor Gericht und dann auf die Guillotine!« Das war ein so schrecklicher Schlag, daß die arme Frau den Verstand verloren hat.

Mit Lavalette wurden hingerichtet: Joseph Aboulin, Leutnant im 18. Dragonerregiment; Joseph Tournier, ein ehemaliger verfassungstreuer Pfarrer; die Deserteure Théodore Delainy und Patrick Roden, beide aus Irland; der Bauer Pierre-Jean Soudry; der Zimmermann Auguste Callevaert; der Schreiber Jean Foiret; Jérôme Mordock, der Kammerdiener des ehemaligen Comte de Martignac; Gabriel-Jules Cousin, Sekretär des Generalprokurators am ehemaligen Parlement in Rouen; der ehemalige Adlige Etienne-Félix de Forceville; William Newton, Kavallerieoberst in der Armee der Republik, alle wegen Verschwörung gegen das Volk, Herabsetzung der Nationalversammlung und Unregelmäßigkeiten bei Lieferungen; der ehemalige Adlige Casimir-François Mercier d'Aubeville, Richter in Pithiviers; der Waldhüter Théodore Roussat; der Straßenbauarbeiter Joseph Rolland; der Schlosser Jacques Vandier-Rendon; der ehemalige Adlige Dauphin de Chadevaud; Nicolas Vial, Kaufmann aus Charenton; Victorine Leclerc, verwitwete Lebatty; die Weißnäherin Antoinette Jacquemont, unverheiratet; Delphine-Elisabeth Marchais, die Frau von Nicolas Vial, alle wegen Verschwörung, Verbindungen zu den Feinden des Staates und konterrevolutionärer Reden; Emma-Marguerite Guillier, Frau eines ehemaligen Adligen; Jacques-Antoine Méraud, der verfassungstreue Pfarrer von Meilleraye (Département Sarthe); der ehemalige Marquis Louis-Horace de Villeneuve-Trans,

Oberst im Regiment Royal-Roussillon; der Bediente Joseph Daigue; Pierre Mézeray, Angestellter bei der Verwaltung der Staatsgüter; Marie-Micheline Perrier, Witwe des ehemaligen Adligen Fontenay, die letzten wegen Machenschaften, die eine Hungersnot auslösen sollten, wegen Intrigen und Komplotten in den Gefängnissen.

Die Verurteilten und Hingerichteten des 19. Prairial: Pierre Lecointre, Freiwilliger im 19. Artillerieregiment; der ehemalige Adlige Gustave Thézut d'Aumont, Lucien Lecocq, Bedienter beim ehemaligen Minister Rolland, weil sie Gerüchte in Umlauf gebracht hatten, um die Bürger zu demoralisieren; Charles François, genannt Cadet, Landwirt aus Champrosay; der Bauer Antoine Rayer und der Landwirt Pierre-Léopold Bachelier aus dem gleichen Dorf, als Komplizen der Verschwörung, deren Schauplatz der Distrikt Rosay war; der Auktionator Raoul Lecinque; der Bediente Prosper Demont; Jean-Stanislas Larget, Angestellter bei der Verwaltung der Staatsgüter, weil sie an den Komplotten des 10. August beteiligt waren; der ehemalige Adlige Henri Dessault aus Montlaurent (Département Ardennes); Nicolas-Philippe Boucher, Notar aus Bar-les-Busancey; der Bauer Jean Chanzy; Jean-Baptiste Bourgeois, Angestellter aus Mezières; Jacques-Sosthènes Grommer, Notar aus Chamery; Etienne Deshayes, Jurist aus Réthel; Paul Namur, Bauer aus Lucques; Jacques Legrand, Bauer aus Gouvelemond; Joseph-Jean Lemaire, Eisengießer; Jean-Baptiste Blay, Bauer aus Wadelicourt; Charles-Joseph-Remi Gérard, ehemaliger Prokurator bei der Oberforstverwaltung, und der Jurist Maximilien-Georges Gérard; die zwölf Letztgenannten gehörten zur Verwaltung des Département Ardennes und waren wie die Opfer vom 15. Prairial auf ein Dekret der Kommissare hin nach Paris gebracht worden.

21. Prairial [9. 6. 1794]. Das Fest des Höchsten Wesens hat gestern stattgefunden; ihm zu Ehren schaffte man aus einem Umkreis von zehn Meilen Blumen heran, aber der Hohepriester hat nicht die Worte des Erbarmens fallen lassen, die von ihm erwartet wurden und die der gefeierten Gottheit vielleicht angenehmer gewesen wären als das Meer von Rosen, Ähren und Weinranken, die man durch die Straßen trug. Wir hatten in der Nacht des Nonidi das Schafott ganz abgebaut und ins Depot gebracht, das hatte wesentlich dazu beigetragen, den Gerüchten von einer Amnestie Nahrung zu geben. Die scheußliche Abflußrinne, wo soviel Menschenblut gärt, wurde unter Bohlen versteckt, auf die man Sand streute, aber es gelang nicht, den Pestgeruch, den sie ausströmt, verschwinden zu machen. Die armen Toten protestierten aus ihren Gräbern heraus gegen die lästerlichen Huldigungen, die die unbarmherzigen Menschen dem Gott der Gerechtigkeit und der Vergebung darzubringen gedachten. So glanzvoll dieser Tag auch war, er hat längst nicht auf alle einen günstigen Eindruck gemacht. Man sagt, für die Abgeordneten der Convention sei dies weit eher das Fest der Zwietracht als das des Höchsten Wesens gewesen. Robespierre hat zwar nicht das schönste Vorrecht des Königtums, die Milde, für sich in Anspruch genommen, aber er hat sich zumindest sein hochmütiges Zeremoniell zu eigen gemacht. Die Freiheit, die uns der Wahlspruch der Republik verspricht, ist bisher Utopie geblieben, und daher darf man den letzten Worten der Formel keine allzu große Bedeutung beimessen: der zweifelhaften Gleichheit, die wir vielleicht noch haben, und der Brüderlichkeit, die uns fehlt. Uns bleibt nur noch die letzte

Möglichkeit im Programm: der Tod; denn was die Gleichheit angeht, so muß man zugeben, daß Robespierre sehr lässig mit ihr umging, da er sich unbedingt von seinen Kollegen absetzen wollte. Man wirft ihm vor, er habe die Convention in ihrem Amphitheater im Jardin national warten lassen und sei während des Zugs von den Tuilerien zum Champ de la Réunion den Volksvertretern in beträchtlichem Abstand vorangeschritten, damit sie auf das Volk wie eine Herde wirkten, die gehorsam ihrem Führer folgt; man tadelt sogar seine elegante Kleidung und die enorme Größe des Blumenstraußes, den er in der Hand trug, und einige fanatische Republikaner sehen darin eine offenkundige Demonstration seiner monarchistischen Neigungen. Wenn sie recht haben, hat Robespierre sicher die beste Gelegenheit verpaßt; nach dem, was ich selbst von den Reden der Menge aufschnappte, glaube ich, daß das Volk, das der Hinrichtungen überdrüssig ist, nur auf ein Wort von ihm gewartet hat, um ihn auf den Schild zu heben. Wird sich noch einmal eine solche Gelegenheit ergeben?

Die Passanten, die am Décadi den Platz der Guillotine leer fanden, konnten an ein Märchen glauben, als sie sie im Morgengrauen des Primidi wieder dort erblickten. Wir begannen um Mitternacht, das Schafott wieder aufzurichten, während noch die letzten Girlandenträger auf dem Rückweg vom Champ de la Réunion vorbeikamen, und nach vier Uhr am Nachmittag fiel das Messer wieder zweiundzwanzigmal.

Am 21. Prairial wurden verurteilt und hingerichtet: der ehemalige Adlige Louis de Pons und sein Sohn Robert de Pons, Marineoffizier im Dienst der Vereinigten Staaten von

Amerika; die Nonnen Marie-Rosalie de Pons und Elisabeth de Pons, Schwestern von Louis de Pons; Etienne-Rouganne de Prinsa, ehemaliger Präsident des Sühnegerichts von Moulins; der Tabakhändler Antoine-Joseph Veylard Fond-Bouillant; Charles Perrey, ehemaliger Buchhalter aus Dijon; Louis-Philippe Croissy, ehemaliger Pfarrer von Etalon (Département Saône-et-Loire), wegen Verbindungen zu den Feinden und konterrevolutionärer Reden; der ehemalige Advokat Raoul-Marie-Léopold Stabenrath, Abgeordneter der Gesetzgebenden Versammlung, und sein Bruder Mathieu-Léopold Stabenrath, Gemeindesekretär von Châteauneuf; Pierre-Louis Beaufils, Friedensrichter im Kanton Laferté-lès-Bois; Louis-Joseph Lepelletier La Bidouderie, Generalleutnant in der Vogtei Châteauneuf; Jean-George Le Boulanger, staatlicher Forstmeister in La Ferté-lès-Bois; der ehemalige Adlige Nicolas-Marie-Antoine Phortien d'Epinay, Oberstleutnant im Grenadierregiment Champagne; Jean-Antoine Herbault, Landwirt aus Châteauneuf; Pierre-Robert Gaurieux-Devaux, Verwalter aus La Ferté-lès-Bois; Jacques Lepelletier, Kaffeehausbesitzer aus München (Bayern); Antoine Guerbois, Dekorateur aus Gilbert-des-Voisins; Jean-Baptiste Auvray, Angestellter in einem Rentenbüro; Pierre-Louis Vallée, Administrator des Distrikts Puy-la-Montagne; François-Gérard Cormeaux, der ehemalige Pfarrer von Plintel (Département Côtes-du-Nord), wegen Bittschriften zugunsten der Tyrannei, Zerstörung von Freiheitsbäumen, Komplizenschaft mit den Rebellen der Vendée, konterrevolutionärer Reden usw.

22. Prairial [10. 6. 1794]. Heute verhandelte das Tribunal weiter gegen die Verdächtigen, die von den Kommissaren der Départements nach Paris geschickt worden waren. Dreizehn Personen aus Cosne wurden heute vorgeführt; zehn von ihnen wurden verurteilt, und außerdem drei Bürger verschiedener anderer Städte.

Es waren Antoine Pirant, der ehemalige Präsident des Magistrats im Distrikt Cosne; sein Vizepräsident Pierre Etienne Goy; Gilbert Chaumorot, Postmeister ebendort; der Tabakhändler Paul-Frédéric Cacadier, Schreiber des Friedensrichters von Cosne; außerdem Auguste Maignan de Champromain, Friedensrichter; Charles Perrier, Arzt und Kommandant der Nationalgarde; Prosper Leclerc, Notar und Staatskommissar; Emile Lafaye, vormals öffentlicher Ankläger am Tribunal des Distrikts; der Viehhändler Jacques Rocher und der Ochsentreiber Constant Blot, alle wohnhaft in Cosne, wegen Verschwörung, Veruntreuungen, Unterschlagungen bei Lieferungen und Machenschaften, die eine Teuerung herbeiführen sollten; weiterhin Benjamin-Antoine-Alexis Hary, Vorsteher der Proviantstelle der Armee in Dünkirchen; Pierre Maurice, Viehhändler aus Orléans; Charles Couricult, Viehmäster aus Blonville (Département Calvados), wie die Vorgenannten wegen Unregelmäßigkeiten bei Lieferungen.

23. Prairial [11. 6. 1794]. Wo sind die Hoffnungen geblieben, die noch am 19. jeder in das bevorstehende Fest setzte? Beim Revolutionstribunal hat es Veränderungen gegeben; aber nicht in dem Sinne, wie jeder es wünschte und wollte und wie nur wenige es öffentlich zu fordern wagten. Nach dem neuen Dekret soll noch schärfer verfahren werden, obwohl dies kaum möglich scheint; die Richter und die Geschworenen, denen wir ihre Unerbittlichkeit vorwarfen, gelten als Gemäßigte, werden eliminiert und ersetzt. Was haben wir von denen zu erwarten, die nachrücken! Die überzeugtesten Revolutionäre be-

kamen einen Schreck; Ruamps rief aus: »Wenn dieses Dekret angenommen würde, müßte ich mir eine Kugel durch den Kopf jagen!« Lecointre hat eine Vertagung beantragt, und ausgerechnet Robespierre, bei dem so viele Leute Anwandlungen von Milde vermuteten, hat die Convention zur Zustimmung veranlaßt.
Das neue Tribunal setzt sich folgendermaßen zusammen: Präsident: Dumas; Vizepräsidenten: Coffinhal, Sellier und Naudin, der ehemalige Stellvertreter des Anklägers. – Öffentlicher Ankläger: Fouquier; Stellvertreter: Gribeauval, Royer, Liendon und Givois, der Staatsagent im Distrikt Cusset, sowie Legracieux, Beamter am Schatzamt in Straßburg. – Richter: Ragmey aus Lüttich, Foucaut, Vertreuil, Bravey, Barbier aus Lorient; Harny, Garnier, Launay, Rhetorikprofessor aus Châlons; Laporte und Félix, Mitglieder der Militärkommission von Tours; Loyer. – Geschworene: Renaudin, Benoitrais, Fauvetti, Lumière, Fineaux, Gauthier, Meyère, Chatelet, Petit-Tressin, Trinchard, Topino-Lebrun, Pijor, Girard, Presselin, Didier, Villate, Dix-Août, Laporte, Ganney, Brochet, Aubry, Gemont, Prieur, Duplay, Devize, Desboisseaux, Nicolas, Gravier, Billon, Subleyras, Laviron Senior, Landwirt aus Créteil; Fillon, Fabrikant aus Commune-Affranchie; Potherel aus Châlons-sur-Saône; Musson, Schuhmacher aus Commune-Affranchie; Marhel, Künstler; Laurent, Mitglied des Revolutionskomitees der Section Piques; Villers, Moulin, Deprau, Künstler; Emmery, Hutmacher; Lafontaine, Blachol, Zahlmeister bei der Pyrenäenarmee Ost; Debeaux, Schreiber beim Tribunal von Valence; Gouillut, Administrator des Distrikts Béthune; Dereys, Duquenel, Hannoyer, Butins, Pechet,

Nierguin, Mitglied des Überwachungsausschusses von Mirecourt. Das neue Tribunal wird in Sektionen eingeteilt; jede Sektion soll aus drei Richtern und mindestens sieben Geschworenen bestehen. Aus dieser neuen Organisationsform ergibt sich, daß vier Sektionen gleichzeitig verhandeln und ihre Verurteilten zur Guillotine schicken können.

Am 23. Prairial wurden verurteilt und hingerichtet: François Darmaing de Dougery, ehemaliger Advokat aus Pamiers; Jean-Baptiste-Gabriel Darmaing, Friedensrichter aus Foix; Jacques Mont-Sirbault, Kanzleigehilfe aus Pamiers; Joseph-Pierre Mont-Sirbault, Apotheker aus Pamiers; Jean-Pierre Rigal, Grundbesitzer aus Pamiers; Louis Rigal-Moignier, Bauer aus Jean-de-Falga (Département Ariège); Julien Palma de Fraxine, ehemaliger Zivilleutnant von Pamiers; Jacques Larue, ehemaliger Anwalt aus Tarascon; Norbert-Nicolas Castel, Geschäftsmann aus Foix; Jean-Jacques Perrin, Richter aus Amiens, wegen Verschwörung gegen die Nationalversammlung; Nicolas Jeannin, Tagelöhner; Denys Courtin, Brigadier in der 52. Gendarmeriedivision; Pierre Robert, Stellmacher; Grégoire Lucas, Lieferant von Ausrüstung für die Armee; Louis Lameudin, Holzlieferant der Armee; Baptiste-Jacques Hébert, ebenfalls Holzlieferant, alle wegen Unregelmäßigkeiten bei ihren Lieferungen; Charles-Maurice Chapus-Dubost und sein Bruder Charles-Georges Chapus-Dubost de Champcourt, beide ohne Beruf; der ehemalige Adlige Edouard-Antoine Chapus-Dubost, Kommissar am Distriktsgericht von Cusset, und seine Frau Jeanne-Delphine Teyras, wegen Verbindungen zu den Feinden. Eine angebliche Verschwörung der Einwohner von Foix und Pamier war vom Sohn Vadiers, des Abgeordneten der Convention, angezeigt worden, und er hatte die Leute vor das Revolutionstribunal gebracht; man beschuldigte ihn, er habe durch diese gemeine Rache seine Wut und seinen Haß gegen einen der Unseligen austoben wollen, der ihm die Hand seiner Tochter verweigert hatte.

25. Prairial [13. 6. 1794]. Man hat den Beschwerden der Bürger aus der Rue Saint-Honoré Rechnung getragen, die den Anblick unserer Karren nicht mehr ertragen konnten. Als ich vorgestern zu Bett gehen wollte, ließ man mich zum Justizpalast rufen, wo der stellvertretende Ankläger Royer und zwei Beamte der Commune mir befahlen, die Guillotine von der Place de la Révolution zu entfernen und sie zu dem Platz zu bringen, wo früher die Bastille stand. Die Zimmerleute arbeiteten bei Fackelschein die ganze Nacht hindurch. Da die Zahl der Hinrichtungen gesteigert werden soll, schien es offensichtlich notwendig, für Zuschauer zu sorgen, deren Haß noch nicht abgestumpft ist; man zählte auf die Bürger dieses patriotischen Faubourg, auf die fleißigen, aber armen Handwerker, die die Hinrichtungen mit mehr Beifall aufnehmen sollten als das Publikum aus dem Viertel um die Tuilerien; aber das war ein großer Irrtum. Wir erreichten den Platz von der Rue Antoine her, mit achtzehn Verurteilten auf drei Karren. Es waren Charles Noël, Wundarzt aus Roye; der Jagdhüter Hildebert Lamarre; der Gendarm Etienne-Henri Cousin; der Bediente Mathieu-Joseph Langlois; Baptiste Bardy, ein Kolporteur von Almanachen; der Waldhüter Pierre Chabault; der Privatier Jean-Baptiste Curtet; der Matrose Paul-Auguste-Alfred Husson; der Müller Jean-Baptiste Marinot; Louis Turpeaux, stellvertretender Abteilungsleiter im

Marineministerium; André Moreau, Kriegsveteran; Denis Beron, Winzer; Jules-Henri Richard, Sattler; Jean-Baptiste Geoffroy, ehemaliger Steuereinnehmer; Joseph Ignar, Grenadier im Bataillon Côte-d'Or; Jean-Paul Baudonnet, ehemaliger Pfarrer; François Douillard, Buchhändler. Wir hatten die Rue Antoine gerade hinter uns gelassen, als wir mit Geschrei, Hohngelächter und Pfiffen begrüßt wurden. Die Leute waren hier nicht so schüchtern wie auf der Place de la Révolution, und als sie sahen, daß die Unglücklichen, die wir zum Schafott führten, überhaupt nicht aristokratisch aussahen, scheuten sie sich nicht, sie zu bemitleiden und laute Bemerkungen zu machen. Je näher wir kamen, um so mehr schlug die Stimmung um. Ich sah, wie Männer in Hemdsärmeln und Arbeitsschürzen in der Menge nach ihren Frauen suchten und sie zum Gehen überredeten oder einfach fortzogen. Als die letzten Verurteilten aufs Schafott stiegen, gab es noch weniger Zuschauer als irgendwann in der letzten Zeit auf der Place de la Révolution; abgesehen von unseren ständigen Schreihälsen, war der Platz beinahe völlig verlassen. Die Spitzel des Ausschusses, die wir ganz genau kennen, waren völlig fassungslos; sie hatten vermutet, das Volk würde uns die Pferde ausspannen und selbst die Karren mit seinen angeblichen Feinden zur Guillotine ziehen, aber dieses Volk hat denen, die vorgeben, es zu kennen, eine Lehre erteilt. Deshalb hat man unter dem Vorwand, der Schauplatz des ersten Sieges über die Tyrannen dürfe nicht vom Blut der Aristokraten besudelt werden, auf einen weiteren Versuch verzichtet. Wir haben noch eine schlaflose Nacht verbracht und das Schafott zur Place du Trône Renversé geschafft; es steht jetzt innerhalb der früheren Zollschranken. Die Leichen werden zum Friedhof Sainte-Marguerite in der Sektion Montreuil gebracht. Die Leute im Faubourg, die schon den Zug der Verurteilten mit ansehen mußten, werden auch noch Zeugen des Abtransports der Leichen. So, wie sie sich gestern verhalten haben, bezweifle ich, daß dieses Schauspiel lange nach ihrem Geschmack sein wird.

Heute wurden hingerichtet: der ehemalige Bernhardinermönch Jean-Baptiste Lorcé, Armeelieferant; Charles Sauvage, Schreiber bei einem Friedensrichter; der Proviantmeister Jacques Moreau; Joseph-François Drouanet, Koppelhersteller und Armeelieferant; Jean-Baptiste Ruinet, Holzlieferant; Julien-Luc Trude, Spiegelhändler; Pierre-Auguste Fesset, Kutscher; Jeanne Hermasson, Wäscherin; und Joseph-Benjamin Guesnier, Schneider, alle wegen Unregelmäßigkeiten bei ihren Lieferungen, Unterschlagungen und konterrevolutionärer Reden; Jérémie Sibilot, Magistratsbeamter aus Belleville; Jacques Molard, Metzger; Frédéric Pernet-Boudouge, Kunsttischler; Alfred-Louis Ducastellier, ehemaliger Pfarrer; Prosper Bizet, Gärtnergehilfe; Pierre-Joseph Baugard, ehemaliger Bürgermeister von Sarre-Libre (Département Moselle); Albert-François Martin, Schulmeister; der ehemalige Adlige Louis-Philippe Gorcy de Chaux-d'Escur; Paul-Léon Magnan, Gendarm; Mathieu Borec, Bedienter; Pierre Bance und sein Sohn François, Drukker, wegen Verschwörung gegen die Republik und weil sie an dem Aufstand in Commune-Affranchie beteiligt waren.

Obwohl das Dekret über das Revolutionstribunal erlassen ist, haben die Diskussionen in der Convention nicht aufgehört. Die Gegner des sogenannten Triumvirats sind ein bißchen spät aufgewacht. In der Sitzung vom 23. haben sie gegen ein Gesetz protestiert, das die Immunität der Volksvertreter aufhebt und sie der Willkür der Ausschüsse und Fouquier-Tinvilles preisgibt, da es diesen das Recht einräumt, Abgeordnete auf die Guillotine zu schicken, ohne vorher die Convention zu befragen. Robespierre nahm nicht an der Sitzung teil, und nach Reden von Bourdon (Département Oise) und von Merlin faßte die Convention einen Beschluß, der die Rechte ihrer Mitglieder wahrte. Am folgenden Tag, dem 24., machte Couthon der Versammlung bittere Vorwürfe wegen ihrer Schwäche; Robespierre ergriff das Wort und empörte sich über diese absichtlich hervorgerufenen Ängste; er sagte, sie seien das Werk einer Partei, die die Volksvertretung herabsetzen wolle. Bourdon glaubte, das Porträt, das Robespierre von den Führern dieser Partei entwarf, ziele auf ihn; er fuhr ihm in die Parade, Robespierre rief aus: »Ich habe Bourdon nicht namentlich genannt! Wehe dem, der sich selbst nennt!« Diese Worte hallten wie Totengeläut in der Versammlung wider, die sich unter der Zuchtrute des Herrn beugte und sich dadurch erniedrigte, daß sie ihren Beschluß vom Vortag aufhob.

Hier das schreckliche Prairial-Gesetz im Wortlaut:
IV. Das Revolutionstribunal ist eingesetzt, um die Feinde des Volkes zu bestrafen.
V. Die Feinde des Volkes sind jene, die die öffentlichen Freiheiten durch Gewalt oder List zu vernichten suchen.
VI. Als Feinde des Volkes werden betrachtet:
jene, die zur Wiedereinführung des Königtums aufgerufen oder versucht haben, die Convention und die revolutionäre

oder republikanische Regierung, deren Mittelpunkt sie ist, zu verunglimpfen oder aufzulösen;
jene, die als Kommandanten von Festungen oder Truppen oder in jeder anderen militärischen Funktion die Republik verraten, Verbindungen zu ihren Feinden unterhalten oder darauf hingewirkt haben, daß es den Truppen an Verpflegung und Ausrüstung fehlt;
jene, die versucht haben, die Versorgung von Paris zu behindern oder in der Republik Mangel an Lebensmitteln zu erzeugen;
jene, die die Pläne der Feinde Frankreichs unterstützt haben, indem sie entweder den ungehinderten Abzug der Verschwörer und Aristokraten begünstigten oder den Patriotismus verfolgten und verleumdeten, die Mandatsträger des Volkes bestachen oder die Prinzipien der Revolution, die Gesetze und Maßnahmen der Regierung durch falsche, hinterlistige Anweisungen mißbrauchten;
jene, die das Volk oder seine Vertreter getäuscht haben, um sie zu Schritten zu veranlassen, die gegen die Freiheit gerichtet sind;
jene, die defätistische Propaganda gemacht haben, um die Unternehmungen der gegen die Republik verbündeten Tyrannen zu begünstigen;
jene, die falsche Gerüchte verbreitet haben, um das Volk zu entzweien oder zu beunruhigen;
jene, die versucht haben, die Meinung des Volkes irrezuleiten und seine Aufklärung zu verhindern, die Sitten zu verderben und das öffentliche Bewußtein zu korrumpieren, die Dynamik und Reinheit der revolutionären und republikanischen Prinzipien zu schwächen oder ihren Fortschritt zu hemmen, entweder durch konterrevolutionäre oder heimtückische Schriften oder irgendwelche anderen Ränke;
die eigennützigen Lieferanten, die der Republik schaden,

die Verschwender des Staatsvermögens, soweit auf sie nicht das Gesetz vom ... Anwendung findet;
jene, die als Inhaber öffentlicher Ämter diese mißbrauchen, um den Feinden der Revolution zu dienen, den Patrioten Schwierigkeiten zu machen oder das Volk zu unterdrükken;
schließlich all jene, die in früheren Gesetzen über die Bestrafung von Verschwörern und Konterrevolutionären genannt sind und, auf welche Weise und unter welcher Verkleidung auch immer, Anschläge auf die Freiheit, Einheit und Sicherheit der Republik verübt oder Anstrengungen unternommen haben, um ihre Stabilisierung zu verhindern.
VII. Die Strafe für alle Vergehen, die in die Zuständigkeit des Revolutionstribunals fallen, ist der Tod.
VIII. Den zur Verurteilung der Feinde des Volkes hinreichenden Beweis liefert jede Art von Dokumenten, seien sie materiell, moralisch, mündlich oder schriftlich, die der spontanen Zustimmung jedes rechten und vernünftigen Geistes sicher sein können. Richtschnur für die Urteile ist das Gewissen der Geschworenen, das durch die Vaterlandsliebe erleuchtet wird; ihr Ziel sind der Triumph der Republik und der Untergang ihrer Feinde; das Verfahren wendet die einfachen Mittel an, die einem der gesunde Menschenverstand zur Wahrheitsfindung in den vom Gesetz festgelegten Formen eingibt.
Es beschränkt sich auf die folgenden Punkte:
IX. Jeder Bürger hat das Recht, Verschwörer und Konterrevolutionäre festzunehmen und vor die Beamten zu bringen. Er ist gehalten, sie zu denunzieren, sobald er sie als solche erkannt hat.
X. Nur die Convention, der Wohlfahrtsausschuß, der Sicherheitsausschuß, die Abgeordneten Kommissare der

Convention und der Öffentliche Ankläger können Verdächtige vor das Revolutionstribunal bringen.
XI. Die Behörden können dieses Recht in der Regel nur ausüben, nachdem sie den Wohlfahrts- und den Sicherheitsausschuß informiert und deren Erlaubnis erhalten haben.
XII. Der Angeklagte wird in öffentlicher Verhandlung gehört; die Formalität eines vorangehenden geheimen Verhörs wird als überflüssig abgeschafft. Ein solches findet nur unter besonderen Umständen statt, wenn es der Wahrheitsfindung dienlich scheint.
XIII. Wenn es konkrete oder moralische Beweise unabhängig von beweiskräftigen Zeugenaussagen gibt, werden keine Zeugen gehört, es sei denn, diese Formalität scheint notwendig, um Komplizen zu entlarven oder aufgrund anderer gewichtiger Erwägungen im öffentlichen Interesse.
XIV. In den Fällen, in denen dieses Beweismittel angebracht ist, lädt der öffentliche Ankläger die Zeugen vor, die der Justiz Aufklärung verschaffen können, und zwar ohne Unterschied Belastungs- und Entlastungszeugen.

26. Prairial [14. 6. 1794]. Das Revolutionstribunal hat jede Scham abgelegt. Erst letzten Monat hatte es Fréteau, Rat am Parlement von Paris, freigesprochen. Diese Nachsicht hat Fouquier mißfallen, aber er fand bald eine Möglichkeit, das zu korrigieren, was er aufgrund seiner Überzeugungen als öffentlicher Ankläger nur als einen Irrtum betrachten konnte. Er erklärte, es handle sich um ein Fehlurteil, und schickte Fréteau noch eimal vor das Tribunal; allein aufgrund dieser Entscheidung konnte er dem Tod nicht mehr entgehen. Niemand hat zweimal soviel Glück.
Während das Tribunal die der Nation zugefügten Beleidigungen rächt, hilft es auch seinen Freunden, ihren Haß

auszutoben. Es hat Cazes verurteilt, und alle wissen, daß Cazes auf eine Denunziation des Sohnes von Vadier hin angeklagt wurde, dem der arme Mann die Hand seiner Tochter verweigert hatte. Mit Fréteau und Cazes wurden heute noch 34 andere Verurteilte hingerichtet; davon gehörten sechsundzwanzig als Rat oder Präsident dem Parlement von Toulouse an: Robert-Antoine-Pierre de Montaigu, Jean-Jacques Tormestrauld de Brisseuil, Jean-Baptiste-Pierre Titon, Jean-Baptiste-Albert Lerebours, Samuel-Eugène-Louis-Jean-François Buisson-d'Auxonne, Paul Senault, Jacques-Joseph Combette de Caumont, Julien-Louis Gaillard, Jean-Louis Dorlet de Ribonnet, Nicolas Nonnat de Lacase, Joseph Poulauriez, Louis-Joseph Poulauriez Junior, Jean-Joseph Martin d'Aiguevilliers, Prosper Reversac de Céreste, Hippolyte Cassaigne, Hector-Charles Sajot, Jacques-Gaspard de Laboue, Joseph-Frédéric Larraquant, Charles-Maurice Blain, Antoine-Pierre Dubourg, Joseph-Jules Daguin, François-Jude Marquier de Fajac, Félix Maulinery de Murols, André de Migeville, Jean-François-Mathieu Savy, François de Rochefort, Pierre-Jacques Bonhomme Du Pin, Henri Deliot.
Diese Beamten waren von Dartigoyte, dem Kommisar in Toulouse, nach Paris überstellt worden. Mit ihnen wurden hingerichtet: Félix Baquelot, Landwirt aus Autun; Charles-Alexandre Billioud, ein ehemaliger Kanoniker; Ernest Aubréan, Abgabeneinnehmer aus Orléans; Jean Prévot, Bäcker aus Saint-Quentin; Charles d'Houre, Kaufmannsgehilfe; Théodore Guérin-Lorillard, Perückenmacher; François Baudevin, Drucker; und Frau Marthe Godpain, Obsthändlerin.

27. Prairial [15. 6. 1794]. Ich weiß seit heute über die Leibwächter Bescheid, die, wie es heißt, den Bürger Robespierre ständig begleiten. Ich begegnete ihm an einem sehr abgelegenen Ort, und er hatte keinen anderen Trabanten als einen schwarz-weißen Fleischerhund, der allerdings bemerkenswert groß und stark war. Martin hatte mir heute morgen angeboten, den Dienst zu übernehmen, was mir recht war; denn ich hatte meinen kleinen Nichten schon lange versprochen, mit ihnen einen Ausflug aufs Land zu machen, und ich selbst wollte die Guillotine für einen Tag vergessen. Wir kamen durch Clichy und schlugen dann einen Fußweg durch die Getreidefelder ein.

Im Weizen, der noch grün ist, wachsen viele Blumen. Die Kinder hüpften vor Freude und baten mich, einen Strauß für ihre Tante pflücken zu dürfen; ohne meine Antwort abzuwarten, liefen sie in das Feld hinein. Da sie den Weizen niedertrampelten, schimpfte ich mit ihnen; aber sie waren so glücklich und stolz auf den Klatschmohn und die Kornblumen, daß meine Ermahnungen keinen großen Eindruck auf sie machten. Ehe ich mich versah, hatte ich eine richtige Garbe zu tragen; denn je mehr Blumen sie sahen, um so mehr wollten sie pflücken. So kamen wir zu einem Haus, das La Planchette heißt und nahe bei der Seine liegt; meine alten Beine waren müder als ihre kleinen Füße, deshalb setzte ich mich ans Ufer, und sie tollten noch weiter. In der Hecke entdeckten sie wilde Rosen, die sie auch noch für den Strauß haben wollten; aber diese Blumen waren nicht so leicht zu pflücken wie der Klatschmohn, und sie schafften es nur, sich die Finger an den Dornen des Strauches zu zerstechen. In diesem Augenblick sah ich einen Bürger des Weges kommen, der einen großen Hund bei sich hatte. Der Bürger schaute die Kinder an und half ihnen bereitwillig. Er pflückte die Blumen, die sie so gern haben wollten, und gab jedem der beiden Mädchen einen Teil davon. Plaudernd und lachend kamen sie alle drei auf mich zu. Da erkannte ich ihn: Er trug einen blauen Rock, der aber dunkler war als der, den er am 20. angehabt hatte. Seine Haare waren mit einer gewissen Affektiertheit frisiert und gepudert; den Hut hatte er auf ein Stöckchen gesteckt, das er über der Schulter trug. Seine Haltung war sehr steif; er hielt den Kopf ein wenig zurückgeneigt, aber seine Züge hatten einen unbeschwerten Ausdruck, der mich erstaunte. Er fragte mich, ob das meine Kinder seien. Ich erklärte ihm, es seien meine Nichten. Er sagte, wie nett er sie finde, und stellte ihnen weiter Fragen. Marie machte aus den Blumen, die neben mir lagen, einen kleinen Strauß und überreichte ihn ihm; er nahm ihn und steckte ihn sich ins Knopfloch. Dann fragte er sie nach ihrem Namen, um sich, wie er sagte, an sie erinnern zu können, wenn die Blumen verwelkt wären. Das arme Kind nannte nicht nur seinen Vornamen, der genügt hätte, sondern sagte auch den anderen, und ich habe noch nie erlebt, daß sich der Gesichtsausdruck eines Menschen so plötzlich veränderte. Er fuhr auf, als ob er auf eine Schlange getreten wäre, und seine Stirn war plötzlich voller Falten; unter seinen zuckenden Lidern hielt er den Blick starr auf mich gerichtet, sein blasses Gesicht wurde aschfahl. Er lächelte nicht mehr, nur eine gerade, kaum wahrnehmbare Linie kennzeichnete die Stelle, wo sein Mund war, und machte sein

Gesicht unglaublich hart. In schroffem Ton und mit einer Arroganz, die ich beim Apostel der Gleichheit nicht vermutet hätte, sagte er: »Sie sind...« Ich hatte mich verbeugt, und er sprach nicht weiter. Einige Augenblicke schien er in Gedanken versunken; ein- oder zweimal sah es so aus, als ob er sprechen wollte. Offenbar kämpfte er mit einem Widerwillen, den er nicht zu überwinden vermochte. Endlich beugte er sich zu den Kindern hinunter, küßte sie mit deutlich zur Schau gestellter Zärtlichkeit, rief seinen Hund und ging schnell weg, ohne mich noch eines Blickes zu würdigen. Ich meinerseits machte mich nachdenklich auf den Heimweg und fragte mich, ob man über den Mörder, der sich vor dem Beil, mit dem er tötet, entsetzt, lachen oder weinen sollte. Vielleicht mußte er bei meinem Anblick auch an die Verwünschungen Dantons denken.

Am 27. Prairial wurden hingerichtet: Paul-Joseph Laplanche, fahrender Händler; Henri Constant, Jäger im 19. Bataillon von Paris; der Müller Humbert Sénéchal; die Wäscherin Mathurine Lacroix; François-Victor Mayeux, fahrender Händler in Eisenwaren; Pierre-Léon Bertrand, Konditorgeselle; der Kellner Prosper Deglem; Joseph-Charles Brellan, ehemaliger Mundschenk von Louis XVI; der Notar Jean-Etienne Thiboust; Gaspard Bourdeau, der ehemalige Pfarrer von Vaugirard, wegen Verbreitung von Gerüchten, Fahnenflucht usw.; der Bediente Frédéric L'Homme; der Perückenmacher Maurice Maurienne; Charles-Auguste Gaspard de la Trémouille, ehemaliger Fürst und Ordensbruder; der ehemalige Adlige Louis-Gustave Levieillard, der an der Tafel des ehemaligen Königs Dienst tat; Julie-Elisabeth Langlois, die Frau von Maurienne; Jacques-Antoine Lebrasseur, ehemaliger Intendant bei der Marine; Claude-Henri Gamache, Landwirt aus Bourges; der ehemalige Comte Denis-Eléonore-Michel de Gamaches, Standartenträger der Gendarmerie. Die Verurteilung der beiden zuletzt Genannten ist eine der größten Scheußlichkeiten, die die Verhöhnung der Gerechtigkeit, die Revolutionstribunal heißt, begangen hat. Als der Gerichtsdiener, der die Gefangenen zum Revolutionstribunal führen sollte, den Namen Gamache aufrief, meldeten sich zwei Häftlinge. Der Mann war ratlos, denn auf seiner Liste waren weder Vorname noch Berufsbezeichnung angegeben. Er entschloß sich, beide zu Fouquier-Tinville zu bringen und ihm den Sachverhalt zu erklären. Fouquier billigte dieses Vorgehen ausdrücklich, und damit er den Gamache Nr. 2 nicht umsonst gestört hätte, schickte er ihn zusammen mit seinem Namensvetter zur Verhandlung, und beide wurden zum Tod auf der Guillotine verurteilt. (Vgl. Campardon, *Histoire du Tribunal révolutionnaire*, Bd. 2.)

28. Prairial [16. 6. 1794]. In den Gefängnissen sitzen zur Zeit 7321 Häftlinge; aber um die Überfüllung zu beseitigen, hat man ja den Vorwand der Verschwörungen. In Bicêtre hat man angefangen; 37 Gefangene wurden heute hingerichtet, andere aus der gleichen Anstalt warten noch auf ihre Verhandlung. Daß man Verbrecher ausgesucht hat, die fast alle schon als Diebe oder Mörder verurteilt worden waren, ist offensichtlich wohlüberlegt; man hofft, auf diese Weise die Sympathie im Keim zu ersticken, welche diejenigen erwecken könnten, die später kommen, und das werden noch viele sein; man verbreitet wieder einmal das Gerücht, die Gefangenen würden unruhig, und wir wissen, was das bedeutet.
Wie dem auch sei, in Bicêtre ist die Sache folgenderma-

ßen abgelaufen: Die Schlossergesellen Lucas und Balin, zwei Diebe, der eine zu zehn Jahren, der andere zu achtzehn Jahren Haft in Ketten verurteilt, hatten ihre Flucht vorbereitet. Von draußen war in einem Brot versteckt eine Feile hineingeschmuggelt worden, damit hatten sie die Eisenstangen eines Fensters bearbeitet, das zum Rundgang der Wache auf der Mauer hin liegt. In der Euphorie über ihre bevorstehende Befreiung waren sie so unvorsichtig, ganz laut zu erklären, daß sie am nächsten Tag draußen sein würden, und sie schlugen einem gewissen Valagnos, einem Anstreicher, vor, er solle mit ihnen fliehen. Dieser Valagnos war ein Spitzel; er brachte sie zum Reden und wandte ein, wenn sie einmal auf den Rundgang gelangt wären, müßten sie noch der Wachsamkeit der Posten entkommen. Lucas antwortete: »Vor denen habe ich keine Angst, ich mach' mich ganz heimlich davon.« Valagnos erstattete Bericht. Dupaumier, der leitende Polizeibeamte, ließ die Zelle der beiden Verurteilten durchsuchen; man fand dort die Feile und eine Strickleiter aus Säumen von Bettüchern, die zusammengeknüpft waren. Als Lucas und Balin sich entdeckt sahen, beschimpften und bedrohten sie Dupaumier. Aus diesem Fluchtplan und aus den Äußerungen, die Ärger und Wut den beiden eingaben, konstruierten Dupaumier und sein Gehilfe Valagnos ein abenteuerliches Komplott, das auf nichts Geringeres abzielte, als – ich übernehme den Wortlaut des Urteils – in die Wachstuben einzudringen, die Bürger, die dort Dienst tun, zu überwältigen und zur Convention zu ziehen, um die Volksvertreter, die den Ausschüssen angehören, zu ermorden, ihnen »das Herz herauszureißen, es zu rösten und aufzuessen« und die

Wichtigsten von ihnen in ein mit Nägeln ausgeschlagenes Faß zu stecken! Nichts ist so absurd, daß das Tribunal es nicht für möglich hielte, wenn es darum geht, Beschuldigte auf die Guillotine zu schicken. Alle Gefangenen, die Valagnos zu denunzieren geruhte, sind auf diese hübsche Anklage hin verurteilt und heute hingerichtet worden. Es waren: der Schlosser Pierre Balin; der Kurier Nicolas Belleguelle; Jean-Paul Grand, Weber von Gaze-Stoffen; der Schankwirt Joseph Leroy; der fahrende Händler François Dupont; der Bediente Jacques-Hippolyte Curon; der ehemalige Kammerdiener Etienne Bridier; der ehemalige Abbé Constant Bourquien; der Gießer Nicolas Janiot; Paul Berson, genannt Sans-Souci, Schuhmacher; der Knopfmacher Louis Laforge; der Konditor Etienne Prevost; der Pferdehändler Pierre Chevalier; der Wasserträger Jacques Valentin; der Schreiner Pierre-Joseph Masse; der Gerber Lucien-Joseph Richet; der Schreiner Pierre-Louis-Chéri Bonne; Georges Offroy, ehemaliger Sekretär der Section Invalides; der Stellmacher Casimir-Prosper Neveux; der Schuhmacher François-Xavier Delattre; der Schreiner Jean Ladrey; der fahrende Händler Frédéric Paulet; der Dekorateur Charles Quitre; der Seidenspinner Jacques Gabriel Arpillot; der Schuhmacher Nicolas Poirier; der Bediente Louis Legrand; der Weinhändler Ernest Berton; der Trödler Grégoire Tournier; der Lumpensammler Jean-Baptiste Delvaux; der Schlosser François-Norbert Lucas; der Bäcker Pierre Dumont; der Geigensaitenmacher André Salet; der Buchhändler Benjamin-Louis Mauclair; der Steinmetz Alexandre Bénard; der Pferdehändler Lucien Teyssier; der Schreiner Maurice Guyard; und der Gärtner Charles-Robert Staplère. Mit ihnen wurden hingerichtet: Sébastien Filoux, der ehemalige Pfarrer von Mortemart (Département Haute-Vienne); der Musiker Louis-Charles Horion; der Gärtner Jacques Lamarche; der Jurist Jules-Henry Bulhem; der ehemalige Vikar Charles Rabourdin; die Schneiderin Eugénie Minette, alle, weil sie versucht hatten, durch ihre Reden die Volksvertretung herabzusetzen und ihre Auflösung zu bewirken, und durch fanatische Ansprachen den Bürgerkrieg schürten.

29. Prairial [17. 6. 1794]. Ein schrecklicher Tag! Die Guillotine hat vierundfünfzig vernichtet. Ich bin mit meinen Kräften am Ende und wäre beinahe ohnmächtig geworden. Man zeigte mir eine Karikatur, die in der Stadt kursiert und auf der ich dargestellt bin, wie ich mich inmitten einer Ebene selbst guillotiniere, die, soweit das Auge reicht, mit Leichen ohne Köpfe und mit Köpfen ohne Körper bedeckt ist. Wenn nur mein Hals nötig wäre, um die Guillotine zu beseitigen, ich bin bereit, und der Zeichner soll nicht gelogen haben. Ich rühme mich nicht einer Sensibilität, die ich nicht besitzen kann: Ich sah zu oft und aus zu großer Nähe die Leiden und den Tod meiner Mitmenschen mit an, als daß ich leicht zu beeindrukken wäre. Wenn mein Gefühl aber nicht Mitleid ist, dann muß es das Ergebnis einer Nervenkrankheit sein; vielleicht straft mich die Hand Gottes für meinen feigen Gehorsam gegen etwas, das so wenig der Gerechtigkeit ähnelt, der zu dienen ich geboren war? Ich weiß es nicht; aber seit einiger Zeit werde ich jeden Tag, wenn die Stunde naht, von einem Schwindel befallen, der mich beherrscht und grausam quält. Sobald ich die Conciergerie betrete, steigt das Fieber sprunghaft an, das mich Tag und Nacht verzehrt; es ist, als ob Feuer unter meiner Haut loderte. Obwohl ich nüchtern bin, kommt es mir vor, als wäre ich betrunken; die Leute um mich herum, die Möbel, die Mauern, alles tanzt und dreht sich, und in meinen Ohren dröhnen dumpfe Geräusche wie Klagen. Vergeblich kämpfe ich dagegen an, es gelingt mir nicht, meine gewohnten Kräfte wiederzufinden oder mich auch nur zu erholen. Meine Hand zittert, und zwar so sehr, daß ich es aufgeben mußte, den Verurteilten die Haare abzuschneiden und sie zu fesseln. Da stehen sie; einige weinen, andere beten, alle begreifen, daß ihre letzte Stunde geschlagen hat, und ich allein zweifle an der Wirklichkeit dessen, was geschieht. Ich führe sie in den Tod und kann nicht glauben, daß sie sterben werden. Es ist wie ein Traum, dem ich vergebens zu entrinnen suche. Ich nehme an den Vorbereitungen zur Hinrichtung teil, ohne mir des Kommenden bewußt zu sein, ich verrichte meinen Dienst mit der mechanischen Regelmäßigkeit eines Automaten, ohne daß das Gehirn denkt und gebietet. Dann kommt das Geräusch des Messers, das mich wieder zu Bewußtsein bringt. Ich kann es nicht mehr hören, ohne zusammenzufahren, ohne daß kalter Schweiß meinen ganzen Körper bedeckt. Dann befällt mich eine Art Wut; ohne zu überlegen, daß ich mich als ersten verfluchen müßte, richte ich tausend unausgesprochene Verwünschungen gegen die Gendarmen, die mit gezogenem Säbel jene Unglücklichen, deren Hände gefesselt sind, hergeführt haben; gegen das Volk, welches ihnen stumpfsinnig beim Sterben zusieht, ohne eine Bewegung, eine Geste zu ihrer Rettung zu wagen; und gegen die Sonne, die das alles erleuchtet. Endlich verlasse ich den Platz, erdrückt, gebrochen von innerer Unruhe, mit einem Gefühl, als ob ich weinen wollte, aber ohne Tränen zu haben. Noch nie waren diese Empfindungen so stark wie heute. Man hatte Ladmiral und Cécile Renault ein großes Gefolge von Statisten beigegeben, die man wie üblich ihre Komplizen nannte, obwohl mehrere von ihnen hinter Schloß und Riegel saßen, als die beiden angeblichen Mörder ihre Taten verübten.

Seit dem 23. erstellt der Sicherheitsausschuß auf die Berichte einer Kommission hin, die im Louvre tagt, Todeslisten und schickt sie ans Tribunal. Die Verhaftung von Naudin und Antonnelle, zwei Geschworenen, die nicht einsehen wollten, daß das Recht der Revolution dem Recht auf Gerechtigkeit vorgeht, hat bewiesen, daß dieses Tribunal nur ein eitles Trugbild ist, das die Proskription verhüllen soll; deshalb zögert niemand, den Ausschuß für unsere täglichen Schlächtereien verantwortlich zu machen. Robespierre predigt zwar bei den Jakobinern gegen die Nachsicht, hütet sich aber trotzdem, an einer der Sitzungen teilzunehmen, in denen das künftige Kontingent für die Guillotine festgelegt wird; mit anderen Worten, er überläßt seinen Kollegen die verhaßte Proskriptorenrolle und hat vor, eines Tages seine unbefleckten Hände vorzuweisen, trotz all des vergossenen Blutes. Die anderen haben diese Taktik durchschaut; zuerst erschraken sie, dann suchten sie die Waffe, die er ihnen überlassen hatte, um sie zu vernichten, gegen ihn zu wenden. Sie machten viel Aufhebens um den Prozeß, der der Prozeß gegen die Mörder Robespierres genannt wird, als ob nicht auch Collot betroffen wäre; und während sie ihn durch den Pomp und das Aufsehen, mit dem

sie seine Mörder hinrichten, als einen hinstellen, der nach der Alleinherrschaft strebt, haben sie gleichzeitig versucht, sein Ansehen zu untergraben, das die Stärke des »Unbestechlichen« ausmacht.
Sie zogen in den Fall zwei Frauen namens Saint-Amaranthe mit hinein, zu denen der jüngere Bruder Robespierres Beziehungen unterhielt, und brachten verschiedene Gerüchte in Umlauf: Eine dieser Frauen wäre die Maîtresse von Maximilien gewesen, und er hätte ihren Kopf gefordert, weil sie bei einer Orgie sein geheimes Verlangen nach der Krone erkannt hätte; die andere, ihre Tochter, dagegen würde auf die Guillotine geschickt, weil sie die Anträge von Saint-Just zurückgewiesen hätte.
Das alles wurde in der Conciergerie und unter den Zuschauern am Schafott erzählt; trotzdem haben nicht diese machiavellistischen Machenschaften des Ausschusses den schmerzlichsten und tiefsten Eindruck hervorgerufen. Die Bürgerin Saint-Amaranthe (die Mutter) führte Palais Egalité Nr. 50, ein Haus, in dem gespielt wurde und das einige wichtige Persönlichkeiten und viele Intriganten frequentierten: Danton, Hérault de Séchelles, Lacroix, der jüngere Robespierre, Desfieux, Proly und der berühmte Baron de Batz, den die Polizei niemals zu fassen bekommen hat. Ihre junge und hübsche Tochter, die nicht wenige Kunden in die Spielhölle lockte, hatte Sartine geheiratet, einen Neffen des früheren Polizeileutnants. Nach den Regeln der Gesetzgebung über die Verdächtigen hatte man nicht nur die ganze Familie verhaftet, sondern darüber hinaus alle, die, sei es auch nur indirekt, mit ihr zu tun hatten: Marie Grandmaison, eine ehemalige Schauspielerin vom Théâtre des Italiens und

die Maîtresse von Sartine, und ihr Dienstmädchen Marie-Nicole Bouchard; diese war achtzehn Jahre alt, sah aber nicht einmal wie vierzehn aus. Sie war so fein und zart gebaut, daß ein Tiger Mitleid mit ihr gehabt hätte. Als sie in den Vorraum der Kanzlei herunterkam und Larivière ihre kleinen Händchen zum Fesseln hinstreckte, wandte er sich an Desmorets, meinen ersten Gehilfen, und fragte: »Das ist doch ein Witz, oder?« Desmorets zuckte die Achseln, die Kleine lächelte unter Tränen und antwortete ihm mit sanfter Stimme: »Aber nein, Monsieur, das ist Ernst.« Daraufhin ließ Larivière die Stricke fallen und rief: »Such dir einen anderen, der dich fesselt! Es ist nicht mein Beruf, Kinder zu entwöhnen!«

Sie war ruhig, gefaßt, beinahe heiter. Der Aufbruch verzögerte sich; man hatte nur für Ladmiral, Saintenax und die vier Mitglieder der Familie Renault rote Hemden bestellt, aber es traf ein Befehl des Ausschusses ein, alle vierundfünfzig Gefangenen ohne Ausnahme damit zu bekleiden. Während man die übrigen Hemden besorgte, saß Nicole Bouchard zu Füßen der Grandmaison, die sehr niedergeschlagen war, und bemühte sich, sie zu trösten. Sie bat auch um die Erlaubnis, sich im Karren neben sie setzen zu dürfen, was ihr nicht verweigert wurde. Ich glaube, wenn sie um ihr Leben gebeten hätte, hätte keiner, den sie ansprach, gezögert, ihre Fesseln durchzuschneiden und selbst an ihre Stelle zu treten. Was wir fühlten, empfand auch das Volk. Der Andrang war beträchtlich und stand im Verhältnis zu dem Aufwand, den man bei dieser Hinrichtung trieb. Die zahllosen Gendarmen und Geschütze, die uns folgten, hatten alle Pariser aus ihren Häusern gelockt. Unter den Insassen der ersten Karren waren fünf oder sechs Frauen, alle jung und hübsch, und dieser Anblick stimmte die Zuschauer wie immer mitleidig; als aber Nicole Bouchard erschien, kam die Empörung voll zum Ausbruch. Überall hörte man Murren, und an mehr als zehn Stellen rief man: »Keine Kinder!«

Im Faubourg Saint Antoine sah man die Frauen an den Fenstern die Hände falten, lebhaft miteinander sprechen und mit Fingern auf sie zeigen; viele weinten. Während des ganzen Weges und auf der Place du Trône Renversé wagte ich nicht ein einziges Mal, mich zu ihr umzudrehen. In der Conciergerie hatte ich sie angeschaut, und da schienen mir ihre großen schwarzen Augen zu sagen: »Du wirst mich nicht sterben lassen!« Und doch ist sie tot. Sie stieg als neunte aufs Schafott. Als sie, geführt von den Gehilfen, an mir vorbeikam, machte ich, getrieben von einer Art Instinkt, einen Schritt auf sie zu und kämpfte aus Feigheit gegen eine innere Stimme an, die mir sagte: »Zertrümmere lieber die Guillotine, als daß du ihr dieses Kind auslieferst!«

Die Gehilfen stießen sie vorwärts; ich hörte sie mit schwacher Stimme fragen: »Bürger, ist es gut so?«

Ich wandte mich hastig um, ein Schleier schob sich vor meine Augen, und ich fühlte meine Knie zittern. Martin gab den Befehl zur Hinrichtung und sagte zu mir: »Du bist krank, geh nach Hause; ich mach' das alleine.«

Ich antwortete nicht, stieg vom Schafott und ging fort, ohne mich umzusehen. Meine Halluzinationen hörten den ganzen Tag nicht auf; sie waren so stark, daß ich, als an der Ecke der Rue Saintonge eine Bettlerin auf mich zukam und mich um ein Almosen bat, das Gefühl hatte, es wäre die Tote; ich wäre fast auf den Rücken gefallen. Heute abend, als wir uns zu Tisch setzten, behauptete ich gegenüber meiner Frau, Blutflecken auf dem Tischtuch zu sehen.

Ich muß den Bericht über den Prozeß der vierundfünfzig ergänzen, aus dem mein Großvater, der bereits an seiner tödlichen Krankheit litt, nur eine Randepisode herausgegriffen hat. Die Hinrichtungen vom 29. Prairial, die »große rote Messe«, zu der Voulland seine Kollegen einlud, bilden eines der wichtigsten Ereignisse des letzten und grausamsten Abschnitts der Schreckensherrschaft. Es ist wichtig sowohl wegen der beiden Attentate, die als Vorwand dienten, als auch wegen der vielen prominenten Opfer und der politischen Intrige, die es vorantrieb; die Bedeutsamkeit des Ereignisses liegt vor allem darin, daß es uns am Beispiel der Ausschußmitglieder, die sich nicht scheuten, auch den Tod zu einem der Fäden ihrer Intrigen zu machen, zeigt, bis zu welchem Grad perverser Verirrung der Parteigeist gehen kann. Die Aufzeichnungen meines Großvaters bieten viele Einzelheiten über Ladmiral, der das Attentat auf Collot d'Herbois verübte. Er war ein Mann von fünfzig Jahren, geboren in Aujolet im Puy-de-Dôme; nicht groß, aber kräftig gebaut, sein Gesichtsausdruck war ernst und düster; in den Verhören vor dem Tribunal und in seiner letzten Stunde legte er große Festigkeit an den Tag. Alles in seiner Haltung wie in der Art seiner Verteidigung bewies, daß er zu jenen Fanatikern gehörte, die sich die Rolle des Rächers der unterdrückten Gesellschaft anmaßen. Aus den Protokollen der Verhandlung ergibt sich eindeutig, daß die Attentate von Ladmiral und Cécile Renault Einzelaktionen waren und daß zwischen ihnen keinerlei Zusammenhang besteht.

Cécile Renault war die Tochter eines Papierwarenhändlers

aus Paris, wohnhaft in der Rue de la Lanterne, Ecke Rue des Marmouzets. Wie Charlotte Corday hatte sie ihren Entschluß aus Haß gegen die Tyrannei gefaßt, vielleicht auch aus Abscheu vor den täglichen Hinrichtungen. Sie hatte zwar die gleichen erhabenen Gefühle und die gleiche Todesverachtung wie die andere, aber ihre Seele war bei weitem nicht so gefestigt wie bei der jungen Normannin. Bei der Ausführung ihres Planes und im Verhör vor dem Tribunal blieb sie Frau; sie sprach bei Robespierre bewaffnet mit zwei kleinen Messern vor, einer Art Kinderspielzeug, und vor Gericht war ihr Haß ängstlich, beinahe sanft, ihre Absichten blieben unklar: Alles an ihr zeugt eher von einem unbestimmten Verlangen, ihrem Leben ein Ende zu machen, als von dem männlichen Willen, der den Arm von Charlotte Corday führte und sie auch auf dem Schafott nicht verließ. Wenn man die dürftigen Mittel betrachtet, mit denen Cécile Renault ihren Plan auszuführen beabsichtigte, fragt man sich, ob sie nicht von schwachem oder verwirrtem Verstand und vielleicht von jenem Todesfieber angesteckt war, das damals alle Exaltierten dazu trieb, der Guillotine zu trotzen. Es gibt mehr als einen Grund, dies anzunehmen und zu vermuten, daß Robespierre, beunruhigt wegen der Popularität, die Ladmirals Pistolenschuß Collot-d'Herbois verschaffen würde, dem unpassenden Einfall folgte, die Messerchen der armen Wahnsinnigen ernstzunehmen. Wie dem auch sei, ihretwegen wurde ihre ganze Familie geächtet: ihr dreiundsechzig Jahre alter Vater, ihre Tante, eine ehemalige Nonne, und einer ihrer Brüder wurden mit ihr vor Gericht gestellt. Außer Sartine und den Frauen Saint-Amaranthe hatte man mit ihnen noch einen gewissen Saintenax angeklagt, einen Studenten der Medizin, der sich in seinem Wohnort Choisy-sur-Seine beifällig über Ladmirals Attentat geäußert hatte; außerdem mehrere frühere Polizeibeamte, unter anderem Michonis, der in der Affäre der Nelke eine Rolle gespielt hatte, die der Königin zugesteckt wurde; dann mehrere große Herren, die Witwe von d'Eprémesnil, usw. Die meisten waren in das große Finanzkomplott verwickelt, dessen Kopf der Baron de Batz war. Dieses Komplott wurde durch einen der geistigen Kraftakte, die die Spezialität von Fouquier-Tinville waren, mit den Anschlägen von Ladmiral und Cécile Renault zusammengebracht. Hier die Namen der vierundfünfzig: Henri Ladmiral, ehemaliger Bedienter und Bürogehilfe bei der Staatslotterie; der Schulmeister François Cardinal; der Privatier Pierre-Baptiste Roussel; Marie-Sophie Chevalier, verehelichte Lamartinière, Ladenbesitzerin; Constant Pain-Davoine, Portier im Gebäude der Lotterie (obwohl Ladmiral erklärt hatte, er habe mit niemandem über sein Vorhaben gesprochen, wurden diese vier Verurteilten zu seinen Komplizen erklärt, und einer von ihnen, Roussel, war wirklich mit ihm befreundet; er hatte am Tag vor dem Attentat mit Pain-Davoine zu Abend gegessen; was Frau Lamartinière angeht, so hatte sie Möbel von ihm gekauft); Aimée-Cécile Renault; Antoine Renault, Papierwarenhändler; Antoine-Jacques Renault Junior, gleichfalls Papierwarenhändler; Edmè-Jeanne Renault, ehemalige Nonne; André Saintenax; François-Charles Virot de Sombreuil, ehemaliger Gouverneur des Hôtel des Invalides; Sosthène Virot de Sombreuil, ehemaliger Hauptmann bei den Husaren; Joseph Guethenoc de Rohan-Rochefort, ehemaliger Adliger; Pierre de Laval de Montmorency, ehemaliger Adliger; Casimir-François-Robert Duhardas d'Hautheville, ehemaliger Adliger; Paul-Charles-Eugène de Baissancourt, ehemaliger Leutnant der Schützen; Hector de Ménil-Simon, Kavalleriehauptmann; Charles-Marie-Antoine de Sartine, ehemaliger Staatsrat mit dem Zuständigkeitsbereich Bittschriften;

Théodore Marsant, Privatier; Louis Caradec, Wechselmakler; Jean-Baptiste Michonis, Cafébesitzer, ehemaliger Polizeiadministrator; Léopold Lecomte, Geschäftsmann; Frédéric-Félix Ozanne, ehemaliger Friedensrichter; Jean-François Deshayes, Geschäftsmann; Paul Paulmier, Holzhändler; Joseph-Victor Costey, Kolonialwarenhändler; der ehemalige Marquis Charles-Alexandre-Auguste de Pons; der Bankier Théodore Jauge; der Bediente Jean-Louis Tissot; der ehemalige Soldat Alphonse Viard; der ehemalige Fürst Louis-Marie-François de Saint-Maurice; der Musiker Jacques-Georges Lescuyer; der ehemalige Friedensrichter Jacques-Hippolyte Burlandeux; der Gendarm Barthélemi Constant; Eugène Jardin, ehemaliger Jäger des Königs; der Drucker Louis Pottier de Lille; Joseph-Léon Deveaux, Beamter im Schatzamt; François Lafosse, Leiter des Überwachungsdienstes bei der Polizeidirektion; der Bediente Jean-Baptiste Porte-Bœuf; der Brauer Nicolas-Jean Egrée; der Porzellanmaler Jean-Baptiste Marino; die Polizeibeamten Nicolas-Antoine Froidure, Alexandre Soulès, Félix Dangé; der ehemalige Comte Maurice-Henri Rosset de Fleury; Françoise-Antoinette de Santuaré, verwitwete d'Eprémesnil; Charlotte-Sophie Vincent, verehelichte Grivois; Jeanne-Françoise Desmiers de Saint-Amaranthe; Charlotte-Rose-Emilie de Saint-Amaranthe, verehelichte Sartine; Louis de Saint-Amaranthe (dieser junge Mann war erst siebzehn Jahre alt); Marie Grandmaison, ehemalige Schauspielerin am Théâtre des Italien; die Schneiderin Marie-Nicole Bouchard; Amélie-Marie-Louise Parmentier, verehelichte Lemoine-Plessis, und Georges-Jean-Baptiste Briel, Priester aus Arcueil.

30. Prairial [18. 6. 1794]. Heute, am Décadi, finden keine Hinrichtungen statt. Ich verbrachte den Tag zu Hause und las Zeitung. Die Feinde von Robespierre haben noch etwas Besseres gegen ihn gefunden als gestern. Er hat Jünger, die ihm zu Ehren Litaneien hersagen; wenn man die Leute davon überzeugen könnte, daß er seine Seligsprechung akzeptiert und ernst nimmt, wäre das ein Schlag, von dem er sich nicht erholen könnte, und Vadier hat das in der Sitzung vom 27. versucht. Sénart, ein Polizist im Dienst der Ausschüsse, hat in der Rue Contrescarpe Nr. 17 eine alte Frau namens Catherine Théot entdeckt, die Wahrsagerin ist, die Ankunft eines Heilands voraussagt und allen, die sich in seine Mysterien einweihen lassen, Unsterblichkeit der Seele und des Leibes verspricht. Drei junge und hübsche Mädchen, die man *Eclaireuse*, *Chanteuse* und *Colombe* nannte,* versahen das Priesteramt und halfen der Wahrsagerin bei ihrem Theater; auch ein ernsthafter Mann, Christophe Gerle, ein ehemaliger Kartäuser und Mitglied der Verfassunggebenden Versammlung, nahm daran teil. Man soll bei der Hexe einen an Robespierre gerichteten Brief gefunden haben, in dem sie ihn ihren lieben Sohn nennt; und da sie sich selbst als »Mutter Gottes« bezeichnet, brauchte Vadier die Schlußfolgerung nicht auszusprechen. Alle, die ihm zuhörten, hatten bereits begriffen, daß der Messias, der Prophet, der Erlöser kein anderer als Robespierre sein konnte. In der Überzeugung, daß ein Gott, über den man lachen kann, ein ziemlich kranker Gott sein muß, beschränkte sich Vadier darauf, die Convention durch die Schilderung der Praktiken dieser Narren zu erheitern: die sieben Küsse, die die Adepten der »Mutter Gottes« auf das Kinn geben müssen, wofür sie

* »Erleuchterin, »Sängerin« und »Taube« (Anm. der Übers.).

sieben Gaben empfangen, der Kniefall der Aspiranten, usw. Der Bericht wurde begeistert aufgenommen; einstimmig beschloß man, daß er gedruckt und an alle Gemeinden der Republik geschickt werden sollte. Catherine Théot, Dom Gerle, Quesormont, der Arzt von Egalité, die ehemalige Marquise de Chastenois, Marie-Madeleine Amblard, verwitwete Godfroid, alles Anhänger der Sekte, werden vor das Revolutionstribunal gestellt. Das ist der bisher schärfste Angriff auf Robespierre; wir wollen abwarten, wie er reagiert.

5. Messidor [23. 6. 1794]. Zwischen dem 1. und dem 4. Messidor wurden 92 Verurteilte hingerichtet.

1. Messidor: Hingerichtet wurden der Dekorateur Jacques-Antoine Brasseur; Jean-Jacques-Eugène de Cézanne, ehemaliger Präsident des Départements Pyrénées-Orientales, danach Gendarm; der Schneider Gustave Clavel; Théodore-Collard Dutrône, Hauptmann im 2. Jägerbataillon; Jules-Prosper de Francastel, Bevollmächtigter des Bischofs von Bayeux; Pierre-Lévêque Dumoulin, Pächter des Bischofs von Bayeux; Pierre-Jérôme Fabre, ehemaliger Prokurator, Syndikus des Départements Pyrénées-Orientales; Baptiste Vaquier, ehemaliger Bürgermeister von Perpignan; der Geschäftsmann Jean-Baptiste-Evrard de Saint-Jean; der Tuchfabrikant Louis Volland; Paul-Jérôme-François Savard, Advokat, alle wegen Briefwechsel mit den Feinden und Intrigen in den Gefängnissen; der Schuhmacher Grégoire-Nicolas Pétremont und seine Frau Augustine David; der Holzhändler Pierre Auzaux; der Waldhüter Pierre Laurenceau; der ehemalige Soldat Jules Lirsin; der Winzer Jean-Félicien Lameulle, wegen fanatischer und konterrevolutionärer Reden und Spekulationen mit Münzgeld.

2. Messidor: der Klempner Lambert Thomazeau; Charles-Pierre-Edouard Bonnissant, Prokurator der Gemeinde Port-Malo; der ehemalige Advokat François-Jean-Marie Chenu de Villanger; der ehemalige Adlige Luc-Jean Gouyon de Beaufou, Hauptmann der Infanterie; der Arzt Jean-François Bougourt; der ehemalige Adlige Jean-Baptiste Magon de Coëtizac; Nicolas-Bernard-Marie Perruchot, ehemaliger Bürgermeister von Port-Malo; Pierre-Victor Varin, Richter ebendort; Jean-Jacques-Joseph Fournier de Varennes, ehemaliger Major der Infanterie aus Santo Domingo; Paul de Féval, Abgabeneinnehmer in der ehemaligen Provinz Bretagne; der Geschäftsmann François-Mathieu Gardin; der ehemalige Adlige Henri de Saint-Meleuc, Untersuchungskommissar am ehemaligen Parlement der Bretagne; der ehemalige Adlige Nicolas Magon de Villuchet; der Maler Jean-Frédéric Leroy de Presnel; Hippolyte Gannot, ehemaliger Angestellter bei den Steuerpächtern; die Schneiderin Madeleine Chapelain; die ehemalige Benediktinernonne Josephine-Nathalie de Saint-Sébert; Juliette Lesol, die Frau des Landwirts Quesnel; Pauline-Alexandrine Guilledeux, die Witwe des ehemaligen Adligen Dusablons; Anne-Henriette Gardin, die Frau des ehemaligen Adligen Magon de Coëtizac; Françoise Wilh, Witwe des ehemaligen Adligen Grout de Grassinois; Marie-Rosalie Guillot, die Witwe des ehemaligen Adligen Gelin; Marie-Françoise Guillot; Marguerite Lollivier, die Frau des ehemaligen Adligen Saint-Perne; Claire-Félicie de Trigouët, Witwe des ehemaligen Adligen Lesage de Landecourt; Marthe-Joséphine Lebreton, Witwe des Reeders Lecarman; Antoinette Fournier, die Frau des ehemaligen Adligen Lys; der Landwirt Luc Mesnard; Marie-Louis-Jules Dousset, ehemaliger Kanoniker aus Nevers; Jacques Gravière, ehemaliger Vikar von Saint-Roch; Alexandre-Léopold Ledoux, ehemaliger Priester von Saint-

Roch; Robert Delamarre, ehemaliger Priester von Saint-Roch; Joseph Parfait, Schulmeister aus Mareuil (Département Aisne); der Troßknecht Jean-Pierre Foucard; der Böttcher François Poncelet; der Privatier Constant-Léon Leprince; die Strumpfwirkerin Marie-Antoinette Cressant; der Wollkämmer Félicien Thibault, alle wegen Verschwörung gegen die Republik, Rebellion in den föderalistischen Départements, Verbindungen zu den Feinden und Aufruf zur Wiedereinführung des Königtums in konterrevolutionären Schriften.

3. Messidor: Pierre-Alexandre Chartier, Administrator des Distrikts Sézanne; Auguste-Félix de Birague de Lamotte, ehemaliger Leutnant im ehemaligen Regiment Médoc; Jean Vilnay, Jagdhüter aus Champboulin (Département Seine-et-Marne); Adrien Lanthenois, Sattler; Louis-Auguste-Joseph Magnier, fahrender Händler; Joseph-Christophe Belgingue, Schuhmacher; Nicole-Mathurine Pierre, Altwarenhändlerin; Dominique Lacroix, Gastwirt; Robert Delpech de Sainton, Privatier, und sein Sohn Joseph Delpech de Sainton; Jacques Savie-Labatte, Adjutant in der Pyrenäenarmee Ost; Prosper Calvière, ehemaliger Pfarrer von Caussade (Lot); Jacques Borie und Baptiste Genibré, Tagelöhner; Paul Moulet, Obsthändler; Alexis Tursan Despagnet, Präsident des ehemaligen Finanzgerichtshofs von Montauban; Jean-François Picholier, Friedensrichter von Caussade; Frédéric Foussegrive, Quartiermacher in der 1. Kompanie der leichten Truppen; die Schuhmacher René Borie und Grégoire Riet; Mathieu Calmette, Kerzenzieher; Alexis-Auguste Bastie, Hutmacher; Joseph Cassagne, Geschäftsmann; Joseph Forien, ein Deserteur, alle wegen Verschwörung mit dem Zweck der Wiedereinführung des Königtums, Aufruf zum Bürgerkrieg und zum Fanatismus, usw. usw.

4. Messidor: Jean Dupuis, Nicolas Dubois, François Boucher, Tagelöhner aus Verneuil (Département Eure); Prosper Cramoiseau, Soldat; Nicolas Henry, ehemaliger Pfarrer von Veauvetrier-la-Forêt (Département Côte-d'Or); Paul-Alexandre Gavaudan, Bühnenkünstler, Soldat bei den Totenkopfhusaren; Jean-Baptiste Hervieux, Schreiner; Félicien Josselin, Schafhändler; Théodore Vannier, Kanoniker an der Stiftskirche von Saint-Quentin; Joseph-André Tricot, Priester an der gleichen Kirche; François-Remi Cueu d'Hérouville, Finanzverwalter des Hôtel-Dieu in Paris; Prosper-Adolphe L'Huillier, Jurist; Roger Carra, Unteroffizier in der 3. Kompanie der Legion der Savoyarden; Jean-Baptiste Calmar, Bandweber; Justin Blanc, Eisenwarenhändler, alle wegen Korrespondenz mit den Feinden der Republik, Teilnahme an der Revolte in Lyon, Spekulation mit Assignaten, usw.

Unsere Toten versetzen die Lebenden in Schrecken, in deren Nähe sie begraben werden. Die Bewohner der Section Montreuil, wohin wir sie jetzt schicken, beklagen sich wie vorher die Bürger im Viertel um die Madeleine und die Leute in Batignolles, und da sie kein Blatt vor den Mund nehmen, werden ihre Beschwerden eher berücksichtigt als die ihrer Vorgänger. Die Salpeter-Eleven, die in der ehemaligen Kirche Sainte-Marguerite arbeiten, haben erklärt, der Pestgeruch würde unerträglich, und wenn man weiterhin so viele Leichen auf dem engen Friedhof um die Werkstätten herum begraben würde, stünde eine Epidemie unter ihrem Personal unmittelbar bevor. Nach langem Zögern und vielem Hin und Her hat die Commune einen besonderen Platz für die Aufnahme der Hingerichteten zur Verfügung gestellt; es ist der Garten des ehemaligen Kanonissenstifts von Picpus. Man hat

eine lange, breite Grube ausgehoben, wie man sie auf Schlachtfeldern anlegt. Die Toten von heute sind als erste da hineingekommen. Der Ort scheint mir schlecht gewählt; es gibt dort reine Tonerde, und wenn man auch ganze Karren voll Kalk auf die Leichen kippt, wird der Boden sie doch nicht völlig aufnehmen, sondern sie früher oder später wieder freigeben; er will sie genausowenig haben wie die Bürger. Gott sei Dank! Meine traurige Arbeit endet auf dem Schafott. Die Commune beschäftigt vier »Aasgeier«, die die Leichen von meinen Gehilfen übernehmen und sie zu den Gräbern schaffen. Mein erster Gehilfe, Desmorets, begleitet sie, um zusammen mit dem Schreiber zu überwachen, wie die Toten ausgezogen werden, und das Protokoll zu unterzeichnen. Geld und Schmuck der Hingerichteten werden zur Commune gebracht; die gesamte Kleidung wird an Anstalten für Bedürftige verteilt.
Das Tribunal hat heute in einem ziemlich sonderbaren Fall das Urteil gefällt. Es handelt sich um einen gewissen Doyen, einen Holzhändler aus dem Dorf Pinon im Département Aisne. Er war reich und sehr geizig. Die Leute waren neidisch auf sein kleines Vermögen, und aus Angst, sich zu kompromittieren, hatte er seit einem Jahr kein Wort mehr gesprochen. Er lebte sehr zurückgezogen und blieb freiwillig stumm; mit den Leuten, mit denen er zu tun hatte, verständigte er sich nur durch Zeichen. Wenn ihn einer nach der Zeit fragte, hielt er ihm, ohne ein Wort zu sagen, die Uhr hin. Diese sonderbare Zurückhaltung wurde als aristokratischer Hochmut aufgefaßt und verwandelte seine Neider in erbitterte Feinde. Als eines Nachts im letzten Nivôse der Freiheitsbaum auf dem

Marktplatz mutwillig umgehauen worden war, richtete sich der Verdacht natürlich auf den Bürger Doyen. Sein Haus wurde durchsucht. Während die Beamten im ersten Stock waren, entdeckte einer der Gendarmen, die unten geblieben waren, in einem Schrank drei oder vier Holzscheite und wollte gerade eins davon ins Feuer werfen, als Doyen, der mit den Beamten eben wieder herunterkam, auf ihn zustürzte, seine Stummheit vergaß und ausrief: »Nicht das da!« Obwohl er als geizig bekannt war, erregte es Verwunderung, daß ihm ein Stück Holz, wie er es haufenweise im Hof liegen hatte, derart wichtig war. Einer der Beamten nahm es, stellte es hochkant und spaltete es mit einem einzigen Axthieb. Im gleichen Augenblick hörte man Metall klingen, und ungefähr zwanzig Louisdor rollten auf den Boden. Damit war sein Schicksal besiegelt. Als überführter Spekulant wurde er vor das Revolutionstribunal gebracht, wo er seine Sprache wiederfand, allerdings zu spät. Mit ihm starben: Clément-Christophe Lorimier de Chamilly, der Kammerdiener des ehemaligen Königs, der sich mit ihm im Temple hatte einsperren lassen; der ehemalige Adlige René d'Adhémar; der angehende Wundarzt Jean-Baptiste Champeix; Louise Dumay, verehelichte Montaigu, Kurzwarenhändlerin; der Bauunternehmer Jean-Baptiste Duleu; Micheline Hubart, eine ehemalige Novizin, die im Kloster den Namen Dorothée führte; Jacques Braud, Freiwilliger im 2. Bataillon des Département Nièvre; Joseph Meyvière, ehemaliger Adliger und Hauptmann im 32. Regiment; Jacques-Léon-Ester de Fiquerolles, ehemaliger königlicher Leibgardist; und Félicien Milon, ehemaliges Mitglied der Verfassunggebenden Versammlung, alle wegen

Machenschaften, die auf die Wiedereinführung des Königtums abzielten. Jean-Baptiste Retournée, ehemaliger Pfarrer von Berny (Département Somme); Marie-Marguerite Boullet, Besitzerin von Staatsrenten; der Fuhrmann Nicolas Dorleans; der Gärtner Pierre Richard; Philippe-Auguste Charton, Mitglied des Gemeinderats von Montreuil; die Schneiderin Marie-Jeanne Corrié; der Küfer Joseph Baquet; Anne-Thérèse Raffé, verwitwete Coquet, Besitzerin von Staatsrenten; und Augustin-Jacques Testard du Lys, ehemaliger Priester von Adel, alle wegen aufrührerischer Absichten und Machenschaften und weil sie bei der Zerstörung eines Freiheitsbaumes geholfen oder mitgewirkt hatten.

6. Messidor [24. 6. 1794]. Die Angst vor dem Tod hat einen Gefangenen im Gefängnis Madelonnettes veranlaßt, sich zu erhängen. Damit ist die Naivität von Gribouille auf grausige Weise bestätigt. Ehe der Mann sich den Strick umlegte, schrieb er an Robespierre folgenden Brief: »Tugendhafter Robespierre, sorgen Sie für meine Frau, die jetzt ganz mittellos dasteht.« Es ist der zweite, der auf diese Art dem Tod entgegengeht. Der frühere Kammerdiener des ehemaligen Duc de Coigny, ein gewisser Cuni, hatte sich schon vorher mit einem Rasiermesser die Kehle durchgeschnitten; er hinterließ folgendes Testament: »Der Polizeikommissar meiner Section will mich auf die Guillotine bringen. Er behauptet, ich wäre ein Schurke und hätte alles, was ich besitze, meinem Herrn gestohlen. Das ist nicht wahr, aber er bringt mich jedesmal zum Schweigen, wenn ich dazu Stellung nehmen will. Ich habe mein Geld für meine Nichten und für ein armes Waisenkind gespart, das ich immer schon unterstützt habe. Ich empfehle sie der Fürsorge der Convention und bitte den Schließer, mein Testament dem Wohlfahrtsausschuß zuzustellen.«

Heute wurden hingerichtet: François-Louis-Auguste Bernard, Generalleutnant in der ehemaligen Vogtei Aix, und seine Frau Alexandrine-Eugénie Leclerc; der ehemalige Adlige Marie-Robert de Labelinaye, Ritter des Ordens vom Heiligen Geist; der Privatier Joseph Mouton; Joséphine Juhel, die Frau des Landwirts Chedodal; der Jurist Jean-Baptiste-Constant Guéroult; der Koch Jacques Desprès; der Gastwirt Grégoire Houel; Victor Notter, ein Deserteur; und der Stallbursche Jacques Dutnis, die sich alle als Feinde des Vaterlandes erwiesen und auf die Auflösung der Volksvertretung und die Wiedereinführung des Königtums hingearbeitet hatten; Corentin Perron, Théodore André, Mathieu Taupin, alle drei Landwirte; der Jurist Jacques Téxier; der Schuhmacher Charles Perrot; der ehemalige Priester Joseph Duhaumont; Léopold Collas, der mit Kupferstichen handelte; Constant Marquet, Kutscher und Wagenvermieter; der ehemalige Adlige Julien de Balicour; der Straßenwächter Charles-Baptistin Huymy; der Professor Auguste Letellier; der Zimmermann Jacques Crouillère, sein Sohn Robert Crouillère und seine Frau Marie Sallier; und der ehemalige Priester Joseph Tournemine, alle wegen Verschwörung gegen die Republik, weil sie sich dem Durchzug der Bürger, die zur ersten Aushebung gehörten, widersetzten, den Fanatismus zu fördern und den Föderalismus zu begünstigen suchten. Der Deserteur Notter hatte einen Hund, an dem er sehr hing; er war verhaftet worden, weil man das Tier wiedererkannt hatte. Es begleitete ihn ins Gefängnis und suchte sich einen Platz an der Tür; die Kommissare erbarmten sich seiner und fütterten ihn. Der Hund erkannte seinen Herrn auf dem Karren und sprang freudig bellend um die Wagen herum, er folgte uns bis zur Place du Trône Renversé. Als der Soldat ausstieg, steichelte er das arme Tier, das sich sehr darüber freute; er bat mehrere von den Umstehenden, den Hund mit zu sich zu nehmen, aber sie wollten oder wagten es nicht. Als der Augenblick der endgültigen Trennung kam, wollte der Hund seinen Herrn nicht mehr verlassen, sondern folgte ihm ungeachtet des Geschreis, der Drohungen und Schläge auf die Plattform. Einer meiner Männer stieß ihn hinunter, aber er versuchte noch einmal, die Treppe heraufzukommen, als hätte er begriffen, daß der Soldat seine Hilfe brauchte. Als man den Leichnam in den Korb warf, stieß das Tier ein grausiges Geheul aus; ein Gendarm durchbohrte ihn mit dem Degen. Die Menge, die fast ungerührt zusieht, wie man Christen tötet, hat sich wegen eines Hundes entrüstet; ich dachte schon, man würde dem Gendarmen übel mitspielen. Steine flogen gegen die Guillotine, ein Arbeiter nahm den Hund und trug ihn in seiner Schürze weg.

7. Messidor [25. 6. 1794]. Es gab eine Zeit, wo die Frauen mutiger und stärker waren als die Männer und wo man glauben konnte, eine Ausnahme wie die Dubarry büße so für ihre Sünden; jetzt sind sie wieder ganz Frauen, die in der schrecklichen Todesstunde wanken und klagen. Heute war ein entsetzlicher Tag. Der Faubourg Saint Antoine wird ihn nicht vergessen. Auf den Karren hatten wir 23 Frauen unterschiedlichen Alters und Standes, aber alle gleich verzweifelt, entsetzt und voller Schrecken angesichts dessen, was ihnen bevorstand. Diese Fahrt, bei der jede Umdrehung der Räder von einem Seufzer, einem Angstschrei oder einem Fluch begleitet wurde, die leichenblassen Gesichter, der verstörte Blick, die flehentlichen Bitten, die bald an Gott, bald an die Menschen gerichtet waren, beeindruckten auch die überzeugtesten Revolutionäre. An drei oder vier Stellen sah ich, wie die Menge auseinanderlief und die Straße menschenleer wurde. Meine Männer wirkten finsterer und aufgewühlter als gewöhnlich; einer sagte: »Man zwingt uns, die Guillotine zu entehren.« Heute habe ich nicht allein gelitten.

Am 7. Messidor wurden verurteilt und hingerichtet: Louise Fleury, verwitwete Tardy, Bäuerin, 40 Jahre alt; Marguerite Supin, verwitwete Duplessis, Besitzerin von Staatsrenten, 60 Jahre alt; Jeanne Boissard, Tagelöhnerin, 18 Jahre alt; Marie Guillotte, verwitwete Boissard, 60 Jahre alt; Marie Thibault, Tagelöhnerin, 40 Jahre alt; Anna Grande, Schneiderin, 18 Jahre alt; Louise Sibut, verwitwete Lienard, Bediente, 30 Jahre alt; Juliette Raffin, verwitwete Regnard, Tagelöhnerin, 30 Jahre alt, Caroline Bonnin, verwitwete Picard, Schneiderin, 60 Jahre alt; Marie-Antoinette Salomon, Tagelöhnerin, 28 Jahre alt; Claire Oliveau, Tagelöhnerin, 36 Jahre alt; Marie Joly, verehelichte Ravechau, Kolonialwarenhändlerin, 22 Jahre alt; Marguerite Bretomaille, verwitwete Prote, Tagelöhnerin, 60 Jahre alt; Augustine Morisset, verwitwete Joly, 40 Jahre alt; Virginie Picard, verehelichte Chamfort, Schneiderin, 30 Jahre alt; Jeanne Picard, Schneiderin, 23 Jahre alt; Marie Bartheau, verwitwete L'Hériteau, 60 Jahre alt; Marie-Marthe Boisseau, verwitwete Supin, 44 Jahre alt; Antoinette Albisson, verehelichte Peyssac, 33 Jahre alt; Marie-Elisabeth-Félicie Martinet, verehelichte Occard de Corberon, ehemalige Adlige, 53 Jahre alt; Augustine Lienard, Arbeiterin, 17 Jahre alt; Marie-Françoise Roch, Zugehfrau, 40 Jahre alt; Marthe-Baptistine Joly, Spinnerin, 50 Jahre alt, Joseph-Maurice Occard de Corberon, der Stallmeister der Dauphine; Emile-Charles-Auguste de Larivière, ehemaliger schwarzer Musketier; Jean Rigal, ehemaliger Generalsekretär des Département Gard; der ehemalige Adlige Constantin Morisset, Grundbesitzer; der Grundbesitzer Etienne Donat; der Geschäftsmann Albert Allost, ehemaliger Abgeordneter der Gesetzgebenden Versammlung; der ehemalige Benediktinermönch Jean-Pierre Duforés; der Tuchhändler Georges Martin; der Sticker Louis Colin; Alexandre-Louis Martinet, Oberst des 10. Infanterieregiments; Mathieu Alleaume, Perückenmacher; Etienne de Peyssac, Beamter im Proviantbüro; Alfred d'Adouville, ehemaliger Kanoniker an der Stiftskirche von Lille (das Urteil bezeichnet ihn als unehelichen Sohn von Louis XV); Charles Robert, Dragoner im 13. Regiment; Léopold Dupont, Unteroffizier der Kavallerie; Jacques Manneville, Baumwollhändler; Alexis Feiret, Reiter im 1. Regiment; Joseph Lebret, Weber; Nicolas-François Jouvenet, Tagelöhner; Jean Lefèvre, Schankwirt, alle wegen Verbindungen zu den Rebellen in der Vendée und in Lyon, Machenschaften zur Unterstützung einer Petition gegen die Aushebung, Unruhen an der Porte des Bouches, weil sie den angeklagten Brüdern Rabaut und dem ehemaligen Minister Lebrun Unterschlupf gewährt hatten, usw.

8. Messidor [26. 6. 1794]. Die anderen Gefangenen aus Bicêtre, die durch die Denunziationen von Valagnos belastet worden waren, sind heute hingerichtet worden. Dabei war der ehemalige Volksvertreter Osselin; er hatte in einem kleinen Haus in der Nähe von Marly eine Emigrantin, Madame Charry, versteckt. Diese großmütige Tat kostete ihn erst die Freiheit und dann das Leben. Er war so unvorsichtig gewesen, sein Geheimnis einem Schurken anzuvertrauen, den er für seinen Freund hielt. Als er ihn mit Madame Charry bekannt machte, verliebte der sich in die schöne Geächtete und forderte für sein Schweigen einen Preis, der die junge Frau empörte; sie wies seine Anträge zurück; und am folgenden Tag drang die Polizei in ihr Versteck ein. Sie wurde festgenommen, vor das Tribunal geführt und guillotiniert.

Da das Gesetz, das jeden, der einem Verurteilten Asyl gewährt, mit dem Tode bestraft, noch nicht erlassen war, wurde Osselin zu zehn Jahren verschärfter Haft verurteilt und in Bicêtre unter den Abschaum der Verbrecher gesteckt. Wegen seiner früheren Stellung und vor allem wegen seiner Verbindungen zur Partei Dantons fiel er denen auf, die sich vorgenommen hatten, in den Gefängnissen aufzuräumen; man setzte ihn auf die Liste der Verschwörer, die laut Fouquier die Herzen der Ausschußmitglieder auf einen Bratspieß stecken und zum Abendessen verspeisen wollten! Da er entschlossen war, sich der Hinrichtung zu entziehen, schaffte er es, einen großen Nagel aus einem Deckenbalken in seiner Zelle zu reißen, und gestern morgen stieß er ihn sich dreimal in die Eingeweide, ohne daß es ihm gelungen wäre, sich zu töten. Th..., der Arzt der Conciergerie, hatte eine Anwandlung von Vernunft und Menschlichkeit, die allerdings nicht lange gedauert hat. Als man Osselin zur Verhandlung abholen wollte, wies Th... darauf hin, das sei eine unnötige Grausamkeit, die drei Bauchwunden verurteilten Osselin mit noch größerer Sicherheit zu einem schnellen Tod als alle Beschlüsse des Tribunals. Die Richter wollten aber nicht auf den einzigen Kopf verzichten, der der wenig bemerkenswerten Ausbeute von Bicêtre etwas Profil verlieh; Liendon beharrte auf seinem Standpunkt, man trug Osselin zur Verhandlung, und Dumas war so gnädig, sein Röcheln als Antwort zu akzeptieren. Als man ihn danach in den Vorraum der Kanzlei brachte, wurde er ohnmächtig. Man hielt ihm Essig unter die Nase, und er kam wieder zu sich; als er die Augen aufschlug, richtete sich sein Blick mit schmerzlichem Erstaunen auf seine Umgebung, und er sagte: »Was denn! Der Tod kommt wohl überhaupt nicht!« Er versuchte, die Hände freizubekommen, die ihm ein Gehilfe festhielt und binden wollte, denn er wollte den Verband von seiner Wunde reißen. Th…, der ihn versorgte, sagte zu ihm: »Bleiben Sie ruhig, von hier ist es noch ein weiter Weg bis zur Guillotine, und wenn nicht ein Wunder geschieht, werden Sie keinen Ärger mehr mit ihr haben, wenn Sie ankommen!« Diese Voraussage ging nur halb in Erfüllung. Als wir dort hingelangten, gab Osselin, den man in einem der Karren auf eine Matratze gelegt hatte, kein Lebenszeichen mehr; seine Augen waren glasig, seine Lippen blutleer, der Mund stand offen, und er schien die Zähne zusammenzubeißen. Da ich ihn für tot hielt, befahl ich Desmorets, eine Decke über den Leichnam zu werfen und ihn im Karren liegen zu lassen; aber Th…, der uns begleitet hatte, beteuerte, er lebe noch und das Urteil müsse vollstreckt werden. Als ich ablehnen wollte, sagte er zu mir: »Dummkopf, wenn er tot ist, ist es egal, ob er mit dem Kopf unter dem Arm im Jenseits ankommt; wenn wir ihn aber liegenlassen und er steht zufällig wieder auf, würden du und ich mit Sicherheit Ärger bekommen; also tu in so einem Zweifelsfall deine Pflicht.« Man trug ihn zum Kippbrett, aber keiner seiner Muskeln zuckte, als das Messer fiel, und was Th... auch behaupten mag, ich bin sicher, daß wir einen Leichnam geköpft haben.

Mit ihm starben: Mathurin Desaunets, ehemaliger Taxator; Victor Marquier, ehemaliger Husar; Marc Trouvé, ehemaliger Pfarrer von Moissy; Louis-Prosper Picard, Konditor; Louis-Georges Bosquet, Tagelöhner; Jacques Lemasson, Arzt; François Perrin, Gärtner (Jacques Lemasson und François Perrin waren als einzige im Prozeß von La Rouërie dem Tod entgangen; man hatte sie in Ketten gelegt, sie verbüßten ihre Strafe in Bicêtre); Charles-Albéric Descharmes-Sillery, ehemaliger Adjutant (unehelicher Sohn des Volksvertreters Bruslard de Sillery, der mit den Girondisten zusammen hingerichtet wurde); Frédéric Renatiau, der mit Kattunstoff handelte; Ludovic-Constantin Billion, Anwaltsschreiber; Joseph Darcus, Brettschneider; Joseph-François Mestriol, Gendarm; Henry Senlis, ehemaliger Priester; Joseph-Nicolas Sachet Eudasse, Knopfmacher; Maurice Baron, ehemaliger Dragoner im 7. Regiment; André Mouret, ehemaliger Infanterist; Louis-Charles-Raymond Lapointe, Jurist; Baptiste Huot, Stallknecht; Jacques-Gustave Asselineau, Kolonialwarenhändler; Saturnin Bail, Beamter für das militärische Transportwesen; Auguste Minard, Trödler; Luc Carbonnier, genannt Baux, Tagelöhner; Joseph Larcher, Maurer; Alexandre Darthus, Schneider; François Villepot, Salzhändler; Louis Beaudot, Chirurg; Lambert-Frédéric Landroit, Gipsmischer; Charles Cotel, Soldat; Félix Jacquinet, genannt Monte-au-Ciel, Soldat; Marc-Edmond Beaufort, Kunsttischler; Jean-Baptiste

Allain, Klempner; Etienne Hussée, Fuhrmann; Remi-Jean Guillot, Schuhmacher; alle, weil sie geplant hatten, Bürger von der Nationalgarde gefangenzunehmen, die Gefängnistore aufzubrechen und sich mit den Agenten Pitts zu vereinigen, zu denen Ronsin und andere gehörten, um die prominentesten Volksvertreter sowie die Mitglieder des Wohlfahrts- und des Sicherheitsausschusses zu ermorden, ihnen das Herz herauszureißen, es zu braten und zu verspeisen und die überzeugten Patrioten in ein mit Nägeln ausgeschlagenes Faß zu stecken. So hatte es wörtlich in der Urteilsbegründung geheißen. Wenn ein solcher Haufen Absurditäten Fouquier nicht durch den Wunsch eingegeben wurde, die Tyrannei ebenso lächerlich zu machen, wie sie verhaßt war, oder den gesunden Menschenverstand und die öffentliche Meinung frech herauszufordern, könnte diese Anklage durchaus auf eine Geistesverwirrung hindeuten. Gleichzeitig wurden hingerichtet: Jean-Baptiste Maillet-Comte, Bedienter; Maurice-Louis Guy, Weinhändler; Nicolas Méret, Dienstmann; Louis Lops, Korsettmacher; Camille Adet, Weinhändler; Léon Sosotte, Trödler; André Valton, Koch; Jacques Blot, Geschäftsmann; Léon Durut, Buchhalter; Baptiste Rossier, Kurzwarenhändler; Hippolyte Francaut, Trödler; Louis-Victorin Spites, Geschäftsmann, wegen Spekulation mit öffentlichen Geldern und Aufkauf von Münzgeld, sowie Verbindungen zu den Feinden.

Das Tagebuch meines Großvaters schließt unerwartet mit dem 9. Messidor, ohne daß er die Gründe angibt, die ihn veranlaßten, es nicht weiterzuführen. Er rühmte sich nicht, besonders empfindsam zu sein, und dennoch waren seine robuste Konstitution, seine innere Ungerührtheit angesichts des Todes, die er sich selbst zum Vorwurf machte, den heftigen Eindrücken nicht gewachsen, die jeden Tag stärker wurden. Als Folge der Hinrichtung der »roten Hemden« fesselte ihn ein Anfall der furchtbaren Krankheit ans Bett, die ihn einige Monate später veranlassen sollte, von seinem Amt zurückzutreten. Mein Großonkel, der ihn in solchen Fällen vertrat, hatte bemerkt, daß der alte Scharfrichter in dieser Zeit, der schrecklichsten der ganzen Revolution, schwer an Gewissensqualen und einer Art Reue zu tragen hatte. Er war bleich, aufgeregt, unruhig; er suchte die Einsamkeit, die ihn jedoch oft in unerklärlichen Schrecken versetzte. Bei jedem unerwarteten Geräusch fuhr er zusammen. Er erzählte seiner Frau und seinen Kindern nichts mehr von den Szenen, deren Zeuge er gewesen war. Gefühle wie Sympathie, Haß, Bedauern und Wut, denen er früher leicht nachgegeben hatte, schienen aus seiner Seele getilgt, die nur noch von einer Empfindung beherrscht war, die ich nicht Entsetzen zu nennen wage, die aber gewiß Ekel vor denen, die befahlen, und vor sich selbst, der gehorchen mußte, war. Es ist verständlich, daß er sich mit solchen Gedanken und unter dem Einfluß seiner Krankheit nicht mehr entschließen konnte, in der Stille und Einsamkeit des Abends die Gespenster derer zu beschwören, die am Morgen unter dem Fallbeil gestorben waren. Seit den letzten Prairialtagen kommen die Namen der Hingerichteten nur noch selten in seinen Aufzeichnungen vor. Allerdings war die Guillotine zu dieser Zeit geschäftsmäßig organisiert, so daß der Tod auch dann einen Buchhalter vorfand, wenn der Chef nicht anwesend war. Desmorets, den Charles-Henry Sanson erwähnt und dessen Enkel heute Scharfrichter in Bordeaux ist, war gleichzeichtig erster Gehilfe und Sekretär. Die Protokolle über die Habe der Opfer, die er jeden Abend ausfertigte, wurden in ein Register übertragen, das beim Scharfrichter verblieb. Nach diesem Register habe ich die Listen zusammengestellt, die nicht von meinem Großvater überliefert worden waren; ich habe sie sorgfältig mit den Informationen in den zeitgenössischen Zeitungen und mit dem Inventar des unzuverlässigen Prudhomme verglichen.*

---

* Nachdem Prudhomme mit einem Buch über *Les Crimes des Rois (Die Verbrechen der Könige)* einen großen Verkaufserfolg erzielt hatte, hielt dieser Ex-Jakobiner 1795 die Zeit für gekommen, *Les Crimes de la Révolution (Die Verbrechen der Revolution)* herauszugeben. Andere Zeiten, gleiches Gewerbe. Als ehrlicher Kaufmann wollte Prudhomme ihnen hinreichend Opfer für ihr Geld liefern. Die wirkliche Zahl hätte auch die Anspruchsvollsten zufriedenstellen können; trotzdem blähte er sie durch Verballhornungen von Namen und Mehrfachnennungen beträchtlich auf.

Erläuterungen
zu Personen und Sachen

9 *der föderalistischen Abgeordneten:* d. h. der am 31. 10. hingerichteten Girondisten, vgl. unten die Bemerkung zu S. 24.

Parlement: Die Parlements, autonome Gerichtshöfe, waren während des 18. Jahrhunderts wichtige Zentren der Opposition gegen das Königtum.

Einschmelzen von Gold- und Silbermünzen: Da der Wert des in Münzen enthaltenen Edelmetalls in den Revolutionsjahren den Nennwert der Münzen überstieg, wurden sie von Spekulanten eingeschmolzen, obwohl das Gesetz dies verbot.

Assignatenfälscher: Assignaten, also Papiergeld, waren leicht nachzumachen; sie wurden erstmals 1790 ausgegeben, der Verkauf der Staatsgüter sollte für Deckung sorgen. Die Assignaten verloren schnell beträchtlich an Wert gegenüber dem Münzgeld.

Place de la Révolution: die heutige Place de la Concorde.

10 *Chaumette:* Pierre-Gaspard Chaumette (1763–1794), Mitglied im Club der Cordeliers, nach dem 10. August 1792 in der radikalen Pariser Commune, im Dezember deren Prokurator (der von den Bürgern gewählte Prokurator einer Gemeinde vertrat die Interessen der Gemeinschaft gegenüber dem Magistrat); er wurde mit den Freunden Dantons verhaftet und hingerichtet, s. unten.

Fouquier: Antoine Quentin Fouquier-Tinville (1746–1795), der gefürchtete Öffentliche Ankläger am Revolutionstribunal, der nach den Opfern der Terreur noch deren Urheber Robespierre auf die Guillotine schickte; bald danach verhaftet und im Mai 1795 hingerichtet.

11 *Section Unité:* Am 21. Mai 1790 war Paris in 48 Sektionen eingeteilt worden; in den Jahren 1793/94 versammelten sich die Mitglieder fast täglich, dabei gaben die radikalen Sansculottes den Ton an. Die Sektionen waren eine wichtige Stütze der Montagne (Bergpartei) in der Convention.

12 *Brissot:* Jacques-Pierre Brissot (1754–1793), der wichtigste Führer der Gironde, also der (im Verhältnis zur Montagne) gemäßigten Fraktion in der Convention; seit 1789 Herausgeber der Zeitung *Le Patriote français*. Mit anderen prominenten Girondisten am 31. 10. 1793 guillotiniert.

Riouffe: Honoré Jean Riouffe (1764–1813), ein Advokat, wurde als Freund der Girondisten verhaftet, kam nach Robespierres Sturz frei und veröffentlichte einen vielgelesenen Bericht über seine Zeit im Gefängnis.

Sydney: Algernon Sidney (1622–1683), englischer Politiker, einer der Führer der republikanischen Opposition gegen Charles II; starb wegen angeblicher Beteiligung an einer Verschwörung gegen das Leben des Königs auf dem Schafott.

15 *Barnave:* Antoine-Pierre-Joseph Barnave (1761–1793), Jurist, als einflußreicher Abgeordneter der Verfassunggebenden Versammlung Befürworter einer konstitutionellen Monarchie; zog sich nach der Auflösung der Konstituante 1791 nach Grenoble zurück.

16 *Henry:* der Sohn von Charles-Henri Sanson, Vater von Henri-Clément.

Varennes: Als die königliche Familie nach ihrer mißglückten Flucht in der Nacht des 20. Juni 1791, die am folgenden Abend mit der Festnahme in Varennes endete, nach Paris zurückgebracht wurde, reisten ihr drei Kommissare der Nationalversammlung entgegen, darunter Barnave; der persönliche Kontakt erregte in ihm Sympathie für Marie-Antoinette, in der Folgezeit versuchte er gemeinsam mit anderen Politikern, durch vertrauliche Ratschläge an die Adresse der Königin den Sturz der Monarchie abzuwenden. Die Entdeckung der Briefe, die er ihr aus diesem Grund geschrieben hatte, war der Grund für seine Verhaftung.

18 *Dumouriez:* Charles-François Du Périer, genannt Dumouriez (1739–1823), stand der Gironde nahe, arbeitete als Außenminister (März 1792) gemeinsam mit Brissot auf die Kriegserklärung an Österreich hin; als Oberkommandierender der Nordarmee bei Valmy erfolgreich (September 1792). Nach der Hinrichtung des Königs verständigt er sich mit den Österreichern und will gegen Paris marschieren; geht am 5. 4. 1793 zu den Österreichern über, da seine Truppen ihm nicht folgen.

Vernunft: Der Kult der Vernunft sollte nach dem Willen von Revolutionsführern wie Danton und Hébert an die Stelle des Christentums treten; seit August 1793 fanden mehrere Feste zu Ehren der Göttin Vernunft statt. Robespierre setzte dagegen den Kult des »Höchsten Wesens«.

19 *Vouland:* Jean Henri Vouland (1751–1801), Abgeordneter der Convention, Mitglied des Sicherheitsausschusses.

Clootz: Jean-Baptiste, genannt Anarcharsis, deutscher Baron, der über ein riesiges Vermögen verfügt; seit 1789 in Paris, begeistert sich für die Revolution. Mitglied der Convention, überzeugter Atheist, was ihn in die Nähe der radikalen Linken um Hébert rückt.

Bescheinigung über Bürgertreue: Die *Certificats de ci-*

visme, eine Art Unbedenklichkeitsbescheinigungen, wurden von der Pariser Commune ausgegeben; da wegen der Furcht vor Verschwörungen jeder jeden verdächtigte und gegebenenfalls denunzierte, da im übrigen seit September 1793 der bloße Verdacht auf antirepublikanische Gesinnung als Verhaftungsgrund ausreichte, wurde die amtliche Anerkennung der Bürgertreue bald lebenswichtig für alle Bürger.

20 *Aktivbürger:* Nach der Verfassung von 1791 war das Wahlrecht ausschließlich jenen Bürgern vorbehalten, die eine direkte Steuer in bestimmter Höhe zahlten.

10. August: Der Sturm der Pariser Bevölkerung auf die Tuileries am 10. August 1792 bedeutet den endgültigen Sturz der Monarchie.

Pariser Clubs der Monarchiens, Feuillants...: Vereinigungen von Gemäßigten: die Monarchiens traten für eine konstitutionelle Monarchie nach englischem Vorbild ein; die Feuillants spalteten sich im Juli 1791 von den Jakobinern ab, weil sie eine Initiative der radikalen Mehrheit dieses Clubs für die Abschaffung des Königtums nicht mittragen wollten.

Société populaire: Die Sociétés populaires, Volksgesellschaften, denen vor allem Handwerker, Kaufleute etc. angehörten, standen dem Jakobinerclub nahe. – Dem radikalen Club der Cordeliers gehörten u. a. Danton, Marat und Hébert an.

Überführung der Asche Voltaires ins Panthéon: Die im Bau befindliche Kirche Sainte-Geneviève wurde von der Nationalversammlung zur Begräbnisstätte großer Männer erklärt; Voltaires sterbliche Überreste wurden 1791 dorthin gebracht.

22 *Billaud:* Jacques Nicolas Billaud-Varenne (1756–1819), radikaler Revolutionär, als Stellvertreter des Prokura-

tors der Commune von Paris mitverantwortlich für die Septembermorde 1792, als Abgeordneter der Convention und Mitglied des Wohlfahrtsausschusses Parteigänger Robespierres, an dessen Sturz er nichtsdestoweniger mitwirkt.

22 *Amar:* Jean-Pierre-André Amar (1755–1816), Mitglied der Bergpartei in der Convention und des Wohlfahrtsausschusses, Gegner der Girondisten; schlägt sich am 9. Thermidor auf die Seite der Feinde Robespierres.

Madame Dubarry: Die ehemalige Geliebte von Louis XV. (1743–1793) hatte den Royalisten Agentendienste geleistet und war zu diesem Zweck mehrfach nach London gereist.

24 *bei der Hinrichtung der Königin oder der Girondisten:* Marie-Antoinette war am 16. 10. 1793 hingerichtet worden. Am 31. 5. und 2. 6. hatten die Nationalgarde und die Pariser Sektionen von der Convention den Ausschluß der girondistischen Abgeordneten gefordert; unter dem Druck der das Sitzungsgebäude belagernden Massen gab die Versammlung nach, die meisten Vertreter der Gironde wurden daraufhin verhaftet, ihre Führer wurden am 31. 10. 1793 guillotiniert.

Jacot: Henri-Clément Sanson berichtet (Bd. IV, S. 267 ff.), daß André Dutruy, genannt Jacot, ein Akrobat, durch die Protektion Héberts gegen den Willen von Charles-Henri Sanson als Gehilfe eingestellt worden war; der Scharfrichter mußte es hinnehmen, daß er während der Fahrt der Karren zum Schafott Kunststücke vorführte, den Zuschauern Witzworte zurief und dergleichen.

25 *Bailly:* Jean-Sylvain Bailly (1736–1793), Abgeordneter in der Versammlung der Generalstände, 1789–1791 Bürgermeister von Paris; man machte ihn neben La Fayette

für das Massaker auf dem Marsfeld (17. 7. 1791) verantwortlich, bei dem die Nationalgarde unter dem Oberbefehl La Fayettes auf eine Gruppe Bürger geschossen hatte, die sich mit einer antimonarchistischen Petition beschäftigten. Bailly mußte daraufhin zurücktreten.

28 *Vierzehn Punkte für die Damen:* Im Piquet-Spiel zählten vier gleiche Karten vierzehn Punkte.

Duc du Châtelet: Der Duc du Châtelet (1727–1793), Diplomat (u. a. Botschafter in London), seit 1788 Kommandant der Gardes-françaises, legte sein Kommando am 16. 7. 1789 nieder, nachdem ihm seine Soldaten am Tag des Bastille-Sturms nicht gehorcht hatten; als Abgeordneter des Adels in den Generalständen Gegner von Reformen.

Biron: Armand Louis de Gontaut, Duc de Biron (1747–1793), galt vor der Revolution als Liebhaber der Königin; Abgeordneter in der Versammlung der Generalstände, seit 1792 wieder in der Armee, wegen angeblicher Fehler als Kommandant der Truppen in der Vendée hingerichtet (s. unten S. 36).

29 *die weiße Kokarde:* das Erkennungszeichen der Monarchisten.

30 *Vincent:* François Nicolas Vincent (1767–1794), einer der radikalsten Gefolgsmänner Héberts.

Ronsin: Charles Philippe Ronsin (1751–1794), vor der Revolution Soldat und Theaterdichter, nach dem 10. August 1792 wie Vincent Beamter im Kriegsministerium, 1793 Kommandant der Revolutionsarmee in der Vendée, gehörte zur Partei der Hébertisten.

Bouillé: François Claude Amour Marquis de Bouillé (1739–1800), Oberbefehlshaber der Truppen im Elsaß und in Lothringen, unterdrückt 1790 die Revolte der Soldaten in Nancy (vgl. unten zu 117); er war vom

König dazu bestimmt, mit seinen Truppen die gescheiterte Flucht im Juni 1791 zu decken. Nach der Festnahme der königlichen Familie floh er aus Frankreich und übernahm offiziell die Verantwortung für die ›Entführung‹ des Königs, kämpfte dann in der Emigranten-Armee.

30 *La Fayette:* Gilbert Motier, Marquis de La Fayette (1757–1834), verdankte seine Popularität seinen militärischen Erfolgen im amerikanischen Unabhängigkeitskrieg; zunächst begeisterter Anhänger der Revolution, Kommandant der Pariser Nationalgarde, lehnt die zunehmende Radikalisierung ab; nach dem 10. August 1792 emigriert, in Österreich im Gefängnis, bis Napoleon seine Freilassung erwirkt.

31 *Barrère:* Bertrand Barrère (1755–1841), Abgeordneter der Generalstände und der Convention, Mitglied der Bergpartei; führte den Vorsitz in der Convention während der Abstimmung über das Urteil gegen Louis XVI, übte im Wohlfahrtsausschuß großen Einfluß aus.

Dix-Août: der 10. August 1792, Tag des Sturms auf die Tuileries.

32 *einen Priester:* Er mußte sich verstecken, weil er dem verbotenen Jesuitenorden angehörte und den Treueid nicht geleistet hatte, den die Zivilverfassung des Klerus seit 1790 von allen Geistlichen forderte; der Papst hatte die Zivilverfassung 1791 offiziell verurteilt. Die romtreuen Priester verweigerten daher den Eid, verloren ihre Ämter und wurden verfolgt, die verfassungstreuen Priester wurden als Beamte vom Staat besoldet.

33 *Collot d'Herbois:* Jean-Marie Collot d'Herbois (1749–1796), Schauspieler, Mitglied der radikalen Pariser Commune nach dem 10. 8. 1792, Abgeordneter der

Convention; geht als Kommissar in Lyon (gemeinsam mit Fouché) mit brutaler Härte gegen die am Aufstand in dieser Stadt Beteiligten vor (September 1793). An Robespierres Sturz beteiligt; wegen der Massaker von Lyon nach Guyana deportiert, wo er stirbt.

Kommissar: Die Convention schickte Abgeordnete mit unbeschränkter Vollmacht zu den Armeen oder in die Départements, um dort die revolutionären Prinzipien durchzusetzen; sie konnten selbst kommandierende Generäle absetzen und Todesurteile fällen.

35 *Ereignisse vom 17. Juli 1791:* das Massaker auf dem Marsfeld, vgl. oben zu S. 25.

36 *Eroberung Toulons:* In der Hafenstadt Toulon hatten die Jakobiner die Anhänger der Monarchie brutal unterdrückt; im Juli kam es zu einer Erhebung der Bevölkerung, Ende August öffneten sie den Hafen für die englische Flotte. Die Revolutionstruppen belagerten die Stadt bis zur Kapitulation am 19. 12. 1793; in der Folgezeit wurden mehr als 1000 Revolutionsgegner ermordet oder hingerichtet.

Royalisten aus der Vendée: Die Bevölkerung der Vendée erhob sich Anfang März gegen die Republik, konkreter Anlaß war die angekündigte Aushebung von 300 000 Soldaten. Nach anfänglichen Erfolgen der Rebellen gewinnen die Truppen der Convention die Oberhand, Westermann schlägt die Aufständischen am 12. 12. bei Le Mans und am 23. 12. bei Savenay entscheidend.

37 *Chabot:* François Chabot (1756–1794), ehemaliger Kapuzinermönch, begünstigt die Septembermorde; Abgeordneter der Convention, verhaftet, weil er in Geldgeschäfte mit Revolutionsfeinden und ausländischen Spionen verwickelt war.

38 *Carrier:* Jean-Baptiste Carrier (1756–1794), Kommis-

sar der Convention in der Bretagne; unterdrückte die royalistische Erhebung dort aufs grausamste, ließ in Nantes Hunderte von Verdächtigen in der Loire ertränken. Ende 1794 guillotiniert.

38 *Westermann:* François Joseph Westermann (1751–1794), beendete als kommandierender General den Aufstand in der Vendée; als Freund Dantons politisch verdächtig.

39 *Fanatismus:* Hier und im folgenden als Bezeichnung für die Ausübung der christlichen Religion gebraucht.

Vieux Cordelier: eher eine Serie von Pamphleten als eine Zeitung; zwischen Anfang Dezember 1793 und dem 25. 1. 1794 erschienen sechs Nummern. Der alleinige Verfasser Camille Desmoulins (1760–1794) fordert dazu auf, die Terreur zu beenden und Milde walten zu lassen. – Desmoulins, vor der Revolution Advokat, veröffentlichte um den 14. Juli 1789 mehrere vielbeachtete Pamphlete und rief am Tag vor dem Bastille-Sturm das Volk zur Erhebung auf; seit November 1789 Herausgeber der erfolgreichen Zeitung *Les Révolutions de France et de Brabant*, Abgeordneter der Convention. Als Freund Dantons mit diesem hingerichtet.

Hébert: Jacques Hébert (1757–1794), alleiniger Verfasser der radikalen Zeitung *Le Père Duchesne* (seit 1790), in der er in der Maske des Ofensetzers Père Duchesne, einer populären Figur des Volkstheaters, die Positionen der radikalen Sansculottes vertritt (bzw. versucht, diese im Sinne der jakobinischen Politik zu beeinflussen). Das alle zwei bis drei Tage erscheinende Blatt ist gekennzeichnet durch seine derbe Sprache voller Flüche und Schimpfwörter; es wurde zeitweise vom Wohlfahrtsausschuß subventioniert, der den größten Teil der Auflage aufkaufte und an die Soldaten der Revolutionsarmee verteilen ließ (darauf beziehen sich Desmoulins' Vorwürfe).

40 *General Custine:* Adam Philippe, Comte de Custine (1740–1793), als Abgeordneter der Generalstände Befürworter von Reformen, aber Verteidiger der Monarchie; kommandiert 1792 die Rheinarmee, mit wechselhaftem Erfolg; von den Jakobinern angegriffen, wegen Verbindungen mit den österreichisch-preußischen Führern hingerichtet.

42 *Herzog von Braunschweig:* Karl Wilhelm Ferdinand Herzog von Braunschweig-Lüneburg, der Oberbefehlshaber der österreichischen und preußischen Truppen, die nach der Kriegserklärung durch Frankreich (20. 4. 1792) in das Land einmarschiert waren.

gewählter Ersatzmann für die Convention: Gemeinsam mit den Abgeordneten wurden Ersatzkandidaten gewählt, die bei Todesfällen oder Verzicht eines Deputierten auf sein Mandat nachrücken sollten.

Durozoi: Farmian de Rozoi (* 1742 oder 1743), vor der Revolution Schriftsteller und Theaterdichter, veröffentlichte von Oktober 1789 bis zum 10. 8. 1792 die *Gazette de Paris* mit antirevolutionärer, konservativ-monarchistischer Tendenz.

Santa Lucia: Zahlreiche Inseln der Karibik waren Ende des 18. Jahrhunderts französisch.

Adrien Lamourette: 1742–1794, Anhänger der Revolution, 1791 verfassungstreuer Bischof von Lyon und Abgeordneter der Gesetzgebenden Versammlung; am 7. 7. 1792 ruft er in einer pathetischen Rede dazu auf, die Streitigkeiten innerhalb der Versammlung zu begraben; die Abgeordneten der verschiedenen Fraktionen umarmen sich – daher spricht das Volk vom *baiser* (Kuß) *Lamourette* –, aber die Differenzen bestehen weiter.

42 *Charlot:* volkstümlicher Spitzname des Henkers.

44 *den kleinen Capet:* Der Dauphin Louis-Charles de Normandie (1785–1795) ist seit der Hinrichtung seines Vaters für die Royalisten der neue König von Frankreich; mit seiner Tante, Madame Elisabeth, und seiner Schwester wird er im Temple gefangengehalten, wo auch sein Vater und seine Mutter bis zur Hinrichtung im Januar bzw. Oktober 1793 in Haft waren.

Jean Vissec, ehemals Baron de Latude: der Neffe von Henry Danry, der sich Masers de Latude nannte; er wurde 1749 wegen eines vorgetäuschten Attentats auf Madame Pompadour eingekerkert, brach dreimal aus dem Gefängnis aus, bis er 1784 endgültig freigelassen wurde, und veröffentlichte einen vielgelesenen Bericht über seine Zeit in der Bastille, die er als schrecklichen Ort der Willkür und des Despotismus darstellte.

47 *die Carmagnole:* ein im September 1792 gedichtetes, schnell populär gewordenes Spottlied auf die königliche Familie.

48 *der königlichen Garde:* Gemeint ist die Garde von 1200 Mann Infanterie und 600 Mann Kavallerie, die die Verfassung von 1791 dem König zugestanden hatte; sie wurde bereits Ende Mai 1792 durch die Gesetzgebende Versammlung wieder aufgelöst.

Bürger: im Original *bourgeois*, nicht wie an allen anderen Stellen, wo im deutschen Text »Bürger« steht, *citoyen*, der Ehrentitel der freien ›Bürger‹ der Französischen Republik.

50 *Generalleutnant:* im Ancien Régime der Leiter der Polizeibehörde einer Stadt oder eines Bezirks.

53 *Couthon:* Georges Auguste Couthon (1755–1794), seit 1788 wegen eines rheumatischen Leidens an den Rollstuhl gefesselt; in der Convention und im Wohlfahrts-

ausschuß folgt er Robespierre bedingungslos. Als Kommissar in Lyon durch Collot d'Herbois und Fouché abgelöst, da er nicht hart genug vorgeht (vgl. oben zu S. 33); gemeinsam mit Robespierre hingerichtet.

Fouché: Joseph Fouché (1759–1820), Abgeordneter der Convention, Kommissar in Lyon (s. o.), von Robespierre attackiert, an dessen Sturz er mitwirkt; später Polizeiminister unter Napoleon und für kurze Zeit unter Louis XVIII., der ihn aber bald als einen der ›Königsmörder‹ aus der Convention ins Exil schickt.

55 *Dumas:* René François Dumas (1757–1794), Priester, dann wenig erfolgreicher Anwalt, auf Betreiben Robespierres im September 1793 Vizepräsident, seit dem 8. 4. 1794 Präsident des Revolutionstribunals, der Angeklagte wie Zuhörer durch seine brutalen Reden einschüchtert; mit Robespierre hingerichtet.

56 *Pache:* Jean Nicolas Pache (1746–1823), zunächst mit Roland befreundet und den Girondisten nahestehend, 1792/93 Kriegsminister; geht dann zu den Montagnards über, die ihn zum Bürgermeister von Paris machen. Als Freund Héberts und Chaumettes von seinem Posten abgelöst, aber nicht vor Gericht gestellt.

58 *Condé:* Louis Joseph de Bourbon, Prince de Condé (1736–1818), Prinz von Geblüt, nach dem 14. Juli 1789 emigriert; stellt eine Emigrantenarmee auf, die zuerst von den Österreichern, später von England und zuletzt von Rußland unterhalten (und vom Zentrum des militärischen Geschehens ferngehalten) wird.

60 *Nantes:* Nach der Niederschlagung der Erhebung in der Vendée hatte der Kommissar Carrier in Nantes alle Verdächtigen auf besonders brutale Weise ermorden lassen, vgl. oben zu S. 38.

61 *Camille:* Camille Desmoulins.

61 *Fabre:* Philippe François Nazaire Fabre d'Eglantine (1750–1794), vor der Revolution Theaterdichter und Schauspieler, schreibt seit 1789 Stücke mit revolutionärer Tendenz; nach dem 10. August 1792 Sekretär des Justizministers Danton, Abgeordneter der Convention; bereichert sich durch fragwürdige Geschäfte und Manipulationen unter Ausnutzung seiner Stellung, deshalb vor Gericht gestellt. Der neue Kalender ist sein Werk.

einen neuen zweiten Juni: vgl. oben zu S. 24 zu den Ereignissen des 2. Juni 1793.

63 *Pitt:* William Pitt der Jüngere (1759–1806), englischer Premierminister 1783–1801, unterstützt seit Anfang 1793 die Gegner der Revolution mit allen Mitteln.

64 *Aufstand:* Am 2. 3. hatte Ronsin, am 4. 3. hatte der aus Nantes zurückgekehrte Carrier bei den Cordeliers zum Aufstand aufgerufen; die Vorbereitungen für eine Erhebung enden mit der Verhaftung der Hébertisten als der Führer der radikalen Gruppe im Club der Cordeliers am 13. 3.

68 *Prokurator der Commune:* zu diesem Amt vgl. oben zu S. 9.

Herman: Martial Joseph Armand Herman (1759–1795), Freund Robespierres, von Oktober 1793 bis Anfang April 1794 Präsident des Revolutionstribunals; durch Dumas ersetzt, weil er als zu milde betrachtet wird. Nach Robespierres Sturz verhaftet und später hingerichtet.

69 *Roland:* Jean-Marie Roland de la Platière (1734–1793), vor der Revolution Generalinspekteur der Manufakturen, befreundet mit Brissot, Pétion und anderen Führern der Revolution; März bis Juni 1792 Innenminister, von Louis XVI entlassen; nach dem 10. August erneut ins

Innenministerium berufen, tritt zurück, um Abgeordneter der Convention werden zu können. Von der Montagne heftig attackiert, legt im Januar 1793 sein Mandat nieder; entzieht sich am 31. 5. 1793 seiner Verhaftung durch die Flucht. Seine Frau, deren Salon ein wichtiges Zentrum für politische Gespräche war, wird verhaftet und im November 1793 guillotiniert; Roland tötet sich, als er davon erfährt.

einen neuen September: In den ersten Septembertagen 1792 waren die Gefangenen in den Pariser Gefängnissen ermordet worden.

72 *Hérault de Séchelles:* 1759–1794, Aristokrat, macht vor der Revolution eine brillante juristische Karriere; Abgeordneter der Gesetzgebenden Versammlung und der Convention, in der er wiederholt den Vorsitz führt. Von Robespierre wegen seiner Popularität beneidet und als Verschwörer verhaftet.

74 *Ereignisse des 31. Mai und 2. Juni:* vgl. oben zu S. 24.

Prozeß gegen die Abgeordneten: gemeint sind die am 31. 10. 1793 hingerichteten Führer der Gironde.

81 *Luke:* volkstümliche Bezeichnung für das runde Loch, das den Hals des Hinzurichtenden fixierte.

83 *Précy:* Louis François Perrein Comte de Précy (1742–1820), einer der Kommandanten der Garde, die die Verfassung von 1791 dem König zugesteht; verteidigt am 10. August die Tuileries, zieht sich dann auf seine Güter zurück; von den Aufständischen in Lyon zu ihrem Führer gemacht, leistet im August und September 1793 den republikanischen Truppen Widerstand. Entkommt vor der Einnahme Lyons in die Schweiz.

88 *Marat:* Jean-Paul Marat (1743–1793), veröffentlichte seit September 1789 seine Zeitung *L'Ami du peuple*, in der er die Nationalversammlung scharf angriff und das

Volk aufrief, den Erfolg der Revolution durch spontane Erhebungen zu sichern; wegen Anstiftung zum Aufruhr verfolgt, lebte er bis zum 10. 8. 1792 im Untergrund, danach Abgeordneter der Convention und einer der Führer der Montagne; am 13. 7. 1793 von Charlotte Corday, einer jungen Frau aus Caen, ermordet.

89 *Monsieur:* der älteste Bruder des Königs, der Comte de Provence, der der Revolution anfangs positiv gegenüberstand, 1791 emigrierte (während die Flucht der Königsfamilie in Varennes endete, nahm er einen anderen Weg und verließ Frankreich unbehelligt) und 1815 als Louis XVIII Nachfolger seines Bruders wurde († 1824).

Philippeaux: Pierre Nicolas Philippeaux (1756–1794), Abgeordneter der Convention, Freund Dantons, im Juni 1793 Kommissar in der Vendée, wo eine von ihm entwickelte Strategie zu eklatanten Mißerfolgen der republikanischen Truppen führt.

90 *Polignac:* die Duchesse de Polignac (1749–1793), engste persönliche Freundin der Königin und Erzieherin der königlichen Kinder; da sie nur über ein geringes Vermögen verfügte, verschaffte ihr die Königin bedeutende Einkünfte, was allgemein kritisiert wurde; sie emigrierte unmittelbar nach dem Sturm auf die Bastille.

Legendre: Louis Legendre (1752–1797), Schlachter in Paris, mit einer natürlichen rhetorischen Begabung ausgestattet; gründet gemeinsam mit Danton den Club der Cordeliers. Abgeordneter der Convention, protestiert zaghaft gegen Dantons Verhaftung, verhält sich dann abwartend bis nach Robespierres Sturz.

91 *Talleyrand:* Charles Maurice de Talleyrand-Périgord (1754–1838), 1788 Bischof von Autun, bekennt sich von Anfang an zu den Prinzipien der Revolution; ver-

zichtet 1791 auf seinen Bischofssitz, 1792 in offizieller Mission in London, muß dann nach Amerika emigrieren; Außenminister unter dem Direktorium, unter Napoleon und Louis XVIII; Louis Philippe macht ihn zum Botschafter in London.

Primidi: der erste der zehn ›Wochen‹-Tage des revolutionären Kalenders: Primidi, Duodi, Tridi, Quartidi, Quintidi, Sextidi, Septidi, Octidi, Nonidi, Décadi (=Ruhetag).

Lacroix: Jean-François Lacroix oder Delacroix (1753–1794), Abgeordneter in der Gesetzgebenden Versammlung und in der Convention, Freund Dantons; Kommissar bei der Nordarmee, vertraut dem Kommandanten Dumouriez bis zuletzt und wird deshalb von Robespierre und Saint-Just beschuldigt, Komplize bei dessen Verrat gewesen zu sein; außerdem wird ihm vorgeworfen, er habe sich durch Plünderungen in Belgien bereichert. Er wird Ende Januar 1794 nach Paris zurückgerufen und unter Anklage gestellt.

Longwy: Die Stadt wurde seit dem 20. 8. 1792 von den Preußen belagert und kapitulierte am 23. 8.; nach der Kanonade von Valmy (20. 9. 1792), die die preußischen Truppen zum Rückzug zwang, wurde sie am 19. 10. geräumt.

94 *Saint-Just:* Louis Saint-Just (1767–1794), Abgeordneter der Convention, bekämpft die Girondisten und Danton; als Kommissar bei der Rhein- und der Nordarmee erfolgreich. Mit Robespierre zusammen hingerichtet.

20. Juni: Am 20. Juni 1792 war das Volk von Paris zum erstenmal in das Schloß der Tuileries eingedrungen, hatte Louis XVI gezwungen, eine rote Jakobinermütze aufzusetzen und auf das Wohl der Nation zu trinken; an diesem Tag verlief die Demonstration unblutig.

95 *Abbaye:* ursprünglich das Gefängnis der Abtei Saint-Germain-des-Près; in der Zeit der Terreur waren hier u. a. politische Gefangene inhaftiert.

98 *Coffinhal:* Jean-Baptiste Coffinhal (1762–1794), Richter am Revolutionstribunal, der im Prozeß gegen die Gruppe Héberts den Vorsitz führte, bekannt für seinen Sarkasmus im Umgang mit den Angeklagten.

102 *Lucile:* Anne Lucile Laridon-Duplessis (1770 oder 1771–1794) hatte Ende 1790 Camille Desmoulins aus Liebe (gegen den Widerstand ihres Vaters) geheiratet; sie hatten einen Sohn. Robespierre, der mit Camille befreundet gewesen war und möglicherweise ebenfalls um Lucile geworben hatte, veranlaßte ihre Hinrichtung.

104 *David:* Jacques Louis David (1748–1825), bekennt sich von Anfang an zur Revolution, wählt patriotische Sujets für seine Gemälde und übernimmt mehrfach die Organisation offizieller Feste (z. B. der Jahresfeier zum Sturz des Königtums am 10. 8. 1793); Mitglied der Convention und des Sicherheitsausschusses, Gefolgsmann Robespierres; später gleichsam offizieller Maler Napoleons.

107 *Madeleine:* Die Kirche der Madeleine (der heutige Bau wurde erst unter Louis Philippe vollendet) liegt in unmittelbarer Nähe der Place de la Concorde.

117 *Adam Lux* (1766–1793), deutscher Philosoph, der nach Paris kam, um die Vereinigung seiner Heimatstadt Mainz mit Frankreich zu erreichen; hingerichtet, weil er die Girondisten und Charlotte Corday verteidigt hatte. Henri-Clément Sanson berichtet (Bd. IV, S. 289 ff.), Lux habe aus schwärmerischer Liebe zu der toten Charlotte Corday den Tod gesucht.

die in Nancy hingerichteten Patrioten: Die drei in Nancy stationierten Regimenter meuterten 1790, bildeten Soldatenräte, schlossen sich dem Jakobinerclub an und fraternisierten mit der Nationalgarde in Nancy; Versuche, die Disziplin wiederherzustellen, blieben erfolglos, bis am 31. August der Marquis de Bouillé mit 4500 Mann in die Stadt einrückte. 43 Soldaten wurden hingerichtet, die drei Regimenter in andere Städte verlegt.

118 *Loustalot:* Elisée Loustalot (1762–1790), wichtigster Mitarbeiter der auflagenstarken prorevolutionären Zeitung *Les Révolutions de Paris*, Kämpfer für die Pressefreiheit.

Prudhomme: Louis Marie Prudhomme (1752–1830), Herausgeber der *Révolutions de Paris*.

119 *Palais Egalité:* Das Palais Royal, mit seinen Vergnügungsstätten und den Läden der Buch- und Zeitschriftenhändler Nachrichtenbörse und Treffpunkt für die Pariser Bevölkerung, gehörte dem Herzog Louis-Philippe-Joseph d'Orléans (1747–1793), der die Revolution unterstützte und als Abgeordneter der Convention für den Tod seines Vetters Louis XVI stimmte; er legte seinen Adelstitel ab und nahm den Namen Philippe Egalité an, dementsprechend wurde auch das Palais Royal umbenannt. – Der Herzog wurde 1793 wegen des Verdachts konterrevolutionärer Aktivitäten guillotiniert.

120 *Vadier:* Marc Guilleaume Alexis Vadier (1736–1828), Abgeordneter der Convention, Mitglied des Sicherheitsausschusses; maßgeblich am Sturz Dantons beteiligt, überzeugter Verfechter des Terrors, der sich gegen Robespierre wandte, weil er ihn nicht radikal genug fand.

126 *Pluviôse:* der Monat, in dem Louis XVI (am. 21. 1. 1793) hingerichtet wurde.

Lamoignon de Malesherbes (1721–1794), Präsident des Finanzgerichtshofs, setzte sich als Minister (1775/76 und 1787/1788) erfolglos für Reformen ein; zeigte Sympathie für die Philosophen und ließ die Verbreitung der *Encyclopédie* zu.

127 *Pétion:* Jérôme Pétion (1756–1794), als Abgeordneter der Verfassunggebenden Versammlung Freund Robespierres, im Juni 1791 zum Bürgermeister von Paris gewählt; begünstigt den Sturm auf die Tuilerien und die Septembermorde, stimmt aber in der Convention gegen den Tod des Königs und gilt später als Girondist. Nach dem 2. Juni 1793 geächtet; tötet sich am 18. 6. 1794 selbst, um nicht in die Hände seiner Verfolger zu fallen.

129 *Verdun:* Verdun kapitulierte am 2. 9. 1792; am 14. 10. wurde es von den Preußen wieder geräumt.

135 *Lally:* Gouverneur der französischen Besitzungen in Indien, der Pondichéry den Engländern übergeben hatte und deshalb 1766 als Verräter hingerichtet wurde; sein Sohn Trophime Gérard Marquis de Lally-Tollendal (1751–1830, als Abgeordneter der Verfassunggebenden Versammlung ein Führer der Monarchiens) veranlaßt Voltaire, für die Rehabilitierung seines Vaters zu kämpfen, die 1778 erfolgt.

136 *Prokuralsyndikus:* Beamter, der auf Départements- oder Distriktsebene die Verantwortung für die Justiz hatte.

137 *Eisenschrank:* von Louis XVI selbst eingebauter Geheimschrank, der die Korrespondenz mit Mirabeau, mit den ausländischen Herrschern u. a. enthielt; seine Entdeckung am 20. 11. 1792 lieferte den Beweis für die Unaufrichtigkeit des Königs gegenüber dem französischen Volk.

140 *Steuerpächter:* Vor der Revolution erhob der Staat wichtige Steuern nicht selbst, sondern ›verpachtete‹ sie gegen eine feste Summe; die Pächter, die ein eigenes

Netz von Steuereinnehmern unterhielten, erzielten beträchtliche Gewinne dadurch, daß der tatsächlich erhobene Steuerbetrag über den Schätzungen lag, von denen ausgehend die Pacht festgesetzt wurde.

141 *Elisabeth:* die unverheiratete Schwester des Königs (1764–1794) folgte ihm und seiner Familie ins Gefängnis des Temple; sie war das letzte Mitglied des Königshauses, das hingerichtet wurde.

143 *Lavoisier:* Antoine Laurent Lavoisier (1743–1794), bedeutender Chemiker, Entdecker des Sauerstoffs, der die Revolution begrüßt hatte, aber dem Volk in seiner Eigenschaft als Steuerpächter verhaßt war.

146 *die Freiwilligen aus Marseille:* Zum Jahrestag des Bastille-Sturms am 14. 7. 1792 waren Tausende Föderierte (Soldaten der Nationalgarde aus der Provinz) nach Paris gekommen; sie blieben nach dem Fest der Föderation in der Stadt und sorgten hier für Unruhe, wodurch die Stimmung so angeheizt wurde, daß es schließlich zum Sturm auf die Tuilerien kam.

der ehemalige Minister Louis-Marie-Athanase de Loménie: ein Verwandter von Etienne Charles de Loménie de Brienne (1727–1794), seit 1763 Erzbischof von Toulouse, der 1787/88 Generalkontrolleur der Finanzen gewesen war; sein Scheitern führte zur Rückberufung Neckers.

157 *Comte d'Artois* (1757–1836), der jüngere, extrem konservative Bruder von Louis XVI, der unmittelbar nach dem Bastille-Sturm emigrierte; 1824 als Charles X Nachfolger von Louis XVIII, sucht ein klerikal-reaktionäres Regime zu errichten; durch die Juli-Revolution 1830 vertrieben, starb im Exil.

164 *Santo Domingo:* Der Teil der Insel, der der heutigen Republik Haiti entspricht, war vor der Revolution franzö-

sisch, die andere Hälfte war spanisch. 1790 verlieh die Verfassunggebende Versammlung den Mulatten und den freigelassenen Schwarzen Bürgerrechte; im August 1791 kam es daraufhin zu einem Sklavenaufstand, angeführt von Toussaint Louverture. Die weißen Siedler riefen Engländer und Spanier zu Hilfe; Louverture bekämpfte sie zunächst im Auftrag des Direktoriums, aber 1804 wurde die unabhängige Republik Haiti ausgerufen.

172 *Versammlung der Notabeln:* Sie wurde auf Vorschlag des Finanzminister Calonne vom König für Februar 1787 einberufen, um die Reformvorschläge des Ministers zu sanktionieren, die das Defizit im Staatshaushalt beseitigen sollten. Die Mitglieder waren nicht gewählt, sondern vom König benannt (Vertreter des Adels und des Klerus, der Parlements, die Bürgermeister der wichtigsten Städte ...). Die Versammlung lehnte Calonnes Reformvorschläge ab, daraufhin wurde der Minister entlassen und durch Loménie de Brienne ersetzt.

176 *Ebene: Plaine* oder *Marais* (Sumpf), die Abgeordneten der Convention (etwa ein Drittel), die sich keiner der Fraktionen (Montagne, Gironde, Anhänger Dantons, Héberts ...) anschlossen.

177 *Henriot:* François Hanriot (1759–1794), als Gefolgsmann Robespierres seit Mai 1793 kommissarischer Kommandant der Pariser Nationalgarde, mit Robespierre zusammen hingerichtet.

184 *Staatsagent:* Das Amt des Agent national wurde im Dezember 1793 geschaffen; er vertritt die Regierung bei den Départements- oder Distriktsverwaltungen. Im allgemeinen wird der Prokuralsyndikus (vgl. oben zu S. 136) zum Staatsagenten bestimmt.

Commune-Affranchie: der neue Name, den die Convention der Stadt Lyon nach der Niederschlagung des Aufstands 1793 gab.

187 *Place du Trône Renversé:* die heutige Place de la Nation.

203 *Baron de Batz* (1754–1822), Agent der Royalisten, versucht vergeblich, den König und die Königin vor dem Schafott zu retten, bewegt sich mit falschen Pässen ungehindert in Frankreich und zieht Revolutionäre wie Chabot (vgl. oben zu S. 37) in finanzielle Transaktionen, die sie auf die Guillotine bringen.

208 *Affäre der Nelke:* Als Marie Antoinette in der Conciergerie gefangen war, brachte Michonis einen Unbekannten zu ihr, der ihr eine Nelke überreichte; in der Blume war eine Botschaft versteckt, die das Wachpersonal aber nicht zu finden vermochte, obwohl man sofort Verdacht schöpfte. Worum es bei dieser Angelegenheit ging, bleibt ungewiß.

216 *Clément-Christophe Lorimier de Chamilly:* Der erste Kammerdiener blieb nur kurze Zeit bei der königlichen Familie im Temple, dann wurde er mit den meisten anderen Bedienten verhaftet.

222 *Madame Charry:* Nach Sansons eigener Angabe wurde sie am 6. 12. 1793 hingerichtet (vgl. oben S. 21).

Editorische Notiz

Die Übersetzung folgt der Originalausgabe (*Sept générations d'exécuteurs, Mémoires de Sanson*, Mis en ordre, rédigés et publiés par H. Sanson, ancien exécuteur des Hautes Œuvres de la Cour de Paris, 6 Bde., Paris: Dupray de la Mahérie 1862/63); das Tagebuch von Charles-Henri Sanson findet sich hier in Bd. IV, S. 339–451; Bd. V, S. 1–14; 65–251. Das eingeschobene Kapitel, in dem Henri-Clément, der Enkel, über den Verlauf des Prozesses der Gruppe um Danton informiert, wurde ausgelassen, da es lediglich auch anderswo leicht erreichbare Informationen zusammenfaßt.
Die Zusätze von Henri-Clément Sanson zum Tagebuch seines Großvaters (im Original durchgehend als Fußnoten) wurden beibehalten; kürzere Ergänzungen erscheinen als Fußnoten, längere Passagen wurden in den Text übernommen, sind aber durch kleinere Schrift als Zusätze kenntlich gemacht.

Nachwort

DIE DIENER DER GUILLOTINE
Die Familie Sanson
und das Amt des Scharfrichters

Am 18. März 1847 wurde Henri-Clément Sanson, der letzte der Pariser Scharfrichter aus der Familie Sanson, von seinen Pflichten entbunden – unter wenig ehrenvollen Umständen: Seine Spielleidenschaft und sein aufwendiger Lebensstil hatten ihn in Schulden gestürzt, er sah sich gezwungen, einem Hauptgläubiger die Guillotine zu verpfänden; als einige Monate später eine Hinrichtung stattfinden sollte, mußte der Justizminister erst die Schulden des Scharfrichters bezahlen, um die Maschine auszulösen![1] Eine solche Disziplinlosigkeit konnte natürlich nicht hingenommen werden: die vorgesehene Exekution durfte Henri-Clément Sanson zwar noch vornehmen, aber unmittelbar danach wurde er aus seinem Amt entlassen.

Henri-Clément Sanson ist 48 Jahre alt, er hat sein Amt etliche Jahre ausgeübt, und er braucht Geld; also bringt er nun seine eigenen Erinnerungen, vor allem aber die Geschichte seiner Vorfahren zu Papier. Die Familie Sanson hatte seit 1688 den Henker von Paris gestellt, durch sieben Generationen hindurch; das Interesse der Öffentlichkeit war schon dadurch gesichert, daß Vater und Großvater des Chronisten in der Zeit der Revolution, vor allem in den Schreckensjahren 1793/94, nolens volens in eine Hauptrolle gedrängt wurden. In den *Memoiren*, die

Henri-Clément 1862/63 veröffentlicht[2], behandelt er eben deshalb die Revolutionsperiode besonders ausführlich; aber auch die wichtigsten Begebenheiten aus der Amtszeit der früheren Generationen werden dargestellt.
Seiner eigenen Aussage nach benutzte Henri-Clément für sein umfangreiches Werk die Aufzeichnungen, die seine Vorfahren seit Generationen gemacht hatten und die neben Persönlichem vor allem Berichte über spektakuläre Prozesse und Hinrichtungen enthielten; je nach der Person des Schreibenden waren sie offensichtlich unterschiedlich ausführlich, und man muß annehmen, daß sie längst nicht die ganzen in den Memoiren behandelten gut hundertfünfzig Jahre abdeckten. Um die Lücken auszufüllen, wurden gedruckte Quellen herangezogen – entweder von Henri-Clément selbst, der ein belesener Mann mit einer umfangreichen Privatbibliothek war, oder von dem Journalisten d'Olbreuse, der das Manuskript im Auftrag des Verlegers überarbeitet hat; für die sechs Bände erhielt der Autor Sanson 30 000 Livres Honorar, sein Mitverfasser 17 500[3] – man kann wohl annehmen, daß dies der Preis für eine tiefgreifende Umgestaltung und nicht etwa nur für eine stilistische Durchsicht des Textes war. In der vorliegenden Form versuchen die Memoiren, den Lesern eine vollständige Übersicht über die spektakulärsten Kriminalfälle der letzten anderthalb Jahrhunderte zu bieten, und dabei beschränken sich die Autoren nicht auf die Hinrichtungen, sondern schildern jeweils auch die Verbrechen und den Prozeß der Delinquenten. Mit den zeitgenössischen Dokumenten und jüngeren Studien sind sie dabei offenbar eher unkritisch

umgegangen: Man findet manche in früherer Zeit weitverbreiteten Legenden, die aber erwiesenermaßen nicht der historischen Wahrheit entsprechen; das Werk kann vor allem für die früheren Perioden nicht vorbehaltlos als historisch zuverlässige Quelle benutzt werden.

Für die Revolutionsperiode stellt sich der Sachverhalt etwas anders dar: Scharfrichter waren damals der Vater und der Großvater von Henri-Clément Sanson; der Großvater Charles-Henri starb 1806, als sein Enkel sieben Jahre alt war, an ihn wird er also wohl keine allzu klare Erinnerung gehabt haben. Dagegen hatte ihm sein Vater sicher vieles über die wichtigsten Etappen seiner Karriere als Scharfrichter erzählt; außerdem konnte Henri-Clément auch mit vielen anderen Zeitzeugen sprechen, und es stand vielfältiges Material an Zeitungen der Epoche, Memoiren von Beteiligten und anderen Schriften zur Verfügung – vor allem Aristokraten und Royalisten, die in der Emigration oder in den Gefängnissen der Terreur unter der Revolution gelitten hatten, ließen in den Jahren nach der Restauration der Monarchie ihre Erinnerungen drukken. Daß dabei neben authentischen Details auch Erfundenes und Geschichtsfälschungen verbreitet wurden, versteht sich, eben weil die revolutionären Ereignisse ein oder zwei Generationen nach dem Tod von Louis XVI noch niemanden gleichgültig lassen konnten.

Henri-Clément Sanson hat in seine Memoiren manche fragwürdigen Informationen aufgenommen und ihnen dadurch einen Anschein von Authentizität verliehen: So berichtet er z.B., bei der Hinrichtung von Louis XVI habe der ihn begleitende Geistliche dem schon unter dem Fallbeil liegenden König zugerufen: »Sohn des heiligen

Ludwig, fahre gen Himmel!«[4] Dies wurde immer wieder kolportiert, ist aber offensichtlich unwahr: Dieser Geistliche, der Abbé Edgeworth de Firmont, hat selbst einen Bericht über die letzten Stunden des Königs hinterlassen[5], und dort findet sich nichts dergleichen; Michelet verbürgt sich in seiner Revolutionsgeschichte dafür, daß einer seiner Freunde mitanhörte, wie zwei Journalisten unmittelbar nach der Hinrichtung des Königs den Ausspruch erfanden.[6]

In der Zeit von Mitte November 1793 bis Ende Juni 1794 allerdings hat Charles-Henri Sanson ein Tagebuch geführt; er trug darin die Namen der Hingerichteten (nicht immer ganz vollständig) ein, vermerkte denkwürdige Begebenheiten am Schafott und kommentierte auch bestimmte Vorkommnisse des alltäglichen oder politischen Lebens. Die beiden Bearbeiter der Memoiren erklären ausdrücklich, sie hätten das Manuskript des Tagebuchs unverändert wiedergegeben[7] – gewisse Ergänzungen, die ihnen notwendig schienen, z. B. Namenlisten der Hingerichteten, soweit sie bei Charles-Henri Sanson fehlen, oder zusätzliche Details über prominentere Personen, erscheinen stets in den Fußnoten und sind dadurch ohne weiteres als Zusätze zu erkennen.

Soweit wir wissen, ist über den Verbleib des Originalmanuskripts von Charles-Henri Sanson nichts bekannt; es läßt sich folglich nicht mit Sicherheit sagen, ob wir den unveränderten Bericht des Scharfrichters der Revolution lesen oder ob sein Enkel doch stärker in den Text eingegriffen hat. Ein Indiz allerdings spricht eindeutig für die Authentizität des Tagebuchs: Es deckt eine Periode der Revolution ab, in der kaum prominente Persönlichkeiten

auf der Guillotine starben – die Gruppe um Danton stellt die einzige Ausnahme dar. Alles in allem ist der Text eher repräsentativ als spektakulär, es wird Einblick in den Alltag des Scharfrichters und seiner Gehilfen unter der Terreur gegeben, nicht aber über die ›großen‹ Schrekkens- oder auch Festtage der Guillotine berichtet. Wenn der Text durchgreifend verändert worden wäre, hätte sich der Bearbeiter ein Ereignis wie den Sturz Robespierres am 9. Thermidor (27. 7. 1794) wohl kaum entgehen lassen, zumal, da er dazu das Original nur um die Notizen über einige wenige Wochen hätte ergänzen müssen.
Im übrigen wäre es durchaus begreiflich, wenn Charles-Henri Sanson gerade gegen Ende des Jahres 1793 das Bedürfnis verspürt hätte, seine täglichen Erfahrungen in einem Tagebuch niederzulegen: Am 10. März 1793 war das Revolutionstribunal geschaffen worden, und in der Folgezeit nahm die Zahl der Hinrichtungen beständig zu; der Scharfrichter wurde offensichtlich von Gewissenskonflikten geplagt, denn in seinen Aufzeichnungen übt er ständig Kritik am revolutionären Regime und verlangt Gnade für die Opfer. Andererseits erklärt Henri-Clément Sanson das plötzliche Abbrechen der Aufzeichnungen überzeugend mit einer Krankheit seines Großvaters, der bald danach sein Amt aufgeben mußte.[8] Diese Überlegungen vermögen naturgemäß keinen Beweis für die Authentizität des Tagebuchs zu liefern; man wird sie jedoch bei aller Skepsis zumindest für sehr wahrscheinlich halten dürfen.

Der adligen Familie Sanson war das Amt des Henkers von Paris im Jahre 1688 zugefallen: Der Begründer der

Dynastie hatte sich in die Tochter seines Vorgängers verliebt und wurde durch seine Heirat dessen designierter Nachfolger; den folgenden Generationen blieb kaum etwas anderes übrig, als die Tradition weiterzuführen. Charles-Jean-Baptiste Sanson, der das Amt bis 1754 innehatte, brachte sogar seine sieben Söhne als Henker in verschiedenen französischen Provinzstädten wie Reims, Orléans und Montpellier unter.[9]
Zu den Aufgaben des Henkers gehörte ursprünglich nicht nur die Vollstreckung von Todesurteilen, wobei je nach Art des Verbrechens und gesellschaftlicher Stellung des Delinquenten unterschiedlich grausame und entehrende Praktiken wie Rädern, Verbrennen, Hängen oder Köpfen zur Anwendung kamen; mit seinen Gehilfen nahm er auch Folterungen vor, die im 18. Jahrhundert zwar nicht mehr häufig waren, aber erst im Mai 1788 als Reaktion auf die ständig wiederholten Forderungen der aufgeklärten Philosophen offiziell abgeschafft wurden.[10] Auf besonders spektakuläre Weise wurde noch 1757 im Fall des Bedienten Damiens verfahren, der ein Attentat auf Louis XV verübt hatte: Unmittelbar vor der Hinrichtung wurden ihm zum letztenmal spanische Stiefel angelegt, damit er die Namen seiner Komplizen preisgäbe; die Folterung fand natürlich unter Ausschluß der Öffentlichkeit im Gefängnis statt.

Auf dem Richtplatz wurde ihm danach vor einer riesigen Zuschauermenge zuerst die rechte Hand, die den König leicht verletzt hatte, verbrannt, dann wurden ihm mit Zangen Fleischfetzen aus Armen, Brust und Schenkeln gerissen, und in die Wunden wurde flüssiges Harz oder Blei gegossen; zuletzt sollte er gevierteilt werden, aber die Pferde vermochten die Glieder erst vom Rumpf zu trennen, nachdem die Sehnen in Ermangelung eines Messers mit einer Axt durchhauen worden waren.[11] Dies alles vollzog sich unter der Aufsicht des Scharfrichters, der freilich nicht selbst Hand anlegte; sogar als der eigens engagierte Folterknecht, der Damiens mit der Zange quälen sollte, wegen Trunkenheit ausfiel, griff Sanson nicht selbst ein, sondern bestimmte einen anderen.

Die barbarischen Verfahrensweisen bei der Hinrichtung von Damiens waren zu ihrer Zeit ein Anachronismus und erregten eben deshalb allgemeines Aufsehen[12]; das Königtum, das durch den neuen Geist der Aufklärung in seinem Selbstverständnis erschüttert war, wollte durch dieses Anknüpfen an längst vergangene Zeiten offenbar der Gegenwart trotzig Paroli bieten (was im übrigen mißlang). Obwohl dergleichen im Justizalltag somit praktisch nicht mehr vorkam, versteht man, daß zumal die Angehörigen der höheren Schichten jeden Kontakt mit dem Scharfrichter zu vermeiden suchten; das mußte Charles-Henri Sanson, der spätere Verfasser des Tagebuchs aus der Zeit der Terreur, einmal erfahren. Als junger Mann war er besonders attraktiv, kleidete sich elegant und hatte ein gewandtes Auftreten; eine adlige Dame, der er sich korrekt, freilich ein bißchen unpräzise als Beamter des Parlement vorgestellt hatte, lud ihn in einem Gasthof an ihren Tisch ein, als sie aber später erfuhr, daß sie mit dem Henker gegessen hatte, reagierte sie empört, verlangte eine Entschuldigung Sansons und erhob Klage, um zu erreichen, daß Leute seines Standes künftig ein Erkennungszeichen tragen sollten; damit hatte sie allerdings keinen Erfolg.[13] Übrigens war Charles-Henri Sanson schon vorher untersagt worden, die Farbe Blau zu tragen, da diese dem Adel vorbehalten sei; daraufhin kleidete er sich noch eleganter als vorher, aber in Grün, und kreierte dadurch eine neue Mode.[14]

Daß der Scharfrichter somit wie ein Mann von Stand auftreten (und obendrein den eigentlichen Sinn einer ihm von höchster Stelle erteilten Anweisung in ziemlich impertinenter Weise unterlaufen) konnte, zeigt schon, daß er und seine Familie in Frankreich nicht so geächtet waren, wie es Heinrich Heine noch für das nachnapoleonische Düsseldorf berichtet: In seinen *Memoiren* erinnert er sich an das »rote Sefchen«, die schöne Tochter des Henkers, die ihn als Sechzehnjährigen tief beeindruckte; in diesem Zusammenhang schreibt er:

> »Nur an Tagen, wo der Großvater sich zu einer großen Hinrichtung anschickte, kamen aus der Nachbarschaft die Kollegen zum Besuche, und dann wurde gesotten, gebraten, geschmaust, getrunken, wenig gesprochen und gar nicht gesungen. Man trank aus silbernen Bechern, statt daß dem unehrlichen Freimeister oder gar seinen Freiknechten in den Wirtshäusern, wo sie einkehrten, nur eine Kanne mit hölzernem Deckel gereicht wurde, während man allen anderen Gästen aus Kannen mit zinnernen Deckeln zu trinken gab. An manchen Orten wird das Glas zerbrochen, woraus der Scharfrichter getrunken; niemand spricht mit ihm, jeder vermeidet die geringste Berührung. Diese Schmach ruht auf seiner ganzen Sippschaft, weshalb auch die Scharfrichterfamilien nur untereinander heuraten.«[15]

Freilich scheuen die unbescholtenen Bürger nicht vor Kontakten zurück, wenn sie die Hexenkünste nötig haben, die der Sippe des Henkers zugeschrieben werden; die Tante des roten Sefchen war auf diesem Gebiet sehr beschlagen:

> »Ihre besten Kunden waren Bierwirte, denen sie die Totenfinger verkaufte, die sie noch aus der Verlassenschaft ihres Mannes zu besitzen vorgab. Das sind Finger eines gehenkten Diebes, und sie dienen dazu, das Bier im Fasse wohlschmeckend zu machen und zu vermehren. Wenn man nämlich den Finger eines Gehenkten, zumal eines unschuldig Gehenkten, an einem Bindfaden befestigt im Fasse hinabhängen läßt, so wird das Bier dadurch nicht bloß wohlschmeckender, sondern man kann aus besagtem Fasse doppelt, ja vierfach soviel zapfen wie aus einem gewöhnlichen Fasse von gleicher Größe.«[16]

Die Vorstellung, daß zum Beispiel abgeschnittene Gliedmaßen eines Hingerichteten magische Kräfte haben, ist weitverbreitet[17]; die gleiche Wirkung wird auch Pflanzen zugeschrieben, die unter dem Galgen wachsen, besonders, wenn sie nachts und zumal bei Vollmond gepflückt werden – noch in Verdis Oper *Ein Maskenball* schickt die Zauberin Ulrica Amelia, die Heilung von einer ehebrecherischen Liebe sucht, zur Richtstätte, damit sie dort ein bestimmtes Kraut pflückt. Auch die Alraune (Mandragora), der wegen der menschenähnlichen Gestalt der Wurzel und weil sie sehr giftig ist viele wunderbare Eigenschaften zugeschrieben werden, entsteht angeblich aus Harn oder Sperma eines gehenkten Diebes unter dem Galgen.[18] Mit solchen Vorstellungen hängt es wohl auch zusammen, daß der Familie Sanson durch ein königliches Privileg das Recht verliehen worden war, mit Arzneimitteln zu handeln; allerdings betrieben mehrere Generationen ernsthafte botanische, pharmazeutische und sogar anatomische Studien (auch und vor allem an den Leichen von Hingerichteten), was sie in die Lage versetzte, durchaus wirkungsvolle Rezepte gegen verschiedene Leiden zu entwickeln und den Kranken, die zu ihnen kamen, eine Diagnose zu stellen. Die Heilerfolge waren offenbar bemerkenswert, und der Zulauf dementsprechend; Charles-Jean-Baptiste Sanson zum Beispiel hielt jeden Tag eine Sprechstunde ab. Seine Dienste ließ er sich nach den finanziellen Möglichkeiten der Patienten bezahlen; den Armen half er sogar umsonst, und diese Mildtätigkeit trug sicher dazu bei, das Bild, das sich die Öffentlichkeit von einem Scharfrichter zu machen pflegte, zu korrigieren.[19]

Der Sohn dieses Charles-Jean-Baptiste Sanson, der bereits erwähnte Charles-Henri, übernahm sein Amt 1754 im Alter von 15 Jahren, da sein Vater es wegen Krankheit aufgeben mußte.[20] In den folgenden Jahrzehnten gab es nur selten ausgesprochen grausame Hinrichtungen[21]; die meisten Verbrecher starben am Galgen, natürlich immer vor Publikum auf öffentlichen Plätzen. An die Brutalität der alten Methoden scheint die Bevölkerung in der Zeit unmittelbar vor der Revolution bereits nicht mehr gewöhnt gewesen zu sein; dies sicher auch, weil die Aufklärungsarbeit der Philosphen ihre Wirkung nicht verfehlt hatte. Jedenfalls kam es zu einem Volksaufstand, als am 3. August 1788 der Vatermörder Jean-Louis Louchard, dessen Fall aus verschiedenen Gründen Mitleid erregte, in Versailles aufs Rad geflochten werden sollte. Die Menge demolierte das Schafott und die Werkzeuge des Henkers und trug den Delinquenten im Triumph davon.[22] Die Autoritäten, die kurz vorher schon die Folter offiziell abgeschafft hatten (siehe oben), wagten Hinrichtungen dieser Art von da an nicht mehr.

In einer solchen Atmosphäre mußte das Volk von Paris den Henker zwangsläufig verachten; daß die Stimmung für die Familie Sanson nicht günstig war, zeigt beispielhaft ein ungefähr zur gleichen Zeit veröffentlichtes Pamphlet, die *Klagen des Scharfrichters gegen jene, die seinen Beruf ohne entsprechende Ausbildung ausgeübt haben*[23]: Der anonyme Autor bezieht sich auf die bestialische Ermordung von vier Beamten des Ancien Régime durch die fanatisierten Massen im Juli 1789[24] und stellt sich vor, Sanson beklage sich darüber, daß ihm das Entgelt entgangen sei, das er zu erwarten gehabt hätte, wenn die Betreffenden von einem Gericht zum Tode verurteilt und ordnungsgemäß hingerichtet worden wären. Der Verfasser unterstellt, die Bevölkerung wolle ihre Feinde unbedingt so grausam wie möglich zum Tode befördert sehen; damit ist klar, daß er aus einer konservativen Position heraus die Revolutionäre attackiert. Zugleich kann man seinen Text aber auch als einen Beleg dafür auffassen, daß die öffentliche Meinung in den Anfängen der Revolution den Henker für einen unmenschlichen Barbaren hielt[25]; andernfalls hätte der Verfasser nicht mit der Zustimmung seiner Leser rechnen können, als er Sanson erklären ließ, wenn die Pariser Hinrichtungsarten nicht mehr grausam genug erschienen, sei er gern bereit, sich die Techniken seiner Kollegen aus London oder Avignon anzueignen, die den Delinquenten unter anderem die Eingeweide herausreißen...

Dieses Negativbild ist wohl auch ein Grund dafür, daß in der Diskussion, die die Nationalversammlung über die Menschen- und Bürgerrechte und über die Frage führte, welche gesellschaftlichen Gruppen von ihrem Besitz ausgeschlossen sein sollten, neben Protestanten, Juden und Schauspielern[26] auch dem Henker der Anspruch bestritten wurde, als Vollbürger zu gelten. Nach einer kontroversen Diskussion wurde allerdings am 24. 12. 1789 ein Dekret erlassen, das alle Bürger mit Ausnahme der Juden[27] durch die Verleihung des aktiven und passiven Wahlrechts gleichstellte.[28]

Charles-Henri Sanson entsprach übrigens dem Bild der blutrünstigen Bestie schon deshalb in keiner Weise, weil er und seine Angehörigen im Grunde ihres Herzens royalistisch gesinnt waren.[29] Unter Louis XVI war die französische Justiz nicht eigentlich grausam gewesen – dazu hatte dem Regime einfach die nötige Selbstsicherheit gefehlt. Als die Republik das neue Hinrichtungsinstrument, die Guillotine, nutzte, um Tag für Tag Dutzende von Todesurteilen vollstrecken zu lassen, stürzte das den Scharfrichter in schwere Konflikte, die er seinem Tagebuch anvertraute. Seine monarchistischen Überzeugungen waren im übrigen allgemein bekannt; schon Ende 1789 hatten ihn bestimmte Zeitungen fälschlich beschuldigt, er biete in seinem Haus einer Druckerei für konterrevolutionäre Schriften Unterschlupf (in Wirklichkeit befanden sich die Pressen in einem an das Wohnhaus angrenzenden Gebäude, das vermietet war). Sanson erhob gegen die betreffenden Journalisten Verleumdungsklage und gewann im Januar 1790 den Prozeß.[30] Seine skeptische bis negative Einstellung zur Revolution blieb trotzdem bestehen, und es ist einigermaßen verwunderlich, daß weder die Convention noch der Wohlfahrtsausschuß, noch die radikale Pariser Commune jemals daran gedacht zu haben scheinen, ihn von seinem Amt zu entbinden: Sanson war vermutlich der einzige Staatsdiener in irgendwie herausgehobener Stellung, der seine Position schon vor dem Bastille-Sturm innegehabt hatte und sie durch die ganzen unruhigen Jahre hindurch bis hin zu Robespierres Sturz behielt! Offensichtlich sahen die Revolutionäre in einem monarchistischen Henker keine Gefahr; daneben dürfte aber wohl auch eine Rolle gespielt haben, daß Sansons Amt auch überzeugte Patrioten nur schwerlich reizen konnte – höchstens Fanatiker, denen bei aller untadeligen revolutionären Gesinnung jedoch sicher die nötige Nervenstärke gefehlt hätte, um eine so heikle Funktion zu erfüllen. So verließen sich die neuen Autoritäten lieber auf den erprobten Sachverstand des früheren Amtsinhabers.

Die Nationalversammlung hatte schon früh den Entschluß gefaßt, künftig das Enthaupten als einzige Hinrichtungsart, unabhängig vom Stand des Delinquenten, einzuführen; ein entsprechender Antrag war am 10. Oktober 1789 von dem Arzt Guillotin eingebracht worden, der sich davon eine Humanisierung im Vergleich zu den bisherigen Praktiken versprach. In der anschließenden Debatte sprach sich der Deputierte von Arras, Maximilien Robespierre, dafür aus, die Todesstrafe ganz abzuschaffen[31] – sein Horizont hat sich später bedeutend erweitert. Ein entsprechendes Dekret wurde von der Nationalversammlung am 10. Dezember 1789 verabschiedet; es konnte allerdings zunächst nicht in die Tat umgesetzt werden, da eine Enthauptungsmaschine nicht zur Verfügung stand. Die Hinrichtung mit dem Schwert, wie sie bis dahin bei Adligen praktiziert worden war, die von jeher ein Recht auf die ›ehrenvolle‹ Enthauptung hatten, warf eine Reihe von Problemen auf, worauf Charles-Henri Sanson im März 1792 in einer Stellungnahme für den Justizminister hinwies:

> Damit die Hinrichtung im Sinne des Gesetzes durchgeführt werden kann, muß (vorausgesetzt, daß nicht irgendein Hindernis auf seiten des Verurteilten besteht) der Scharfrichter sehr geschickt und der Verurteilte sehr mutig sein; sonst wird man eine Hinrichtung mit dem Schwert nie durchführen können, ohne daß es zu gefährlichen Szenen kommt.
>
> Nach jeder Exekution ist das Schwert untauglich für eine weitere. Da es leicht schartig wird, muß es unbedingt wieder geschärft werden; wenn mehrere Verurteilte gleichzeitig hingerichtet werden sollen, muß man also eine ausreichende Zahl von Schwertern bereithalten. Es gilt auch zu berücksichtigen, daß die Schwerter bei solchen Hinrichtungen schon oft zerbrochen sind. Der Scharfrichter von Paris besitzt nur zwei, die er vom ehemaligen Parlement von Paris erhalten hat; sie haben je 600 Livres gekostet.
>
> Es bleibt zu prüfen, ob, wenn mehrere Verurteilte gleichzeitig hingerichtet werden sollen, die Entsetzlichkeit dieser Hinrichtung wegen der gewaltigen

Menge vergossenen Blutes nicht sogar die unerschrokkensten Delinquenten in Schrecken versetzt und schwach werden läßt. Schwäche aber ist ein unüberwindliches Hindernis für die Exekution, da der Betreffende sich nicht mehr aufrecht halten kann. Wenn man darauf keine Rücksicht nimmt, wird die Hinrichtung ein Kampf und ein Massaker.[32]

Es scheint bemerkenswert, daß Sanson hier vor allem das Problem der Hinrichtung mehrerer Delinquenten anspricht; vor dem Hintergrund der späteren Entwicklung wirkt das geradezu prophetisch. – Mit der Suche nach einem geeigneten Hinrichtungsapparat beauftragte die Nationalversammlung den Arzt Louis, der als Sekretär der chirurgischen Akademie über alle nötigen Kenntnisse verfügte. Auf der Grundlage von Zeugnissen über die verschiedenen Hinrichtungsmaschinen, die seit dem Mittelalter in mehreren europäischen Ländern in Gebrauch gewesen waren, entwarf er einen detaillierten Plan für die Maschine, die von dem Zimmermann Guidon gebaut werden sollte – dieser veranschlagte dafür die exorbitante Summe von 5660 Livres, wovon 300 Livres auf drei Messer entfallen sollten. Den zuständigen Behörden schien das zuviel, den Zuschlag erhielt schließlich der Klavierbauer Tobias Schmidt, ein Deutscher, der sich mit 960 Livres zufriedengab.[33]

Das Aussehen der Guillotine mit den beiden etwas mehr als drei Meter hoch aufragenden Balken, zwischen denen das stählern blitzende, schräg zulaufende Messer aufgehängt war, dessen Breite etwa acht Daumen betrug, mußte alle Zuschauer nachhaltig beeindrucken; die Konstruktion war noch von den entferntesten Ecken der

Place de la Concorde aus gut sichtbar, während der genaue Ablauf der Hinrichtungen nur von denen verfolgt werden konnte, die unmittelbar am Schafott standen. Wenn der hohe Rang der Verurteilten besondere Sicherheitsvorkehrungen nötig machte, wie bei der Exekution von Louis XVI im Januar 1793, wurden Soldaten um die Guillotine postiert, die Zuschauer blieben notgedrungen in größerer Entfernung und sahen vermutlich nur undeutlich, was auf dem Schafott vor sich ging.

Die Verurteilten wurden die Stufen zur Guillotine hinaufgeführt und stehend an das Brett gebunden, das dann nach vorn gekippt und so unter das Fallbeil geschoben wurde, daß der Hals des Delinquenten in dem kreisförmigen Ausschnitt des zwischen den beiden Balken befestigten, in der Mitte geteilten Holzes fixiert war; dann löste der Scharfrichter den Mechanismus aus, und das Messer sauste herunter – dieser eigentliche Hinrichtungsvorgang dauerte nur wenige Sekunden und war für die Zuschauer praktisch nicht wahrnehmbar.[34] Bei einer Öffentlichkeit, die daran gewöhnt war, den minutenlangen Todeskampf eines Gehenkten oder sogar das lange, qualvolle Ende eines Geräderten zu beobachten, mußte die neue Hinrichtungsart eine Art Schock auslösen: Zum erstenmal kam sie am 25. April 1792 zur Anwendung, der Verurteilte war ein Straßenräuber namens Jacques Nicolas Pelletier. Die Guillotine stand damals auf der Place de Grève vor dem Rathaus von Paris (der heutigen Place de l'Hôtel de Ville); von Anfang an war sie fest installiert und stand den Passanten ständig vor Augen, obwohl in dieser Zeit noch nicht täglich Hinrichtungen stattfanden. Nach dem Sturm auf die Tuilerien am 10.

August 1792, der die Radikalisierung der Revolution einleitete, wurde sie zur Place du Carroussel innerhalb des Louvre gebracht; dort blieb sie fast zwei Jahre lang, nur die Hinrichtung von Louis XVI am 21. Januar 1793 fand auf der Place de la Concorde statt. Dieser Platz wurde dann am 10. Mai 1793 der neue Standort des Schafotts; in den folgenden Monaten nahm die Zahl der Exekutionen derart zu, daß die Bewohner der Rue Saint-Honoré sich über die täglich vorbeifahrenden Henkerskarren beschwerten, wie Charles-Henri Sanson in seinem Tagebuch vermerkt[35]; am 10. Juni 1794 wurde die Guillotine deshalb aus dem Zentrum von Paris entfernt und auf der Place du Trône Renversé (heute Place de la Nation) aufgestellt; dort fanden bis zum 28. Juli 1794, dem Tag, an dem mit der Hinrichtung Robespierres und seiner Getreuen das Regime des Schreckens zu Ende ging, 1351 Hinrichtungen statt, also fast 200 pro Woche oder durchschnittlich etwa 30 pro Tag.[36] In den zehn Monaten vorher waren der Guillotine insgesamt 16 594 Personen zum Opfer gefallen.[37]

Die Behörden fürchteten zunächst, die Bevölkerung könnte auf die Exekutionsmaschine mit Ablehnung reagieren[38]; unberechtigterweise, denn zumindest bei den fanatischen Revolutionären, die die ›Aristokraten‹ mit blutrünstigem Haß verfolgten, erregte sie stürmische Begeisterung. Das ging so weit, daß der Nationalversammlung von einem Privatmann das Angebot unterbreitet wurde, eine bestimmte Summe für den Unterhalt der Guillotine zur Verfügung zu stellen; das allerdings wurde mit Unwillen aufgenommen, und der potentielle Spender wurde von den Saaldienern hinauskomplimentiert.[39]

Zur Richtstätte kamen immer die gleichen Zuschauer, im wesentlichen radikale Sansculottes aus den Faubourgs Saint-Antoine und Saint-Marcel: Handwerker, kleine Gewerbetreibende, kurz, Leute aus dem Volk, die sich durch eine drastische Sprache und unkompliziertes Benehmen auszeichneten – das ›revolutionäre‹ Du wurde hier früh zur allgemein gebräuchlichen Anrede. Die Frauen aus diesem Milieu waren die berüchtigten Tricoteuses, die mit ihrem Strickzeug auf Bänken an der Guillotine saßen und Witze rissen, während sie auf die Verurteilten warteten; bei passender Gelegenheit vergriffen sie sich auch an Passanten, wenn diese nur aristokratisch aussahen. Nonnen, die nach der offiziellen Abschaffung der religiösen Orden weiterhin ihre Tracht trugen, liefen Gefahr, von ihnen verprügelt zu werden; das gleiche widerfuhr 1793 Théroigne de Méricourt, einer ehemaligen Kurtisane, die sich schon 1789 für die Revolution begeistert und noch beim Sturm auf die Tuilerien im August 1792 das Volk aufgestachelt hatte; in der Folgezeit verlor sie ihre frühere Popularität, weil sie enge Verbindungen zu den Führern der Gironde unterhalten hatte. Infolge der rüden Behandlung durch die Tricoteuses verwirrte sich ihr Geist; bis zu ihrem Tod 1817 vegetierte sie im Asyl der Salpêtrière dahin.[40]

Die Bewunderer der Guillotine stellten anscheinend auch in den Faubourgs nur eine Minderheit dar; jedenfalls berichtet Charles-Henri Sanson, daß der Versuch, die Hinrichtungsmaschine auf der Place de la Bastille im Faubourg Saint-Antoine aufzustellen, so wenig Begeisterung auslöste, daß man ihn nach nur einem Tag wieder aufgab.[41] Aber die Fanatiker waren, wenn nicht zahlreich, so doch lautstark. Bei ihnen hatte die Guillotine zahlreiche Spitznamen, wie »das Rasiermesser der Nation« *(rasoir national)*, »die Witwe« *(la veuve)*, die »kleine Louison« nach ihrem Erfinder; auch die Bezeichnung *Guillotine* nach dem Namen ihres eifrigsten Vorkämpfers war ursprünglich ein Spitzname.[42] Für die Hinrichtung selbst gab es eine Reihe ausgesprochen derber Bezeichnungen, wie »in den Sack spucken (oder niesen)«.

Die Zaungäste forderten auch, daß die Henkersknechte ihnen die abgeschlagenen Köpfe präsentierten, vor allem, wenn es sich um prominente Verurteilte handelte; dieses blutige Ritual lieferte gleichsam den Ersatz für den Anblick des Todeskampfes, den die früher gebräuchlichen Hinrichtungsmethoden geboten hatten. Bei besonders verhaßten Delinquenten schäumten die Emotionen nicht nur bei den Zuschauern, sondern auch bei den Gehilfen des Scharfrichters über: So wurde der Kopf von Charlotte Corday, die den von den Pariser Sansculottes vergötterten Marat ermordet hatte, von dem Zimmermann François Legros, der ihn der Menge zeigte, geohrfeigt[43] – dies wurde allerdings von der Justizbehörde als unpassend empfunden; der Gehilfe wurde entlassen. Die Fanatiker an der Guillotine wiederum gaben sich mit dieser Demütigung der Attentäterin nicht zufrieden und verlangten lautstark, den in den Korb zurückgeworfenen Kopf ein zweites Mal zu sehen; in zahlreichen Berichten ist zu lesen, das Gesicht der jungen Frau sei errötet, als dem Verlangen des Pöbels entsprochen wurde![44] Diese ebenso spektakuläre wie abstruse Anekdote wird auch in der medizinischen Literatur häufig angeführt, die sich mit der Frage beschäftigt, ob die Empfindung des Guillotinierten wirklich in dem Augenblick endet, in dem das Beil den Hals durchtrennt; die angebliche Humanität dieser Hinrichtungsart wurde nämlich von manchen Gelehrten in Zweifel gezogen[45], obwohl zum Beispiel Louis-Sébastien Mercier schon 1799 die Argumente gegen ein Fortbestehen des Bewußtseins, sei es auch nur für einen Sekundenbruchteil, in dem abgeschlagenen Kopf überzeugend dargelegt hatte.[46] Es war offenbar unvorstellbar, daß der unglaublich kurze Augenblick der Hinrichtung ausreichen könnte, um einen Menschen zu töten; Sensationsautoren des 19. Jahrhunderts haben die entsprechenden Bedenken zur Paradoxie gesteigert, wenn sie ein Opfer der Guillotine die Hinrichtung überleben lassen: Nur eine Narbe am Hals bleibt als sichtbare Spur der Hinrichtung zurück![47]

Das Verhalten der Henkersknechte ist kaum dazu angetan, Sympathie für sie zu wecken; allerdings bezeugt Sanson, daß die späteren Massenhinrichtungen auch an ihnen nicht spurlos vorübergingen.[48] Im übrigen kann man sich leicht vorstellen, daß schon das Gedränge auf der engen, von Blutlachen bedeckten Plattform, um die sich die unruhige, grölende Menge scharte, hinreichend beklemmend gewesen sein muß. Auch für rohe und abgestumpfte Naturen dürfte es nicht leicht gewesen sein, an den Rand vorzutreten und den Zuschauern die Köpfe der Guillotinierten zu zeigen, die von Blut trieften. Einmal ließ sich ein Gehilfe dazu verleiten, sich mit seiner grausigen Trophäe zu weit über den Rand der Plattform zu beugen; dabei verlor er das Gleichgewicht und stürzte so unglücklich, daß er zu Tode kam.[49] Nach zeitgenössischen Berichten ging dieser Zwi-

schenfall Charles-Henri Sanson so nahe, daß er auf dem Schafott weinte; vermutlich führte dies zur Verbreitung von Gerüchten, es hätte sich um seinen Sohn gehandelt.
Ein Dekret vom 13. Juni 1793 legt fest, daß der Henker von Paris ein Jahresgehalt von 10 000 Livres beziehen soll, während seine Kollegen aus der Provinz je nach Größe der Stadt, in der sie ihr Amt versehen, zwischen 2408 und 6000 Livres erhalten.[50] Die Summen sind beträchtlich, wenn man bedenkt, daß der durchschnittliche Tagesverdienst eines Arbeiters bei einer Livre lag.[51] Dafür hatte der Scharfrichter die Verurteilten im Justizpalast abzuholen, wo seine Gehilfen sie zur Hinrichtung vorbereiteten, sie zur Guillotine zu bringen und die Exekution vorzunehmen; dagegen gehörte die Beseitigung der Leichen nicht mehr zu seinen Aufgaben. Sanson berichtet von der Arbeit der Totengräber und auch von den Beschwerden der Bürger, die in der Nähe der Friedhöfe wohnten, auf denen die Hingerichteten meist in aller Eile verscharrt wurden[52]; aber bis auf seinen ersten Gehilfen, der an der Begräbnisstätte mit dabei sein mußte, um ein Protokoll aufzunehmen, waren der Scharfrichter und die Henkersknechte an diesem letzten Teil des grausigen Geschehens nicht mehr beteiligt.

Charles-Henri Sanson starb 1806; im Jahre 1829 erfindet Jules Janin in einer Parodie auf den ›romantischen‹ Schauerroman einen Besuch seines Helden beim Scharfrichter von Paris und stellt es entgegen der historischen Wahrheit so dar, als ob der Henker der Revolution noch am Leben wäre. Das Porträt, das er von ihm zeichnet, sagt einiges über die Einstellung der Restaurationszeit zu den Ereignissen der Terreur aus:

»Durch eine Glastür konnte ich einen ehrwürdigen, weißhaarigen Greis sehen. Neben ihm stand in der Haltung tiefster Ehrfurcht ein blonder Knabe mit blauen Augen; der Großvater gab seinem Enkel eine Geschichtsstunde. Das mußte eine sonderbare Sache sein: Geschichte, gelehrt von diesem alten Mann, dessen blutiger Stammbaum eine lange Reihe von Henkern darstellte und der selbst der Henker einer ganzen Generation gewesen war. Wahrlich, dieser Mann hatte die Nichtigkeit des Königtums und des Ruhms gesehen. Er hatte gesehen, wie Lally-Tollendal und Louis XVI den Hals unter die Klinge beugten; er hatte Hand an die Königin von Frankreich und an Madame Elisabeth gelegt, an die königliche Majestät und die Tugend! Er hatte gesehen, wie sich ihm schweigend die Menge ehrbarer Leute zu Füßen legte, die die Terreur mitleidlos tötete, alle die großen Namen, großen Geister und großen Herzen des 18. Jahrhunderts; alles das, was Marat, Robespierre und Danton sich ausgedacht hatten, hatte er allein verwirklicht; er war der einzige Gott und der einzige König dieser Zeit ohne staatliche Autorität und Glauben gewesen, ein schrecklicher Gott, ein unantastbarer König. Er kannte, so kann man sagen, alle Farbschattierungen des edelsten Blutes in- und auswendig, vom Blut des jungen Mädchens, das vor dem Sterben noch einmal seine Kleider ordnet, bis zum kalten Blut des Greises; alle Formen von Ergebenheit in das Schicksal und von Mut waren ihm vertraut, und wie oft mußte es nicht diesen roten Philosophen verwirren, wenn der Verbrecher ebenso mutig starb wie der ehrbare Mann und der Schüler Voltaires seinen Hals ebenso entschlossen hinhielt wie der Christ! Was für Überzeugungen mochte dieser Mann haben? Er hatte gesehen, wie Tugend und Verbrechen gleich behandelt wurden. Er hatte die Kurtisane auf eben den Brettern vor Entsetzen zittern sehen, die die Königin von Frankreich festen Schritts betreten hatte. Auf seinem Schafott hatte er alle Arten von Tugend und Verbrechen gesehen: heute Charlotte Corday, morgen Robespierre. Was verstand er wohl von der Geschichte? Und wie verstand er sie? Das ist eine schwierige Frage!« [53]

Trotzdem fanden zu jener Zeit die Hinrichtungen mit der Guillotine wieder am Nachmittag auf der Place de Grève statt und hatten beinahe den Charakter eines Volksfestes, wie die Schilderung zeigt, die Janin unmittelbar nach der zitierten Passage von der Exekution einer Mörderin gibt.[54]

Nach der Revolution von 1830, die das reaktionäre Regime von Charles X durch das ›Bürgerkönigtum‹ von Louis Philippe ersetzt, werden die Hinrichtungen aus dem Zentrum von Paris zur Barrière Saint-Jacques im Süden von Montparnasse verlegt; sie finden jetzt morgens um sechs oder um acht Uhr statt, und der Termin wird vorher nicht bekanntgemacht – auf diese Weise sucht man die Öffentlichkeit so weit wie möglich fernzuhalten, obwohl man sich noch nicht dazu durchringen konnte, sie rundweg auszuschließen. Seit der Revolution von 1848 stand die Guillotine auf der Place de la Ro-

quette östlich der Place de la Bastille, in unmittelbarer Nähe des Gefängnisses, und die Zeit für die Hinrichtungen war einheitlich sechs Uhr früh.[55] Nach dem Deutsch-Französischen Krieg 1870/71 schloß die Dritte Republik endlich die Öffentlichkeit von den Exekutionen aus; die Guillotine wurde fortan im Gefängnis aufgebaut, wenn ein Todesurteil zu vollstrecken war, und als Zeugen waren nur einige Justizbeamte (vor allem der Staatsanwalt, der die Anklage vertreten hatte), Parlamentsabgeordnete und ähnliche Persönlichkeiten zugegen.
Es ist bemerkenswert, daß Henri-Clément Sanson, der Enkel des Scharfrichters der Revolutionszeit und Verfasser der *Memoiren*, sich selbst kritisch über die Todesstrafe äußert. In seiner Vorrede erklärt er ausdrücklich: »Der wichtigste Grund, weshalb ich zur Feder griff, ist die große, derzeit vor dem Tribunal der Zivilisation anhängige Sache, zu deren Gunsten sich so viele beredte Stimmen seit Montesquieu, Beccaria, Filangieri bis hin zu Victor Hugo erhoben haben, um die Abschaffung jener unerbittlichen Strafe zu verlangen, deren leibhaftige Personifizierung zu sein ich das Unglück hatte.«[56] Damit folgt er einer Tendenz der Zeit, was dem Absatz seines Werkes sicher nicht geschadet hat; ob er seine ehrliche Meinung zum Ausdruck bringt, muß offenbleiben – es ist nicht unbedingt ein Beweis dagegen, daß er mit den Memoiren vor allem Geld verdienen mußte (s. o.).

Die Diskussion über die Todesstrafe, die nicht mehr verstummte, seit Victor Hugo mit *Le dernier jour d'un condamné* (1829) ein leidenschaftliches Plädoyer dagegen verfaßt hatte, spiegelt eine tiefgreifende Wandlung des

Kollektivbewußtseins wider: Bis zum 18. Jahrhundert wurde es allgemein als das selbstverständlich Recht des Staates betrachtet, dem Verbrecher das Leben zu nehmen, ihn auf andere Art körperlich zu strafen oder zu foltern. Grundlage dieser Auffassung war die christliche Lehre von Schuld und Sühne: Eine Hinrichtung, sei sie auch noch so grausam, ist geradezu ein Akt der Barmherzigkeit, weil sie dem Delinquenten die Möglichkeit gibt, zu bereuen und einen Teil seiner Sünden noch im Diesseits abzubüßen, so daß ihm die ewige Verdammnis erspart bleibt. Die fortschreitende Säkularisierung des Denkens stellt solche Auffassungen in Frage: Gegen die göttliche Gerechtigkeit setzt die Aufklärung die Würde des Individuums; Cesare Beccaria definiert Verbrechen pragmatisch als das, was der Gesellschaft schadet, und sieht den Sinn der Strafe nicht darin, Vergeltung zu üben, sondern solchen Schaden abzuwenden.[57]

Das neue Denken setzte sich langsam durch, und wir haben gesehen, daß die Guillotine noch im 19. Jahrhundert ein bestimmtes Publikum magisch anzog; trotzdem haben die Massenhinrichtungen der Terreur offenbar andere Auswirkungen gehabt als die Scheiterhaufen der spanischen Inquisition. Während diese von einer Mehrheit der Bevölkerung offenbar als Bestandteil der besten aller möglichen Welten begriffen wurden, scheint die Explosion von Gewalt im Paris Robespierres ein Trauma nicht nur für die Zeitgenossen, sondern auch für spätere Generationen gewesen zu sein. Die Voraussetzungen dafür waren deshalb gegeben, weil seit dem Bastille-Sturm die Welt aus den Fugen war, die hierarchisch gegliederte Gesellschaft des Ancien Régime nicht mehr bestand; in einer solchen Situation entsteht neurotische Angst, die nicht durch reale Gefahren hervorgerufen wird, sondern sich selbst beliebige Bedrohungen sucht, um ihr Vorhandensein zu rechtfertigen. Es läßt sich nachweisen, daß das ernste Drama im Paris der Jahre 1794 bis 1799 vor allem bemüht ist, Ängste der Protagonisten darzustellen und auch bei den Zuschauern Ängste zu erzeugen, die im Sinne einer Katharsis bewältigt werden.[58] Gleichzeitig gewinnt im Musiktheater der Typus der ›Rettungsoper‹ zunehmend an Bedeutung. Wie in Luigi Cherubinis *Lodoïska* (1791), einem Musterbeispiel der Gattung[59], geht es gewöhnlich um die Befreiung aus einer fast aussichtslos scheinenden Situation.

Solche Opernstoffe lassen sich auch als Variationen des Handlungsmusters von der ›verfolgten Unschuld‹ begreifen, das in den ersten Jahrzehnten des 19. Jahrhunderts im Melodram, der erfolgreichsten Form populären Theaters, hundertfach abgewandelt wird.[60] Immer stehen sich hier die absolut Guten und ein durch und durch Böser gegenüber, der zum Schrecken der Zuschauer zu triumphieren scheint, bis die letzte Peripetie den Handlungsverlauf auf den Kopf stellt. (Victor Hugo hat in seinen historischen Dramen diese Dramaturgie des Melodrams im wesentlichen übernommen.)

Die mehr oder weniger vagen (Zukunfts-)Ängste nun konkretisieren sich ganz natürlich in einem realen Objekt: der Guillotine.[61] Wir haben gesehen, welche Faszination die Mechanisierung der Hinrichtung auf die Zeitgenossen ausübte; die Bilder von abgeschlagenen Köpfen und Strömen von Blut prägen sich dem Bewußtsein unauslöschlich ein, auch sie gilt es zu verarbeiten. Hier dürfte der Grund dafür zu suchen sein, daß neben den wenn nicht abstrakten, so doch wenig anschaulichen Gefahren in der Oper oder im Melodram vor allem in erzählender Literatur Szenen des Schreckens mit allen grausigen Details ausgemalt werden. In Frankreich ist es zunächst eine tendenziöse Kloster-Literatur, die von Mönchen oder Nonnen an unbotmäßigen Glaubensbrüdern begangene Grausamkeiten schildert (die Klostermauern waren ähnlich undurchdringlich wie die Mauern der Bastille; hinter den einen wie den anderen vermutete die Volksphantasie Ungeheuerlichkeiten). Unter anderem von solchen Vorbildern angeregt, häuft auch der englische Schauerroman Greuel auf Greuel – am spektakulärsten in der in Spanien spielenden Klostergeschichte *The Monk* von Matthew Gregory Lewis (1796).

Um 1830 ist es dann die junge Generation der französischen Romantiker, die die Richtstätte oder den Friedhof zu ihren bevorzugten Schauplätzen erwählt (in einer nicht ganz ernst gemeinten Typologie des zeitgenössischen Romans nennt Théophile Gautier unter anderem den *roman-charogne*, den »Kadaverroman«[62]). Hier wirken die traumatischen Erfahrungen nach, die im Kollektivgedächtnis gespeichert sind (man erinnere sich an das, was Sanson über die Bestattung der Hingerichteten und die dabei auftretenden Schwierigkeiten schreibt); zugleich kommt in den schockierenden Szenen allerdings der Protest der jungen Generation gegen die repressive Gesellschaft der Restauration zum Ausdruck: Verstoß gegen den guten Geschmack als Provokation.

Diese Bewegung der sogenannten ›frenetischen Romantik‹ war verhältnismäßig kurzlebig; daß die Gespenster der Guillotinierten damit längst noch nicht gebannt waren, beweist die große Zahl von geköpften Männern und Frauen, die die Literatur der folgenden Jahrzehnte bevölkern – und zwar keineswegs nur triviale oder nach Sensationen haschende Gattungen.[63] Nicht nur für Charles-Henri Sanson sind die Opfer der Guillotine zur Obsession geworden.

---

1 Vgl. die Préface von M. Lebailly in: La Révolution française vue par son bourreau, Journal de Charles-Henri Sanson, Paris 1988, S. 10; sowie D. Arasse, La guillotine et l'imaginaire de la Terreur, Paris 1987, S. 162f.

2 Sept générations d'exécuteurs, Mémoires des Sanson, Mis en ordre, rédigés et publiés par H. Sanson, ancien exécuteur des Hautes Œuvres de la Cour de Paris, 6 Bde., Paris: Dupray de la Mahérie 1862/63 [im folgenden zitiert als Sanson].

3 Vgl. M. Lebailly (wie Anm. 1), S. 11.

4 Sanson, Bd. III, S. 478f.

5 Vgl. die deutsche Übersetzung in: Die letzten Monate des Königs, Louis XVI als Gefangener der Französischen Revolution, In Aufzeichnungen seiner Diener und Bewacher, Hrsg. und übers. von A. Gier und Chris E. Paschold, Frankfurt/M. 1989, S. 151–175.

6 Hinweis in Journal de ce qui s'est passé à la Tour du Temple par Clery..., Edition présentée et annotée par J. Brosse, Paris 1987, S. 229.

7 Vgl. M. Lebailly (wie Anm. 1), S. 11.

8 Vgl. oben S. 226f.

9 Vgl. Sanson, Bd. II, S. 427.

10 Vgl. A. Wills, Crime and Punishment in Revolutionary Paris, Westport–London 1981, S. 9.

11 Vgl. den ausführlichen Bericht über die Hinrichtung von Damiens bei Sanson, Bd. II, S. 337ff.

12 Vgl. L'attentat de Damiens, Discours sur l'évènement au XVIIIe siècle, sous la direction de P. Retat, Paris/Lyon 1979.

13 Vgl. Sanson, Bd. II, S. 429ff.

14 Vgl. ebd., S. 428f.

15 Heinrich Heine, Memoiren, in: Werke und Briefe, Bd. VII, Berlin 1962, das Zitat S. 234f.

16 Ebd., S. 227f.

17 Vgl. Enzyklopädie des Märchens, Handwörterbuch zur historischen und vergleichenden Erzählforschung, hrsg. von W. Brednich u. a., Berlin 1975ff., Bd. V, Sp. 894 (Artikel »Gehenkte(r)«).

18 Vgl. Handwörterbuch des deutschen Aberglaubens, hrsg. von H. Bächtold-Stäubli, Bd. I, Berlin–Leipzig 1927, Sp. 318 (Artikel »Alraun«).
19 Vgl. Sanson, Bd. III, S. 5f.
20 Vgl. ebd., S. 55f.
21 Die Hinrichtung von Damiens fiel in die Kompetenz des Onkels von Charles-Henri, des Henkers Nicolas-Gabriel Sanson, vgl. ebd., Bd. II, S. 329f.
22 Vgl. ebd., Bd. III, S. 262–265.
23 *Plaintes de l'exécuteur de la Haute Justice contre ceux qui ont exercé sa profession, sans être reçus maîtres*; vgl. Arasse (wie Anm. 1), S. 40, und ein Auszug aus dem Text S. 210f.
24 Es handelte sich um de Launay, den Gouverneur der Bastille, de Flesselles, den Vorsteher der Pariser Kaufmannschaft (beide am 14. Juli ermordet) sowie um Foulon, den designierten Finanzminister, und dessen Schwiegersohn Bertier, die als Spekulanten galten.
25 Vgl. dazu Arasse (wie Anm. 1), S. 40.
26 Sie galten seit den Anfängen des Christentums und bis zum 18. Jahrhundert als ehrlos, worunter z.B. auch Molière am Hof von Louis XIV zu leiden hatte.
27 Sie erhielten die vollen Bügerrechte erst 1791.
28 Vgl. Sanson, Bd. III, S. 304f.; ein Bericht über diese Sitzung der Nationalversammlung findet sich in der Ausgabe Nr. 77 des *Ami du peuple*, der Zeitung Marats, auf Deutsch abgedruckt in: Die Französische Revolution, Ein Lesebuch mit zeitgenössischen Berichten und Dokumenten, ausgewählt, übersetzt und kommentiert von C.E. Paschold und A. Gier, Stuttgart 1989, S. 125–127.
29 Vgl. Décembre-Alonnier, Dictionnaire de la Révolution française 1789–1799, 2 Bde., Paris 1866–1868, Nachdruck Nendeln 1975, Bd. I, S. 358 (Artikel »Bourreaux, guillotine, exécutions«).
30 Vgl. Sanson, Bd. III, S. 305ff.
31 Vgl. Décembre-Alonnier (wie Anm. 29), Bd. I, S. 356b Anm. 4.
32 *Rapport de Charles-Henri Sanson au ministre de la Justice sur le mode de décapitation*, zitiert nach Arasse (wie Anm. 1), S. 207; Übersetzung durch die Herausgeber.
33 Vgl. Arasse (wie Anm. 1), S. 33. – Henri-Clément Sanson berichtet, Schmidt sei mit seinem Großvater befreundet gewesen und habe selbst den ersten Entwurf der Guillotine gezeichnet, um Charles-Henri Sanson gefällig zu sein (vgl. die Übersetzung dieses Abschnitts bei Paschold–Gier, Wie Anm. 28, S. 199–205), der Arzt Louis habe den Plan lediglich begutachtet; vermutlich ist dies eine Legende.
34 Vgl. dazu Arasse (wie Anm. 1), S. 49ff.
35 Vgl. oben S. 126.
36 Vgl. J. Tulard – J.-Fr. Fayard – A. Fierro, Histoire et dictionnaire de la Révolution française 1789–1799, Paris 1987, S. 856 (Artikel »Guillotine«).
37 Vgl. ebd.
38 Vgl. dazu einen bei Sanson, Bd. III, S. 407, zitierten Brief von Roederer, dem Generalprokurator der Commune, an La Fayette, geschrieben am Tag der Hinrichtung Pelletiers.

39 Vgl. Décembre-Alonnier (wie Anm. 29), Bd. I, S. 357; sowie auch oben S. 111.
40 Über sie vgl. E. Roudinesco, Théroigne de Méricourt, Une femme mélancolique sous la Révolution, Paris 1989.
41 Vgl. oben S. 186.
42 Vgl. J.-P. Bertaut, La vie quotidienne en France au temps de la Révolution (1789–1795), Paris 1983, S. 308.
43 Vgl. Arasse (wie Anm. 1), S. 145.
44 Vgl. ebd.; Décembre-Alonnier (wie Anm. 29), Bd. I, S. 358.
45 Vgl. ebd.; S. 357f.; Arasse (wie Anm. 1), S. 51ff.
46 In einem Kapitel von *Le Nouveau Paris*, in deutscher Übersetzung bei Paschold–Gier (wie Anm. 28), S. 205–209.
47 Die Geschichte wurde mit leichten Abwandlungen von Washington Irving, Petrus Borel, Alexandre Dumas dem Älteren und Gaston Leroux erzählt; vgl. M. Delon, Le collier de velours ou la trace de la guillotine, in: Europe Nr. 715/16, Nov.-Dec. 1988, S. 59–67.
48 Vgl. oben S. 177.
49 Vgl. Arasse (wie Anm. 1), S. 158.
50 Vgl. Décembre-Alonnier (wie Anm. 29), Bd. I, S. 358a Anm. 1.
51 Vgl. Tulard–Fayard–Fierro (wie Anm. 36), S. 1015 (Artikel »Pain«).
52 Vgl. oben S. 107; 150; 186; 214.
53 J. Janin, L'âne mort ou la femme guillotinée, Préface de T. Maya, Paris 1974 (Bibliothèque Marabout), S. 246f.; Übersetzung durch die Herausgeber.
54 Vgl. ebd. S. 251.
55 Vgl. Décembre-Alonnier (wie Anm. 29), Bd. I, S. 358.
56 Sanson, Bd. I, S. 21.
57 Vgl. *Dei delitti e delle pene*, italienische Originalausgabe 1764; französische Übersetzung des Abbé Morellet 1766.
58 Vgl. H. U. Gumbrecht, »Ce sentiment de douloureux plaisir, qu'on recherche, quoiqu'on s'en plaigne«, Skizze einer Funktionsgeschichte des Theaters in Paris zwischen Thermidor 1794 und Brumaire 1799, RZLG 3 (1979), S. 335–373; zur »neurotischen Angst« dort S. 365.
59 Vgl. dazu K. Hortschansky, in: Pipers Enzyklopädie des Musiktheaters, Oper – Operette – Musical – Ballett, Bd. 1, München–Zürich 1986, S. 555–557.
60 Vgl. W. Wehle, Französisches Populärdrama zur Zeit des Empire und der Restauration, in: Neues Handbuch der Literaturwissenschaft 15, Europäische Romantik II, hrsg. von K. Heitmann, Wiesbaden 1982, S. 153–169.
61 Vgl. Gumbrecht (wie Anm. 58), S. 367, der vermutet, »daß die Guillotine nicht nur als ein politisches Mittel der Abschreckung durch Evokation von Angst, sondern auch – den Politikern mehr oder weniger bewußt – als eine Institution zur Bindung vielfältiger Ängste fungierte«.
62 *Mademoiselle de Maupin, Préface*; vgl. die Ausgabe von Geneviève van den Bogaert, Paris 1966, S. 37.
63 Vgl. eine Reihe von Beispielen bei P. W. Lasowski, La Guillotine dans le texte, MLN 103 (1988), S. 824–847.